北京有轨电车 100 型 / 仿 100 型机车各历史时期典型形态

1924 年首发式最初形态

　　北京有轨电车 100 型机车第一批车在投入运营之初的形态。这一时期该型车在春夏季以铁链或铁栅门为车门，秋冬季以带窗的双折木门为车门，这里展示的是秋冬季形态。

1927 年前后形态

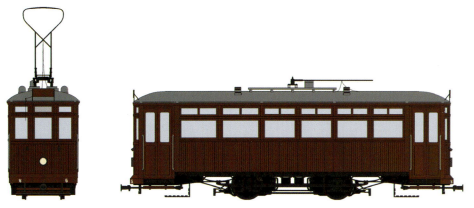

　　到了 1927 年前后，北京有轨电车 100 型机车的缓冲梁形态发生了一些变动，成为这里展示的与端面有斜坡过渡的样式，同时部分车辆的前照灯也开始下移至缓冲梁附近。

20 世纪 30 年代形态

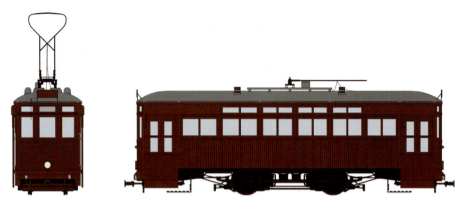

在 1931 年后，第一批北京有轨电车 100 型机车逐渐全部更换为外挂单扇拉门，并为拉门增设了棚罩。绝大多数车辆的前照灯也下移至缓冲梁附近，成为这里展示的形态。

20 世纪 40 年代形态

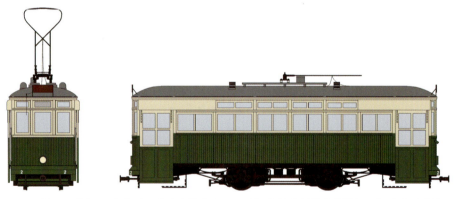

进入 20 世纪 40 年代后，北京有轨电车 100 型机车的涂装样式从最初用桐油涂刷成的单色涂装逐渐变为上部米黄色，下部深绿色的双色涂装。原本用苏州码子书写的车号也被取消，彻底更换成了阿拉伯数字书写的车号，并且车门上的窗面积也有所增大。

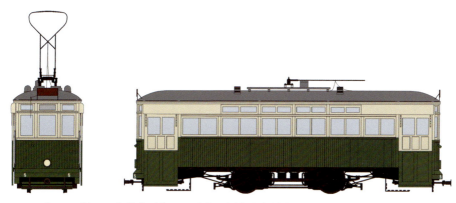

到了 20 世纪 40 年代中后期，一种将下侧窗完全封堵，只保留上侧窗的车门样式出现在了一些北京有轨电车 100 型机车上，甚至个别车辆（如 32 号车）还一度出现过两种样式的车门混装在同一辆车上的现象。

1946 年大修车形态

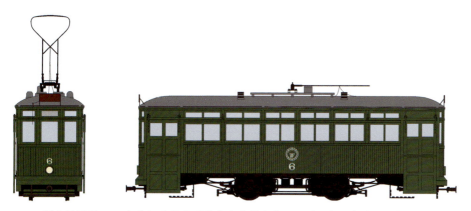

所有经历了 1946 年车辆大修之后的北京有轨电车 100 型机车，涂装样式都更换为了深绿色的单色涂装，同时车门上的窗面积进一步缩小，棚罩取消。这里展示的是没有获得命名的大修车辆的形态。如果是获得命名的，则会将命名文字涂刷在车体侧面。

1949 年后形态

行至 1949 年后，绝大多数北京有轨电车 100 型机车更换了一个木骨铁皮结构的新车体，变为了这里展示的形态，其侧面车窗数量增加为 8 扇，而且车门也变为了内嵌单扇手动拉门。由于铁皮材料的使用，这一时期北京有轨电车 100 型机车的侧墙样式与之前使用木制车体时有了很大不同。

北京有轨电车仿 100 型机车·半钢制车体形态

在 1951 年至 1952 年间仿造的 23 辆北京有轨电车仿 100 型机车中，有一些车辆使用的是半钢制的车体。这里展示的就是这些车辆的形态，其上层车窗被替换成了幕板，而且窗框结构也有所变化。值得一提的是，有一些北京有轨电车 100 型机车也使用了这样的半钢制车体（如 48 号车）。

北京有轨电车 100 型机车·改五五式机车形态

    1955 年后，陆续有 22 辆北京有轨电车 100 型机车经历了一次彻底的翻新改造。这些车辆在沿用原本的车盘及电气设备的同时，换装了一个类似于北京有轨电车五二式机车的半钢制车体，使得其外观成了这里展示的形态。由于这些机车改制于 1955 年至 1956 年，因此在一些场合也被称为五五式机车。

北京有轨电车 101 型机车各历史时期典型形态

1941 年最初形态

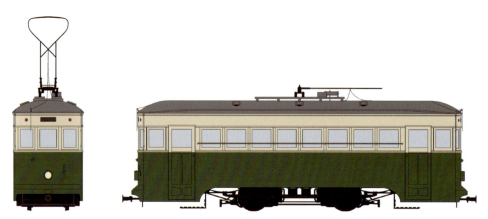

　　1941 年北京有轨电车 101 型机车出厂时的形态。可以看到，除了大量采用平直结构，北京有轨电车 101 型机车在这一时期并未在车体外部的显眼位置涂刷车号。

1958 年最终形态

　　北京有轨电车 101 型机车被最后一次目击时的形态。此时该型车的车体已经更换为北京有轨电车仿 100 型机车使用的半钢制车体，而且车号也被变更和归拢进北京有轨电车 100 型机车的号段中。

北京有轨电车 500 型机车各历史时期典型形态

武藏中央电气铁道时期形态

　　武藏中央电气铁道 1 型电车 / 北京有轨电车 500 型机车在武藏中央电气铁道时期的形态。此时该型车使用车顶安装的两根集电杆取电，每次运行时根据行驶方向升起一根。需要指出的是，这里为了更清楚地展示该型车的车体结构，主视图中缓冲梁上的金属护网并未画出。

北京有轨电车时期最初形态

　　1940 年北京有轨电车 500 型机车投入运营后的最初形态。此时该型车的集电装置已经更换为北京有轨电车使用的弓形集电器，缓冲梁上的金属护网已经拆除，并且将涂装样式更换为同一时期北京有轨电车使用的双色涂装。

1946 年大修车形态

　　经过 1946 年大修之后的北京有轨电车 500 型机车 505 号车的形态。该车在大修后除
了将车体的涂装样式更换为深绿色的单色涂装，还获得并在车体上涂刷了命名。其他的北
京有轨电车 500 型机车由于没有经过此次大修，依旧维持着原本的双色涂装。

1949 年后形态

　　1949 年后，在车体结构基本维持原样、仅排障器形制有所改变（或撤去）的情况下，
北京有轨电车 500 型机车上出现了一种较为特殊的上部米黄色，下部天蓝色的双色涂装，
其中最为典型的便是 501 号车。

1958 年最终形态

　　北京有轨电车 500 型机车在运营后期的形态。其涂装样式已与北京有轨电车的其他车辆统一，排障器也换成了与北京有轨电车五二式机车一致的构型。

北京有轨电车 506 型机车各历史时期典型形态

京王电气轨道时期最初形态

京王电气轨道 23 型电车 / 北京有轨电车 506 型机车在京王电气轨道时期的最初形态。该型车在这一时期采用车顶安装的四根集电杆取电，每次运行时根据行驶方向升起同一端的两根，呈现一种相对少见的类似无轨电车的取电方式。

京王电气轨道时期最终形态

京王电气轨道 23 型电车 / 北京有轨电车 506 型机车在京王电气轨道时期的最终形态。此时该型车已经将集电装置改为车顶安装的一架双臂受电弓，后来也以这样的形态被北京有轨电车购得。

北京有轨电车时期最初形态

　　1941 年北京有轨电车 **506** 型机车投入运营后的最初形态。此时其集电装置已经更换为北京有轨电车使用的弓形集电器，并改变了缓冲梁的形制，原本安装在车体端面的金属护网也已经拆除。

1946 年大修车形态

　　经过 **1946** 年大修之后的北京有轨电车 **506** 型机车 **506** 号车的形态。该型车在大修后除了将车体的涂装样式更换为深绿色的单色涂装，还获得并在车体上涂刷了命名，至于车体结构则没有很大的变化。

1951 年后形态

　　1951 年后的北京有轨电车 **506** 型机车。其车体已被更新过，原本的高窗式车顶被更换为单层车顶，并增设了登车爬梯。端部改为曲面结构，前照灯下移，车窗布局也有所变动，在形态上相比之前有了很大改变。

北京有轨电车五二式机车各历史时期典型形态

最初形态

  1952 年，首批北京有轨电车五二式机车出厂时的形态。此时这些车辆端部的排水管和后视镜均未安装，检修走道长度只有整车长度的约 **1/2**，并且只安装于车顶中部，因此爬梯也相应地设置在中门上方附近，抓手则位于中门右侧。

量产形态

  自首批车出厂之后，第二批及以后的北京有轨电车五二式机车的形态。在这些后续批次的量产车上，检修走道贯通了整个车顶，爬梯和相应的抓手也移动到了前门附近，车辆端部则安装了排水管和后视镜。这个形态的北京有轨电车五二式机车也是 **1949** 年后北京有轨电车中最经典的八轮机车形象。

北京有轨电车 200 型拖车各历史时期典型形态

最初形态

　　北京有轨电车 200 型机车在投入运营之初的形态。该型车与北京有轨电车 100 型机车一样使用了木制车体和单色涂装方案，不过其车门采用的是推拉式结构。

1930 年前后形态

　　到了 1930 年前后，北京有轨电车 200 型拖车的缓冲梁形态发生了一些变动，成为这里展示的与端面有斜坡过渡的样式。北京有轨电车 200 型拖车的这个形态一直持续到了 20 世纪 40 年代。

20 世纪 40 年代形态

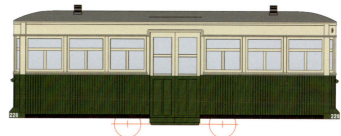

进入 **20** 世纪 **40** 年代，北京有轨电车 **200** 型拖车依旧维持着原本的车体结构。但其涂装样式从最初用桐油涂刷成的单色涂装逐渐变为上部米黄色，下部深绿色的双色涂装，原本用苏州码子书写的车号也被取消，彻底更换成了阿拉伯数字书写的车号。

1946 年大修车形态

所有经历了 **1946** 年车辆大修之后的北京有轨电车 **200** 型拖车，涂装样式都更换为深绿色的单色涂装。这里展示的是没有获得命名的大修车辆的形态。如果是获得命名的，则会将命名文字涂刷在车体侧面。

1949 年后形态

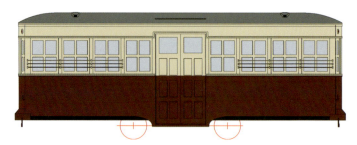

　　1949 年后，北京有轨电车 200 型拖车更换了一个木骨铁皮结构的新车体，变为这里展示的形态。其侧面车窗数量增加为 8 扇，同时车门上的窗面积有所缩小。由于铁皮材料的使用，这一时期北京有轨电车 200 型拖车的侧墙样式与之前使用木制车体时有了很大不同。

北京有轨电车五三式拖车典型形态

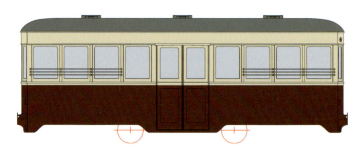

　　1953 年开始生产的北京有轨电车五三式拖车的形态。该型车在门窗布局上沿用北京有轨电车 200 型拖车的样式，同时也有一些北京有轨电车五二式机车的外观风格。该型车也是北京有轨电车最后一种批量生产的载客车辆。

北京有轨电车型式备忘

郭 维 著

中国商务出版社

·北京·

图书在版编目（CIP）数据

北京有轨电车型式备忘 / 郭维著 . -- 北京 : 中国
商务出版社 , 2025. 2. -- ISBN 978-7-5103-5444-1

Ⅰ . U482.1

中国国家版本馆 CIP 数据核字第 2024P17U36 号

北京有轨电车型式备忘

BEIJING YOUGUI DIANCHE XINGSHI BEIWANG

郭 维 著

出版发行：中国商务出版社有限公司

地　　址：北京市东城区安定门外大街东后巷 28 号　邮编：100710

网　　址：http://www.cctpress.com

联系电话：010-64515150（发行部）　　　010-64212247（总编室）

　　　　　010-64269744（事业部）　　　010-64248236（印制部）

责任编辑：徐　昕

排　　版：廊坊市展博印刷设计有限公司

印　　刷：廊坊市蓝海德彩印有限公司

开　　本：710 毫米 ×1000 毫米　1/16

印　　张：13.25　　　　　　　　字　　数：235 千字

版　　次：2025 年 2 月第 1 版　　　印　　次：2025 年 2 月第 1 次印刷

书　　号：ISBN 978-7-5103-5444-1

定　　价：88.00 元

| 前　言 |

如同很多近代城市的基础设施一样，北京有轨电车在北京近现代的城市发展中往往给人一种背景板一样的感觉。当人们谈论起北京近现代的社会与文化时，它便会在某个段落里作为舞台所需的一部分忽然冒出头来，坚实地衬托出被谈论的真正主角，使话题能够继续推进下去，而自己则在此之后又迅速溶解回环境的底色之中。一边让人难以寻觅它的身影，另一边又让人觉得似乎在哪里都瞥见过它。

然而，岁月并不是鹓鶵，非梧桐不栖。只要一个事物有所存续，那么岁月便会在它的身上积累与栖息，于是历史就这样出现了。这个过程水到渠成，不因事物的"属性"不同而有所偏颇。

既然如此，在1924年至1966年的42年间，北京有轨电车也必然形成了属于自己的历史——我也就是怀着这样的想法，决定去了解它的。但我必须得承认，这确实不是一件容易的事情。作为一种从一开始就不带有任何寄托，纯粹是为使用而降生的近代交通工具，北京有轨电车在它的整个运营经历中，自然不太可能获得类似于起居注一样连贯而详尽的记录。除了有幸得以保存的原始档案，这些历史信息有很大一部分是被其他主题的文献所捎带承载的。这种情况直接导致北京有轨电车历史的碎片化和隐形化。加之这些文献的侧重点往往在人文历史方面，因此对于北京有轨电车技术资料的整理，便要在这种本就不算有利的境况下，再增加一重甚至几重关隘了。

更棘手的是，如果想要详细讨论北京有轨电车，工程技术层面的东西便无法回避。技术史是北京有轨电车历史的拱心石，由它的粗糙所引发的歪斜，在我看来是许多涉及北京近代城市交通的文章读起来有所缺憾的根源。

所以，在开始尝试了解北京有轨电车后不久，我就确定了从技术史角度推进的策略，此后更是很快走上了专攻北京有轨电车的车型演变与技术发展的道路。

这段游历故纸堆的桌面旅途既没有跌宕起伏，也没有热情澎湃，只有贯穿始终的平静和漫长，间或一点小小的幸运。我并不是一个聪明的人，也实在想不出有什么捷径和妙策可循，所以既然北京有轨电车的历史是依靠着零碎的只言片语，散落在浩如烟海的书籍档案中间的，那我如果真的去一本书一本书地看，一个字一个字地翻，也自然就可以慢慢捡拾出北京有轨电车的一整个故事了吧。当然，或许接下来我应该谈论一下由此产生的种种西西弗斯般的经历，毕竟在动辄三四百页的书里只取几句话的事已经很平常了，而逐个看完三万多张老照片只为了其中的一百零五张这种事也不是没有过。但我还是更愿意和你谈论一下我曾在国家图书馆某间阅览室窗外看到的迷蒙烟雨，或者某个除夕下午，北京档案馆书桌上洒落的一缕慵懒的斜阳。那时四下一片静谧，我也暂时停下了笔，一个人坐在窗边，于是我看到一排排厚重的书架如同在世间一切历史发端的刹那便沉默地伫立在那里，而周围的空间也因此延伸得极其高远。我看到雨丝在风的河流里蹁跹，微尘在光的帷幕前流转。当笔记本内页的米黄色染满整个视野的背景之后，所有的雨丝与微尘化作金色的光点，在黑色书架的参差堤岸之间，流向澄澈清朗的夜空。

我想，或许我也曾在某一个时刻，触摸过那条无始无终的沙的河流。

于是我所有着落在北京有轨电车上的心思与行动，最终形成了这本《北京有轨电车型式备忘》。然而，书中整理的这些北京有轨电车的运营经过距今已有不短的时间，其间因果交织，往来辗转，一些历史记载与技术资料终究不可避免地流散消失。如今纵使再想捡拾也实在没有什么办法，只能尽力寻找周边线索，谨慎推演，以此来多少弥补一些。加之能力水平有限，虽然已经尽力查证相关史实与技术细节，填补疏漏，但字里行间依旧难免挂一漏万，残留不妥之处。又因非历史相关专业出身，一些事项也因为情形所限，无法明说个中缘由。凡此种种，遂不敢以"史"自诩，仅称之为"备忘"。只希望他日真正编纂相关史料时，能以这本书的微薄之力协助扫去些许障碍，也就不枉这一番周折了。

写到这里的时候，其实就已经没有什么需要再说了，只是这些话随着它们就这样被写下，却逐渐开始变得模糊，最终化成了一些串联的景象，那是一个下午，从南纬路出发的895路公共汽车飞驰在京石高速上，穿越西道口，眺望卢沟桥，宽阔而平旷的永定河河床一直铺展到接天的地方，然后转过杜家坎，开过长阳，在靠近良乡机场收费站的人工林底下，早开堇菜或紫花地丁铺就的淡紫色花海中，那里会有一座小石桥，接下来便是良乡，那时夏日的风轻轻吹过大学城的午后，在草木枝叶或洗发水蒸腾的湿热气息里，一间数字电路实验室的桌旁，我看着窗外茂盛的荒地和远方的楼房，忽然想到，北京的有轨电车，是什么样子的？

这便是一切开始的地方。

郭　维

| 目 录 |

| 第1章 |
时序历程及标志事件

1.1　北京有轨电车的简明发展脉络及各阶段特点

如果不计 1899 年北京马家堡车站—永定门之间的有轨电车线路（因其存在时间较短且不具备充分影响力及实际意义），北京第一条具有城市交通层面上实际意义的有轨电车线路于 1924 年 12 月 17 日开始运营，而最后一条线路于 1966 年 5 月 6 日终止运行，历时总计 42 年。

在这 42 年的运营经历中，北京有轨电车使用过数种机车和拖车，它们的型号及样式各不相同，且一些机车与拖车还存在转化关系，总体较为复杂。显然，北京有轨电车的运营主体即为其拥有的各种车辆。因此，厘清并分析其型号与技术特点，成为分析北京有轨电车发展历程的一个重要内容。

北京有轨电车各型车辆的出现，均有赖于当时的时代需求。因此，首先应明确北京有轨电车的各个运营时期，进而要明确北京有轨电车在各时期的特点及对应的标志性事件，方可为接下来详细讨论北京有轨电车的车辆型号及应用做好准备。

1.1.1　阶段一：1924—1937 年

1924 年至 1937 年为北京有轨电车发展的第一个阶段。1924 年 12 月 17 日，北京前门—西直门区间的 1 路有轨电车开始运营，自此之后，北京有轨电车即开始成规模化发展。北京有轨电车在这一时期基本奠定了自身轨道系统的布局，并在从此之后相当长的一段时间内都基本维持这一布局，没有大的变化。北京有轨电车的车辆型号在这一时期处于单一状态，即全部线路均只使用一种型号的有轨电车机车及一种型号的有轨电车拖车。

作为一种运输能力较强的城市交通工具，初设时期的北京有轨电车主要面临如何融入北京城市交通体系，以及如何处理与城市原有交通模式之间的矛盾。总的来看，虽然中途有些波折，但北京有轨电车最终还是以其自身优势，成功地在这一时期解决了以上两个问题，并从此确立了它在北京城市交通方面相当长一段时间内的主导地位，起着引导北京城市交通近代化的重要作用。

1.1.2 阶段二：1937—1945 年

自 1937 年开始，北京有轨电车迎来了第二个发展阶段。在这一阶段中，北京有轨电车的车辆数量及车辆型号都有了一定程度的增加。新增加的车辆主要来自三方面：一是从日本购入的旧车，二是自行拼造或改造的车辆，三是从上海购入并修复的原上海华商有轨电车车辆。抛开自行拼造的车辆不计，北京有轨电车对车辆的购入大多是经过多方搜罗之后方才成行的。受多种因素制约，北京有轨电车开展的搜罗工作只能以相对散碎的方式获得零星的车辆，且中途的不确定性很大，至于购得的车辆则往往各自成型。

因此，在 1937 年至 1945 年间，北京有轨电车新增车辆型号虽然看起来五花八门，但精确到每个型号之后，属于这个型号的实际车辆数却不多。其中，最多的一种车型不过也只有 10 辆，且这 10 辆车之间还各有小差异。

这一发展阶段的北京有轨电车在轨道方面主要完成了三项工程：一是 1938 年新建了天桥—永定门区间的轨道；二是 1942 年至 1943 年，将原本位于南新华街上的虎坊桥—和平门区间拆除，改建为骡马市大街上的虎坊桥—菜市口区间，原区间在虎坊桥的弯道改为一个用于调车的道岔；三是在西直门内大街新设存车北厂，用于停放和简单修理车辆。

1937 年至 1945 年间，北京有轨电车的经营规模及车辆数虽都有所增加，但这些工作本质上只是单纯为应对客运量增加而开展的，在运营管理方面依然缺乏一套成体系的规程，至于对车辆和其他设备的维护保养也处于混乱且材料不时短缺的境地。1943 年后，材料短缺问题日益严重，北京有轨电车的运营受到了很大的干扰，车辆及轨道大规模损坏却无法得到有效修理，一些线路和车辆因此停运和停用。这种局面一直持续到 1945 年后才得到了一定程度的缓解。

1.1.3 阶段三：1945—1949 年

1945 年至 1949 年为北京有轨电车经历的第三个发展阶段。总体而言，这一阶段的北京有轨电车不论是经营规模还是车辆数量都没有太大的扩充，主要目标是尽量从之前的困顿局面中恢复。

在车辆方面，北京有轨电车在 1945 年至 1949 年间并未系统地添置新型车辆，只是修复了一部分之前购入并在运用过程中损坏的车辆，并用北京电车修造厂内的各种零散部件拼造成了一辆有轨电车机车。不过，值得一提的是，北京使用无轨电车替代有轨电车的想法也是在这一时期初具雏形的。

在轨道方面，北京有轨电车则依旧维持 1937 年至 1945 年间的状态，没有线路走向的变化或是添设任何相关建筑等。由于缺乏材料和维护，虽然 1946 年左右对全城的轨道情况做了普查并明确了损坏状况，但这一阶段的北京有轨电车依然只对轨道做抢修及维持使用性质的维护。轨道的整体状况没有得到任何实质性改善，钢轨、路基和其他设备的质量依然在下滑。

1.1.4　阶段四：1949—1959 年

1949 年后，出于全面恢复运营及准备日后发展的考虑，经过分析讨论，北京有轨电车先行重启了修复车辆的计划，即第一次"百辆车运动"。但该次运动在即将完成时，因北平电车厂发生火灾而受挫。随后，北京有轨电车克服困难，第二次启动了修复车辆的计划，即第二次"百辆车运动"，这次运动取得了圆满成功，北京有轨电车也由此进入了第四个发展阶段，即北京有轨电车发展速度最快、运营规模最大、系统化管理最完善的一个阶段。

在 1949 年后，北京有轨电车一方面修复了已有的绝大多数车辆（个别车因为老化或损坏过重而不得不报废），另一方面增加了一些新车用来替换已有车辆及扩大运营规模。这些新增车辆一部分为仿制已有车辆而成，更多的则是自行设计制造的新型有轨电车。新车的加入使得北京有轨电车的车辆数比之前增加了一倍左右，但车辆型号实际上只增加了两种，并统一了技术标准，有效避免了型号庞杂管理不便的问题。

除此之外，一些已有车辆还在这一时期进行了大修改造，内容包括且不限于翻新或重做车体、增设空气制动机和加强防水等，并将原本规格繁杂的配件尽量替换成同规格，这使得这些车辆的运行更加稳定，也在实质上起到了简化型号的作用。与此同时，相应的检修规程和检修标准也随之制定。

在轨道方面，北京有轨电车对全城已有的轨道系统开展了整体性的翻修，更换了原本老化损坏的部分，并制定了对于轨道的检修规程和检修标准。这些措施恢复并进一步提高了北京有轨电车的轨道系统质量。随后，在保证已有轨道系统正常运行的情况下，根据城市发展需要，又新铺设了一批线路，即北新桥—东直门区间、天桥—红桥区间、法华寺—体育馆区间和永定门火车站—永定门区间。除此之外，北京有轨电车还在永定门外的桃园东里新设置了一座保养厂，以分担存车北厂和北京电车修造厂的维护工作。然而，在这一发展阶段的后期，出于城市建设及无轨电车发展的原因，原本的菜市口—磁器口区间于1958年缩短为虎坊桥—三里河区间，拆除了菜市口—虎坊桥区间和三里河—磁器口区间。

整体而言，1949年至1959年间是北京有轨电车的鼎盛时期。作为北京城区的主要客运力量，它发挥了相当大的作用。但与此同时，北京公共汽车和无轨电车也逐步兴起，特别是无轨电车显然完全具备取代有轨电车的能力和有轨电车无法比拟的优势。因此，有轨电车的拆除计划也在这一时期的后半段提上日程，并最终于1959年3月9日实行。

1.1.5 阶段五：1959—1966年

1959年至1966年为北京有轨电车运营的最后一个发展阶段。1959年3月9日，北京内城的有轨电车系统被拆除，自此北京有轨电车仅限于外城运行，其轨道系统只沿用之前留下的现成系统，不再新铺设轨道。同时，随着无轨电车及公共汽车线路的推进，尚在使用的轨道系统也逐步停运，直至不再有有轨电车线路运营。

作为有轨电车运营的尾声，这一阶段北京有轨电车使用的车辆型号重归单一，并且只维修现有而还在使用的车辆，不再制造任何新车。停用和封存的车辆开始被逐步解体或调拨/出售给其他单位。随着北京外城有轨电车线路的逐步停运，富余车辆也逐渐转入封存。

除上述动作之外，人们对封存有轨电车再利用问题的讨论也逐渐展开，值得一提的是，这些讨论里包括一些规划新的近郊有轨电车线路的方案，但这些新线路的规划方案最终未能实行。

1966年5月6日，北京最后一条有轨电车线路（当时的5路有轨电车，运营区间为永定门火车站—体育馆）终止运营。自此至2017年12月30日，北京不再开通及运营任何一条具有城市交通层面上实际意义的有轨电车线路。

如果不考虑演变，将北京在1924年至1966年间修建过的所有轨道都画在一起，则可以得到一张北京有轨电车轨道分布完全示意图（见图1-1）。需要注意的是，虎坊桥—和平门区间拆除于1942年至1943年间，且西直门瓮城、天桥和永定门外的三处灯泡线均按忽略不计处理。

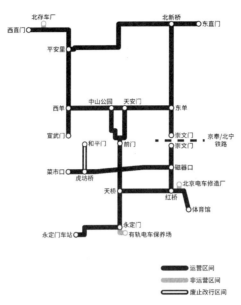

图 1–1　北京有轨电车轨道分布完全示意图

1.2　北京有轨电车的创始经历

　　北京最早的有轨电车系统出现于 1899 年，是为了便于接驳津芦铁路（即京奉 / 北宁铁路）的马家堡车站与北京城。该系统一端紧邻马家堡站（与马家堡站直线距离 400 m），另一端位于北京外城的永定门瓮城以西。线路全长 3 km，轨距为 1435 mm，使用 500 V 直流电，配有 4 辆装备两台西门子公司 B 型电动机的四轮机车和 4 辆拖车，其兼顾检修功能的车库与发电机房均设置于马家堡站附近。全线由两台 55.927 kW（75HP）的往复式蒸汽机带动两台 45 kW 的发电机供电。然而，该线路在设置一年后，即 1900 年，全部线路、有轨电车机 / 拖车、发电机和建筑等均被破坏且日后未再修复。虽然该线路在运营过程中效果较好，但其实质上对于北京本地的作用极其有限，与后来的北京有轨电车系统存在明显断层，未对北京城市交通产生太大的影响。因此，本书对于这条线路的基本情况姑且略去不提，这里只讨论自 1924 年后真正意义上植根于北京城内的有轨电车系统的创始情况。

1.2.1　创始提议与合同签订

　　1913 年 10 月 9 日，北洋政府与中法实业银行签订了《五厘金币实业借款合同》。合同规定，北洋政府以南京浦口商埠工程的工程材料、附属品和产出为担保，以当时北京城内的建筑设施建造权等作为抵押，向中法实业银行借款1.5亿法郎（因第一次世界大战只获得1亿法郎），用以修建各种工程及经营实业，借款利息5厘。1914年3月2日，北洋政府与中法实业银行又签订了《五厘金币实业借款附合同》，规定全部借款除去修建浦口口岸的部分之外，剩余部分将用以修建北京的基础设施，这里所指的"北京的基础设施"即包含了北京的有轨电车系统。

经过数年的拖延与再三磋商，北洋政府和中法实业银行最终明确，北京有轨电车将以中法实业银行入股，北洋政府与北京本地民商各界合办的模式形成经营结构。具体事宜则由专门订立的《北京电车合同》予以确认。在相关的计划中，北京有轨电车创建之初的总资产为400万元（当时货币），其中200万元由五厘金币实业借款支出，另外200万元由当时北京的民商各界认领。

1921年5月9日，北洋政府和中法实业银行正式签订了《北京电车合同》，相关商股的认购也在1921年5月同时展开，北京有轨电车由此正式进入了建设阶段。这一天也被视为北京有轨电车的起源。

总体而言，虽然过程有一定的延宕，但北京有轨电车在资产上的筹备工作最终还是较为顺利地落定，并很快开始了具体的购置设备的过程。

1.2.2　相关合同及设施

北京有轨电车在最初创办的时候，中法实业银行实际上享有相当大的控制权。因此，当时北京有轨电车的各类设备基本也都是从法国购入，或经由法国向其他各国购入。不过具体到设备购置的问题上，还是选取了竞标模式。北京有轨电车将各类设备分为15组，各自制定说明书，并登报招标。

简单来说，北京有轨电车大致可以分为如下几个部分。

（1）轨道系统：涵盖北京内城及外城的有轨电车轨道及相应的道岔与接触网等设施。

（2）车辆：包含有轨电车机车和拖车两类，此外还有用于工程的无动力工程车厢与有动力的电动洒水车。

（3）发电厂及变电站：为北京有轨电车的运营提供电力，且在电力富余时出售电力，为北京有轨电车获利。

（4）修造厂及车库：主要用于组装、修理、维护及存放车辆。不过在北京有轨电车最初设立的时候，修造厂会兼顾车库的作用，也有一些线路的末端会设置专门用于存车的股道。

（5）工作用的房屋：包括行政建筑、调度室、供乘务员休息的场所等。

考虑到本书主要讨论北京有轨电车的车型，这里主要介绍一下与北京有轨电车使用车辆有关的两份合同。

北京有轨电车最初的一批车辆包含 60 辆有轨电车机车和 30 辆有轨电车拖车，以及其他工程用车厢和 1 辆电动洒水车。这些车辆均被拆分为两部分，即车盘和车体。车盘包括全套的电气设备，当时中国无法自行制造，基本均由外国购置。有关合同为 1922 年 8 月 16 日签订的《北京电车股份有限公司与法国电气制造公司定购车辆合同》，该合同规定了购置车盘、控制器、集电器、调速电阻、避雷器和断路器等的型号规制，以及相关设备的交付日期及货款情况。在正文后附有相关的设备蓝图，用以明确设备的信息。该合同用中英文各书写一份，二者含义内容与形式完全相同。

车体的情况则略微复杂。首先，北京有轨电车将所需车体的各项信息，包括结构、规格和用料等以《北京电车公司电杆电车线车身各项设备品说明书》的形式公布并招标，最终该工程由北京的裕信营造厂获得。随后，北京有轨电车与裕信营造厂在 1922 年 8 月 8 日签订了相关的车体制造合同，即 *Contract between Peking Tramway Co., Ltd. and Yu-Sin Contractors and Steel Works for the supply of car bodies and accessories*，该合同为纯英文合同，具体规定了车体结构、尺寸、交款方式及交付日期等情况。不过需要指出的是，电动洒水车的车体并非由裕信营造厂制造，而是同样从法国电气制造公司购置。

1.2.3　施工流程及首发仪式

北京有轨电车的轨道铺设及接触网架设工作始于 1923 年 5 月 12 日，分为八个区间展开。

（1）天安门—西单牌楼区间：即今西长安街，这个区间全长大约 1.9 km，铺设双轨。

（2）天安门—东单牌楼区间：即今东长安街，这个区间全长大约 2.13 km，铺设双轨。

（3）天安门—天桥区间：即今前门大街及更北部的广场东侧路 / 人民大会堂现地址上原本的司法部街，这个区间全长大约 2.5 km，铺设双轨。

（4）西直门—西单牌楼区间：即今西直门内大街—新街口南大街—西四北大街—西四南大街—西单北大街一线，这个区间全长大约 5.2 km，铺设双轨。

（5）北新桥—东单牌楼区间：即今东四北大街—东四南大街—东单北大街一线，这个区间全长大约 3.7 km，铺设双轨。

（6）东单牌楼—崇文门—磁器口—法华寺区间：即今崇文门内大街—崇文门外大街—东大地街—法华寺街一线。这段轨道连接北京电车修造厂，但是由于京奉铁路阻断了崇文门一带，所以实际上崇文门处的电车轨道是被截断的，即内城设崇文门站，外城同时也设崇文门站，两站不连通。这个区间全长大约 2.8 km，只铺设单轨。

（7）西单牌楼—宣武门—珠市口—磁器口区间：即今宣武门内大街—宣武门外大街—骡马市大街—珠市口西大街—珠市口东大街一线。由于京汉铁路阻断了宣武门一带，所以在最初的时候宣武门也曾计划按崇文门处理，这样这个区间全长大约 6 km，但是后来原本要铺设在宣武门外大街的轨道被挪动到了南新华街上，因此实际上北京有轨电车刚开始运营的时候，宣武门外大街—骡马市大街一带后来未铺轨。这个区间同样只铺单轨。

（8）北新桥—太平仓区间：即今太平仓胡同—西黄城根北街—地安门西大街—地安门外大街—鼓楼东大街一线，这个区间全长大约 5.6 km，只铺设单轨。

这些区间中，区间（6）（7）（8）在区间（1）（2）（3）完工后开始铺设。但是，这一铺轨计划遭到了珠市口以东及磁器口一带（今珠市口东大街）商铺和前门大街商铺的反感，这两处地区的商家认为有轨电车接触网的线杆会妨碍其日常生活及店铺经营活动，因而群起反对，并由当时的京师总商会出面向北京有轨电车提出交涉。与京师总商会的交涉使得修筑工程一直拖延到 1924 年 3 月前后（因为前门大街及珠市口一带是有轨电车开出及返回北京电车修造厂的必经之路，如不修通则内城的有轨电车系统因有轨电车无法开入而形同虚设），最终此事以在前门大街暂时铺设单轨解决。全部的建设工作完成后已经是 1924 年 11 月 4 日，当天北京有轨电车向当时的国务院申报表示可以通车，而首发仪式则拟定在 1924 年 12 月 17 日举行。

首发仪式会场设置在天安门以南，当时内务总长龚心湛、交通总长代表陆梦熊、苏俄大使列夫·米哈依洛维奇·加拉罕和中法实业银行董事贝尔等百余人均列席。仪式准备了 8 辆花车，即运营的有轨电车机车装饰彩花旗帜，为首者为第 32 号车。当时的北京电车公司董事长汪有龄报告电车公司创办的相关经过，龚心湛、陆梦熊和贝尔分别致祝词后，8 辆花车载当时会场的来宾于上午 11 时 20 分从天安门会场出发，沿天安门—东单—东四—北新桥—地安门—厂桥—太平仓—西四—西单一线绕行北京内城一周，并最终由西单返回天安门，在 13 时 30 分通车仪式结束的半小时之后，除 8 辆彩车之外，再增加 4 辆普通车继续沿上述路线绕行北京内城，周而复始直至 20 时方才完毕。自此之后，北京有轨电车即于次日，即 1924 年 12 月 18 日正式开始运营。

在最初的时候，考虑到北京社会各阶层人士接受有轨电车是一个循序渐进的过程，因此在运营初期，北京有轨电车只开行了天桥—前门—西单—新街口—西直门一线的 1 路有轨电车（而且在一开始该线路仅以前门为南侧终点），并再逐步推行其余线路。这一逐步推进的过程有效促使了有轨电车融入北京城市生活，以致起先多有疑惑甚至群起反对的商户和居民纷纷要求增设有轨电车线路及车站，而原本作为权宜之计铺设于前门的单轨线路也得到了前门地区各商户的支持而恢复为双轨。可以说，虽然创办过程多有波折，但北京有轨电车作为近代出现的大运量城市交通工具，一经出现即对北京的城市交通产生了重大的影响，并迅速成为北京近代城市交通的运输主力。

1.3　1929 年北平人力车夫打砸有轨电车事件

北平人力车夫打砸有轨电车事件发生于 1929 年 10 月 22 日，这是北京有轨电车的时序历程中第一起具有重大消极影响的危害事件。它凸显了有轨电车作为近代交通工具融入北京城市交通体系的过程中，与旧有城市交通工具之间的矛盾。

从事件结果来看，当事双方均未从中获得任何实质性的收益，反而两败俱伤。单论北京有轨电车而言，此次事件直接导致了北京有轨电车的一次全城性质的停运，而用于修复车辆、轨道和车站设施等的开销也在接下来的一到两年内，成为北京有轨电车财政上的一大负担。

1.3.1　有轨电车与人力车夫的矛盾

自清朝末年人力车开始在北京出现之后，逐渐成为当时北京城内的重要交通工具，其以相对低廉的价格和同等价位下较快的速度，占据了北京城市公共客运的很大一部分市场，并由此催生了数量庞大的人力车夫群体。然而，正是这样一个庞大而原本稳定运转的群体，却在北京有轨电车出现后产生了巨大冲击。

北京有轨电车的轨道铺设于北京内城及外城的主干道上，线路往往途经人流量密集的商业区，如厂桥、西单、前门大街和天桥等处，其车票价格相对经济，运营基本稳定有序，而且有轨电车也是当时北京可供大众乘坐的公共交通工具中运行速度相对较快的。因此，对于有长距离通勤需要或急迫事项要处理的人来说，有轨电车展现出人力车远不能及的巨大优势。正因如此，在北京有轨电车创办之初及开始运营之后的一段时间内，便有人力车夫将其视为自己生计的威胁，开始干扰有轨电车的运营，如在有轨电车轨道上放置石块等，以阻碍有轨电车的正常行驶等。

在北京有轨电车创办之初，也一度考虑到了影响人力车行业的问题。当时北京有轨电车对于这类问题的处理方法是，适当压低有轨电车长距离乘坐的车票价格，而调高短距离乘坐的车票价格，以期形成市场定位差距，将一些短途乘客分流到人力车上。1923 年前后，也有一些提议希望北京有轨电车可以设置募工处，招募合适的人力车夫成为有轨电车工人，但这些方法只能解决一时的问题，最终有轨电车与人力车的矛盾还是走向了激化。

1.3.2　打砸有轨电车事件经过

人力车夫打砸有轨电车事件的最初爆发地位于北京粉子胡同（当时称农商部街）东口，即今粉子胡同与西单北大街的交汇处。这里的有轨电车轨道为南北向，北过西四，南接西单，是当时 1 路和 3 路有轨电车的运营区间。1929 年 10 月 22 日下午，便有人力车夫聚集于此，下午 5 时开始打砸有轨电车，此后逐渐蔓延至全部线路和运营车辆。晚 7 时许，全城的有轨电车已彻底无法运营，直至夜 10 时左右，事态才最终得以控制并逐渐平息。

1.3.3　车辆损坏情况及相关影响

根据后来的统计情况显示，这次打砸有轨电车事件中，损坏的有轨电车机车总计 43 辆，占当时北京全部有轨电车机车的 67.1%（当时北京总计有 64 辆有轨电车机车）。损坏的有轨电车拖车总计 20 辆，占当时北京全部有轨电车拖车的 66.7%（当时北京总计有 30 辆有轨电车拖车）。也就是说，当时北京有轨电车中，有 2/3 的车辆都在此次事件中被毁。

车辆损坏大多因被打砸或推倒倾覆，造成车体损伤，例如，被推翻于西直门内大街的 223 号拖车，其门窗和座椅均损坏。而电气部件（主要是控制器）和走行部，一方面因为它们由不易损坏的金属材料制成，二来人力车夫毕竟畏惧触电，往往不会贸然攻击有轨电车的带电部分，因而电气部件虽有损伤但是程度相对较轻。不过，其中也有一个例外是当时被阻滞在缸瓦市（今西四南大街与丰盛胡同交汇处）的 39 号车，该车有一些电气部件受到了较重的损伤。

　　由于当时北京有轨电车使用的车辆均为木制车体，损坏车辆的外部状态十分糟糕，木条被撬走或折断丢弃，只剩车体的角柱和立柱，窗扇被卸下拆碎，车窗玻璃被砸破，车内座椅损毁，走道上散落着破碎的木材。

　　除上述车辆的损坏之外，在事件中还有 10 处道岔被挖坏，5 座车站的站亭木阁（相当于雨棚）被拆毁，全城各车站的路灯均损坏。

　　风头过后，停于街头的损坏车辆才被拖回北京电车修造厂评定损失情况。考虑到车辆的损坏实在严重，而相应的维修资金又实在难以支出太多，因此对于这些损坏电车的修复只能因陋就简，使用原本的车体结构、各类现成的廉价材料和从损坏材料中挑选尚可使用者拼凑装拢。虽然修理花费得以相对节省，且对车体结构强度没有明显影响，但这样修复后的车体所用木材种类掺杂，木色木纹均不相同，在观瞻上大打折扣。

　　此次损坏和后续的修复工程总计造成了 38900 多元的开销，加之全城有轨电车停运 18 天，因车辆短缺导致的营业额损失约 7 万元，二者相加近 11 万元。再计入其他各项成本花销和损失（主要是逃票者和不购票者），1929 年北京有轨电车的净亏损额度达到了 198932.5 元。

　　这样的亏损额度对于刚刚开始运营五年，尚未收回成本的北京有轨电车而言，显然是一次严重的打击，在此之后，北京有轨电车一方面申请暂时免除捐税、组织修复车辆和恢复运营，另一方面则提高了票价（比原本的票价增加了 1/6），以尽快挽回损失。

　　1929 年 11 月 10 日，即打砸有轨电车事件发生后 18 天，受损最轻的一批有轨电车被修复，北京有轨电车方才得以重新恢复运营。随后，其他受损车辆也在不晚于 1930 年 2 月中旬的时候全部修复并再度投入运营。

1.4　北京有轨电车对洞爷湖电气铁道的收购

　　北京有轨电车对洞爷湖电气铁道的收购发生于 1941 年，这是北京有轨电车历史上唯一一次收购完整且独立运营的铁路系统。尽管此次收购在技术水平及运营指导上未对北京有轨电车产生太大的帮助，但它在一定程度上补充了北京有轨电车轨道和接触网维护材料，增加了发电机与变流机之类的大型电气类生产设备，并为北京有轨电车引入了一些车辆，以及为北京有轨电车后续的一些车辆的出现提供了基础。

1.4.1 洞爷湖电气铁道

洞爷湖电气铁道（とうやこでんきてつどう，洞爺湖電気鉄道）是一条连接日本铁道省长轮线虻田站（今天的 JR 北海道室兰本线洞爷站）和洞爷湖南岸的湖畔站（今已不存）的一条长 8.8 km 的单线电气化窄轨铁路。铁路采用 1067 mm 轨距（开普轨距），供电方式为接触网供电，电流制式为直流 600 V。其车库设置于洞爷湖站，全线的电力由洞爷湖变电站提供，变电站内安装有两台日立制作所生产的 150 kW 旋转式变流机，平时只启动一台变流机供电，另一台变流机备用。

洞爷湖电气铁道总计设 4 站，即虻田—见晴—洞爷湖—湖畔。其中客车只在虻田—洞爷湖的 7.2 km 区间运行，湖畔为纯货运站。洞爷湖电气铁道的修建目的在于连接虻田站和洞爷湖温泉，以运送观光游客，并将洞爷湖沿岸出产的矿物资源向外运出，全线于 1929 年 1 月 23 日开始运营。

值得注意的一点是，由于洞爷湖电气铁道途经有珠山地区，且有珠山为典型的活火山，受到火山地貌的干扰，洞爷湖电气铁道的走势相当崎岖，多见陡坡和小曲线半径弯道，轨道磨损问题明显。

洞爷湖电气铁道运营 11 年后的 1940 年 12 月 15 日，胆振纵贯铁道伊达纹别—德舜瞥区间总计 35 km 的线路开始运营，这一区间的位置大约位于洞爷湖电气铁道南部，与之基本平行，因而在一定程度上可以取代洞爷湖电气铁道的职能。随着第二次世界大战的爆发，洞爷湖电气铁道难以购置用于线路维护和更换的钢轨和枕木，运营需求减少，维护工作难以为继，遂于 1941 年 5 月 29 日全线终止运营。原本由洞爷湖电气铁道行使的客运职能由公共汽车线路代替，这段公共汽车线路后来与道南巴士合并，并最终以汽车形式运营至今。

可以看到，洞爷湖电气铁道是同时期日本的一条非常典型的小型私营地方铁路，其线路较短、规模不大、运输任务也相对单一，可视为日本铁道省国家铁路与洞爷湖当地产业与居民区之间的过渡手段。在其终止运营之后，除房屋与土地之类不动产以外，其他资产均售出，最终大部分被北京有轨电车获得。

1.4.2 洞爷湖电气铁道的车辆及其他资产

除房屋及土地外，洞爷湖电气铁道出售的车辆及其他资产主要包括以下几个方面。

1. 电车

洞爷湖电气铁道具备动力的电车总计有三辆，分别为两辆客车和一辆货车。两辆客车由蒲田车辆制造株式会社生产，型号相同，均为四轮车，车体是钢制侧墙半钢结构，称为デハ型，车号为デハ1及デハ2；货车同样为四轮车，由新潟铁工所生产，车体是木制结构，与棚车类似，有车顶，称为デワ型，车号为デワ11。三辆电车均可单独运行，也可牵引其他客车或货车运行，但通常来说客车只会牵引其他的普通客车，货车只会牵引其他的普通货车，客货车不会混合编组。三辆车最终均被北京有轨电车购得。

2. 普通客车

在1929年洞爷湖电气铁道运营之初，为应对夏季游客高峰，洞爷湖电气铁道曾经向日本铁道省租借了一辆ハ3394型木制车体四轮客车，车号为ハ3401。第二年，则直接从铁道省购入了一辆ハ2353型木制车体四轮客车，车号为ハ2378。这辆ハ2358型客车在来到洞爷湖电气铁道后改为ハ31号，最终使用至1940年洞爷湖电气铁道终止运营而出售，最终被北京有轨电车购得。

3. 普通货车

洞爷湖电气铁道的货车同样有三辆，都是从日本铁道省购入的旧车。其中包含两辆型号相同的四轮敞车和一辆四轮棚车，三辆货车均为木制车体。敞车车号为卜101及卜102，原本为日本铁道省初代卜1型敞车中的卜2288和卜2289号；棚车车号为ワ51，原本为日本铁道省ワ1型棚车中的ワ3780号车。三辆货车中的两辆敞车最终被北京有轨电车所购得。

4. 钢轨及鱼尾板

洞爷湖电气铁道使用的是30 kg/m的工字型钢轨，若将其包括站线在内的全部轨道展直，总计相当于铺设10 km轨道的钢轨数量，其全部质量约643 t。另有约18 t为鱼尾板和固定钢轨用的螺栓。此两项内容最终均被北京有轨电车全数获得。

5. 接触网及相关部件

洞爷湖电气铁道使用的接触线横截面为圆形，材质为紫铜。包括输电线、馈线和电车线在内的全部导线总计约17 t，这些导线与对应的张线和排夹等最终被北京有轨电车全数获得。

6. 变流机及相关部件

包括前文所述的两台日立制作所生产的150 kW旋转式变流机，以及配套的变压器与配电盘。同样均被北京有轨电车全部获得。

1.4.3 北京有轨电车的收购明细及处置

洞爷湖电气铁道于 1941 年终止运营后，北京有轨电车将购得的内容折算为 722125 元（当时货币）。但由于航运紧张和手续拖延，这些车辆及其他资材并未在同年运抵，而是在后续的 1942 年至 1943 年间陆续运到。其中绝大多数钢轨、鱼尾板、接触网及相关部件、变流机及相关部件、两辆客运电车和一辆敞车均于 1942 年陆续到齐。而剩余的一辆普通客车、一辆货运电车、一辆敞车和 16 根钢轨则于 1943 年到齐。

在所有购买内容抵达后，北京有轨电车并未将其立刻改装使用，而是暂时先由各对应部门保管，随后再做打算。洞爷湖电气铁道的钢轨及鱼尾板等物交付给当时的土木课；接触网及相关部件交付给架线课；变流机交付给北变流厂；车辆则交于北京电车修造厂进行保管与处置。

在最初的构想里，钢轨及接触网相关材料将被用于建设计划中位于当时城区西郊（今北京五棵松一带）的一套有轨电车系统。但随着这套有轨电车系统建设计划的变更直至取消，这部分材料最终改计划用于扩展及修补北京有轨电车既有系统，其中包括新铺设菜市口—宣武门区间、虎坊桥—菜市口区间，以及将太平仓—北新桥区间改设为双轨等计划。而修改后的计划实际上最后也只有虎坊桥—菜市口区间的铺设计划得以实施并最终完成。

对于车辆，在 1941 年北京有轨电车购得它们时曾有如下设计：两辆洞爷湖电气铁道デハ型电车在修改轨距并将原本的集电杆换为弓形集电器后继续作为四轮机车运营，一辆洞爷湖电气铁道デワ型电车同样做上述改造之后改装为客运用途的四轮机车运营。ハ 31 号客车（ハ 2353 型客车）修改轨距后继续作为拖车运营，而卜 101 及卜 102 号敞车（卜 1 型敞车）则计划在修改轨距后改装为客运用途的拖车。但是，在北京有轨电车实际拿到这些车辆并了解了它们自身的情况之后，最初的这些设计被发现实行难度过大，最终未能成行，只得另寻方案替代。

最主要的问题在于洞爷湖电气铁道各车辆的车体尺寸及走行部轴距。

洞爷湖电气铁道的车辆使用的并非有轨电车车体，而是使用典型的日本铁路车辆的车体，包括登车区域在内的车内地板普遍离地很高，也基本使用离地较高的月台进行旅客乘降及货物装卸。其中洞爷湖电气铁道デハ型电车的车内地板离地高度为 1117.6 mm，デワ型电车的车内地板离地高度为 1085 mm，ハ 31 号客车的车内地板离地高度为 1130 mm，卜 101 及卜 102 号敞车车内地板离地高度为 1098 mm。

可以看到这些车辆车内地板的离地高度都在 1000 mm 以上，这样的地板离地高度对于车站不设月台或仅设置略微高于地面的月台的北京有轨电车来说显然是不合适的。北京有轨电车的其他车辆虽然不乏车内地板较高者，但用于登车的区域地板离地高度普遍不高于 800 mm，在这些车辆上面也难以设置适应离地 1000 mm 以上高度且乘降方便的登车梯。而且由于车盘及底架结构、车轮直径特别是电动机外壳尺寸的限制，这些车辆的低地板化改装难度很大。

除此之外，洞爷湖电气铁道使用的车辆宽度都在 2500 mm 以上，而北京有轨电车使用的车辆大多宽度约为 2100 mm，最宽者不过 2362 mm（即北京有轨电车 506 型机车，且该型车的端部还专门因此有所收窄）。因此，洞爷湖电气铁道使用的车辆若在北京有轨电车的线路上行驶，其相对宽大的车身也会产生一些阻碍。

在走行部轴距方面，洞爷湖电气铁道ハ31号客车的轴距为 3810 mm，且非径向设计，这对于北京有轨电车的轨道系统而言明显过长，难以顺利转过弯道。洞爷湖电气铁道デワ型电车的轴距为 3352 mm，也非径向设计，对于北京有轨电车的轨道系统而言，同样过长。

虽然洞爷湖电气铁道与北京有轨电车使用的电流制一致，轨距也基本相近，但洞爷湖电气铁道的车辆整体结构实际上并不适合作为运营用车辆在北京有轨电车的轨道系统内使用。

在考虑上述问题之后，北京有轨电车在获取这些车辆之后，采取了以下处置方案：将两辆洞爷湖电气铁道デハ型电车和一辆洞爷湖电气铁道デワ型电车的车体与车盘拆分。其中，三个车体均弃置于北京电车修造厂内；两个客运电车的车盘、控制器，以及除集电杆外的其他电气部件挪于北京有轨电车已有的有轨电车机车上使用（特别是其中一个车盘连同其原本的电动机，后来被装用在了北京有轨电车 400 型机车 401 号车上）；货运电车的车盘则被拆散，作为其他车辆的备件使用。

洞爷湖电气铁道ハ31号客车的车身及走行部也被拆散，车身弃置，走行部则作为其他车辆的备件使用。

另外，两辆洞爷湖电气铁道卜101及卜102号敞车，可能在 1946 年时被改装成为运输城市垃圾的专用车辆，参与了北京城市垃圾的清运工作（见 5.2.1 节）。

有关车辆的具体情况，将在后续章节详细讨论，在此不过多赘述。

1.5 1946 年北京有轨电车整修工作

1946 年，北京有轨电车的整修工作基于当年进行的复员周年纪念活动展开，其目的主要是改善 1943 年之后北京有轨电车的衰败状态，并尝试恢复其正常运营。虽然从实际成果及后续影响来看，此次整修工作的意义相当有限，但由于在整修过程中的确拼造了一辆新的有轨电车机车，并且对一些旧有车辆予以命名，它仍被视为北京有轨电车时序历程中的一个标志事件。

1.5.1 有轨电车整修始末

1945 年至 1946 年间，北京有轨电车面临的车辆损坏问题是相当严峻的。虽然此时的北京在名义上拥有 92 辆有轨电车机车、一辆电动洒水车和 53 辆客运运营用的有轨电车拖车，但到 1945 年年中时，多数已无法正常行驶。北京有轨电车在这一时期每日只能维持有 10 辆左右的有轨电车机车投入运营，甚至在最低时只有 6 辆可用。而且这一时期的维护工作也名存实亡，大多是将无法投入运营车辆上的可使用的部件拆下，挪用至还可投入运营的车辆上，但这些部件也往往是就地取材制成的代用品，品质和性能都不稳定，以至于当时的一些有轨电车随修随坏，根本无法顺利运行。

因此，1945 年年底，深受其扰的北京有轨电车决定在常规维护工作之外，再展开一次大规模的整修运动。此次整修被描述为"大拆""换柱"和"重油"。"大拆"是将待修的有轨电车车辆均分解为几个部分（如车盘、车体、电气部件等），逐一查实状况并视当时的条件对可处理的逐一着手开展清理和修理工作。"换柱"则是针对长期使用后朽坏腐蚀的车体立柱（这一结构由于涉及整个车体的结构完整性，往往在装成之后长时间以内只是给予维护而不轻易动）予以更换。需要注意的是，这些针对车体的修理工作可能导致部分车辆的外观结构产生了一些变化。"重油"则是在车体、走行部和电气部件整修妥当之后，对车体外表面还会用新油漆进行一次涂刷工作，将整修完工的有轨电车的涂装由 1940 年至 1945 年间的双色涂装（以车窗下沿为界，上部为米黄色下部为深绿色）改回了 1924 年至 1937 年间的单色涂装模式，但 1946 年更换的单色涂装的颜色是深绿色，与 1924 年至 1937 年间有所不同（这一时期基本为棕黑色一类的深色）。

整修工作始于 1945 年 12 月，至 1946 年 9 月结束。总计整修了 33 辆有轨电车机车，并新拼造了 1 辆有轨电车机车（该车是以一辆拖车加装电气部件而成的，见 5.1 节），并整修了 27 辆拖车。结合之前车况尚可的有轨电车，这一时期的北京有轨电车每天可投入运营的车辆增加到了 80 辆。

1946 年 1 月，首批 4 辆有轨电车机车和 4 辆有轨电车拖车整修完工出厂，为此还举办了一些庆祝活动。但不容忽视的是，此时北京有轨电车拥有的各类车辆的车况普遍都不乐观。在此次整修工作的事后总结中亦直言，即使最终将能整修的车辆全部整修完毕总数也不会超过 100 辆车（这个数字既包括有轨电车机车和有轨电车拖车），最好还是新购 50 至 80 辆有轨电车机车以供运营，但很显然这个建议在当时的环境下也只是一个建议而已（北京有轨电车的下一次大规模增加车辆数是在 1952 年以后）。

虽然北京有轨电车在这次的整修工作中花费了一些心思，并尽力采购材料和部件，但由于物资匮乏，这些材料和部件仍存在品质问题，而且在一定程度上依赖进口。因而延至 1946 年 11 月，于同年 1 月和 2 月整修完毕的 354、355 和 356 号车再次因故障被除名（这 3 辆车后来直到 1950 年前后才再度修复并投入运营）。

1.5.2　整修后的车辆命名

在 1946 年的有轨电车整修工作中，对其中一些整修完工的车辆还进行了命名。这些名称的涂刷位置往往在有轨电车的端面车窗下方或客室车窗下方。大多数名称在 1949 年后自动宣告终止，此后除少数个例之外，北京有轨电车的车辆再无任何车号以外成系统的命名。

按整修完工时间先后划分，1946 年有轨电车整修工作之后，车辆命名情况如下。

1. 1 月

1 月的车辆整修完工及命名情况如下，其中左为车辆的车号，右为名称。

有轨电车机车：1——和平；4——建国；31——胜利；46——复兴。

有轨电车拖车：355——和平；353——建国；356——胜利；351——复兴。

2. 2 月

2 月的车辆整修完工及命名情况如下，其中左为车辆的车号，右为名称。

有轨电车机车：24——民族；49——民生；505——民权。

有轨电车拖车：354——民族；352——民生。

3.3 月

3 月的车辆整修完工及命名情况如下，其中左为车辆的车号，右为名称。

有轨电车机车：8——民享；506——民贵。

有轨电车拖车：本月无有轨电车拖车整修完工。

4.4 月

4 月的车辆整修完工及命名情况如下，其中左为车辆的车号，右为名称。

有轨电车机车：22——高志航；56——赵登禹；27——民有；66——民选；53——民主。

有轨电车拖车：231——高志航；232——民有；235——民选。

5.5 月

5 月的车辆整修完工及命名情况如下，其中左为车辆的车号，右为名称。

有轨电车机车：43——佟凌阁；14——张莘夫；17——张自忠。

有轨电车拖车：234——佟凌阁；206——张莘夫；233——张自忠；236——赵登禹。

特别注明：北京电车修造厂在 5 月新拼造了 1 辆有轨电车机车，该车无车号而只有命名，被称为"创造"号，这个命名一度延伸至 1950 年前后，也是此次命名的所有车辆名称中唯一的一个延续至 1949 年之后的。另外，对于 43 号车和 234 号车的命名，原文即如此。

6.6 月

6 月的车辆整修完工及命名情况如下，其中左为车辆的车号，右为名称。

有轨电车机车：42——无命名；19——无命名。

有轨电车拖车：204——无命名；205——无命名。

本月整修完工的有轨电车机车及拖车均无命名。

7.7 月

7 月的车辆整修完工及命名情况如下，其中左为车辆的车号，右为名称。

有轨电车机车：18——阎海文；6——无命名；44——无命名；39——无命名；401——无命名。

有轨电车拖车：229——阎海文；227——无命名；203——无命名；220——无命名。

本月整修完工的有轨电车机车有 4 辆无命名，拖车有 3 辆无命名。

8.8 月

8 月的车辆整修完工及命名情况如下，其中左为车辆的车号，右为名称。

有轨电车机车：48——民富；29——民安；37——民本；16——民平；10——民治；32——民强。

有轨电车拖车：301——民安；310——民平；308——民治；306——民强；228——无命名。

本月整修完工的有轨电车拖车有 1 辆无命名。

9.9 月

9 月的车辆整修完工及命名情况如下，其中左为车辆的车号，右为名称。

有轨电车机车：50——民乐；23——民意；47——无命名；28——无命名。

有轨电车拖车：214——无命名；219——无命名；209——无命名。

本月整修完工的有轨电车机车有 2 辆无命名，拖车均无命名。

1.6 两次"百辆车运动"及 1949 年北平电车厂火灾

北京有轨电车的两次"百辆车运动"和 1949 年北平电车厂火灾是围绕 1949 年北京有轨电车的大规模车辆修理与恢复工作出现的三个事件。三个事件整体呈现一种"修复（第一次'百辆车运动'）——破坏（北平电车厂火灾）——再修复（第二次'百辆车运动'）"的局面，并对 1949 年至 1951 年间北京有轨电车的车况及整体运营产生了较为明显的影响。

1.6.1 第一次"百辆车运动"

1948 年 11 月，对北京有轨电车展开的先期调查摸底工作显示，当时的北京有轨电车可以运行的车辆在理论上还有 80 辆。然而，1949 年 2 月的实际调查却发现，开动并投入运营的仅有 36 辆，且因通州发电厂停机，当时城内的有轨电车已经彻底无法运行。在这种局面下，除调运煤炭、整修设备、恢复向城内的有轨电车系统供电外，北京电车修造厂还尽力维修了一些损坏程度较轻的车辆，使 1949 年 3 月底可以投入运营的有轨电车增加到 78 辆。但是考虑到北京理论上应有 140 余辆有轨电车机车和拖车，且即使这些车辆全都车况良好并投入运营，相对于北京的城市人口仍显不足，因此 78 辆车的运营状况显然不能令人满意。于是，1949 年 3 月中旬，北京电车修造厂的工人、厂长和工程师经开会决定，发起一项车辆整修运动，目标是在 1949 年 5 月 1 日前使北京有轨电车系统中可以投入运营的车辆增加到 100 辆，这次运动也因此被称为"百辆车运动"。

　　长期以来，北京有轨电车的维修保养常因各种原因受到物资紧缺、维修质量差和维修不得法等各种不良因素的干扰，导致整体故障率居高不下。特别是自 1943 年起，北京有轨电车一度出现"拆东墙补西墙"的现象，即从车况较差的车辆上拆卸部件填补到尚可使用的车辆中，而这些拆换的"好"部件本身其实同样质量堪忧。长此以往，不仅产生了许多车况不佳而零件又残缺不全的严重毁损车辆，还能投入运营的车辆也出现了整体性的质量下滑。

　　在这种局面下，一方面，北京电车修造厂顶住已经投入运营车辆的维修需求压力，积极从当时城内的电料行（甚至地摊等处）购置可以使用的现成电气部件及材料。另一方面，厂内各班组协作，从厂中库存的部件和材料里挑选整理出可以用于修复损坏车辆的，并积极开始自行用废旧和闲置材料改制部件。

　　1949 年 3 月 18 日，第一次"百辆车运动"正式启动。这一次运动的维修重点主要是在有轨电车的电气部件和走行部，并兼顾车体的修复和保养。具体来说就是通过购买、寻找或自行制作零件，将零件缺失而无法使用的有轨电车控制器（控制器损坏的有轨电车机车当时一度有 19 辆之多，而且这些车单个控制器的损坏率普遍为 70%，几乎与空壳无异）重新组装并恢复功能；修补并整理损坏和状况不佳的调速电阻，使其可以恢复或尽可能接近设计的阻值；摸索并自行制作有轨电车电动机的换向器（换向器因工作性质和原理使然，必定会出现磨损并需要更换，而该部件在 1949 年以前一度是只能依靠进口的）；整理旧的电动机绕组，并为一些损坏的电动机重新制作绕组。

　　由于制作有轨电车机车传动齿轮的材料一时难以购得，第一次"百辆车运动"中修复的有轨电车机车中，很多车辆的传动齿轮是使用轮齿磨损的旧齿轮经电焊焊补和打磨后制成的再生部件，或是使用报废车轴通过切齿打磨制成的代用部件。

　　随着工作热情的提升，第一次"百辆车运动"中，北京电车修造厂参与修复有轨电车的工人普遍出现了主动性质的跨班组互助，以及对提升生产效率的主动追求。根据相关统计，1949 年 3 月 18 日至 1949 年 4 月 19 日间，出现过两位工人用一周时间做出两个换向器，三位工人用三天时间电焊焊补了两个传动齿轮（大齿轮，曾经为三天一个），以及由北京电车修造厂电工班、案工班和旋工班合作，用两周时间完成了 19 辆有轨电车机车所需控制器（因损坏程度不同，可视为略少于 38 个）的修复工作。

　　在北京电车修造厂，人人努力超额完成预订计划。在这样火热的氛围中，第一次"百辆车运动"于 1949 年 4 月 19 日提前 11 天完成。此时，北京有轨电车每天可投入运营的车辆已经达到了 80 辆，同时还有 25 辆车在北京电车修造厂内热备，可以随时提供支援或替换出现故障的运营车辆。除此之外，北京电车修造厂还将 4 辆修复的八轮机车命名为北平解放号、生产号、劳动号和人民号，计划于 1949 年 5 月 1 日正式开出行驶以示庆祝。

　　然而，就在五天之后的 1949 年 4 月 25 日凌晨 2 时，北京电车修造厂发生火灾，而这场火灾也最终导致了第一次"百辆车运动"的受挫。

1.6.2　北平电车厂火灾事件始末及破坏情况

　　1949 年 4 月 25 日凌晨 2 时，停放于北京电车修造厂南厂房 7 道，已经装饰完成并预备在几日后开出的花车被易燃的油料和棉纱等引燃。此时北京电车修造厂内虽然有驻厂保卫的工人和在厂内留宿的工人，但由于起火时间处于凌晨，火灾并没有在一开始就被察觉。直到火势形成一定规模之后，厂内工人和厂周围居住的群众方才惊觉起火而纷纷投入扑救，并报警。

　　凌晨 3 时，消防队赶到，但当时距离北京电车修造厂最近的消防栓约 500 m，大大限制了扑救行动。为避免火势蔓延和保护已经修复的有轨电车，很多工人在一开始试图将南厂房内的有轨电车机车抢开出厂房，但当时北京电车修造厂在每天入夜收车后，接触网的断路器会断开，直到次日首班车出车之前闭合送电，因此当时厂内的接触网完全处于无电状态。情急之下工人们只得徒手推动有轨电车，将尽可能多的车辆抢救出南厂房。

　　火势仍然在蔓延，很多车辆的车体因为靠近火焰而发烫，这造成了一些参与抢救推车的工人手部被烫伤。有轨电车作为一种大型城市交通工具显然谈不上轻巧，其中一些半钢制车体的八轮机车的重量更是可观。虽然工人们尽全力抢救，但最终除了人民号八轮机车被成功抢出，修复并命名的其余 3 辆八轮机车连同花车被全部烧毁。

　　整场火灾中，包括这 3 辆八轮机车和花车在内，总计有 59 辆有轨电车（修复的有轨电车机车 29 辆，有轨电车拖车 11 辆；未修复的有轨电车机车 13 辆，有轨电车拖车 6 辆）被烧毁，成功抢出的有轨电车仅有 27 辆。所幸火灾发生之前，位于马相胡同的北存车厂为城北线路次日出车方便，存放了一些有轨电车。因此，火灾发生后，这些北存车厂的车辆与北京电车修造厂抢出的幸存车辆姑且可以让北京有轨电车继续出车运营。

　　火灾给受到波及的有轨电车带来了极其严重的破坏。当时，北京的有轨电车大多数为木制车体，少数为半钢制或木骨铁皮制车体，仅有几辆拖车为钢制车体。因此，受灾电车普遍被烧得只剩车体的金属底架或侧墙的金属部分，所有非金属可燃结构均被焚烧殆尽，而不可燃部分也因高温的作用变形、开裂或失去原有效力。车内电气部件大多因高温和焚烧而损坏失效，特别是控制器内部结构和电动机绕组。

在这种情况下，北京电车修造厂当即在 4 月 25 日下午召开工人大会。会上，一方面报告火灾具体情况，另一方面鼓励工人们勇敢面对困难，再把一百辆电车修复起来，再来一次"百辆车运动"。

此前，面对车辆因烧毁而短缺的运营困难，曾有建议提出，用北京有轨电车闲置的汞弧整流器和钢轨与天津有轨电车交换一些车辆以应急，并请当时长辛店机车厂（今北京二七机车厂）的工人协助修复。但是北京电车修造厂的工人们决定还是依靠自己的力量修复车辆，第二次"百辆车运动"就此很快展开。

1.6.3 第二次"百辆车运动"

第二次"百辆车运动"在火灾发生后不久即再度展开，但受火灾影响，第二次"百辆车运动"的工作重点和第一次"百辆车运动"相比有很大的不同。由于当时北京有轨电车各车辆的车体大多为木制，所以过火之后往往被焚烧殆尽只剩金属底架；而半钢制车辆也基本处于车窗烧坏、车顶烧失的状况。因此，第二次"百辆车运动"中的一项重要任务是修复甚至重做有轨电车的车体。

在这一过程中，原本为木制车体的有轨电车机车被改装为木骨铁皮制车体，以延长使用寿命和增强耐用能力，并且其中很多车辆的结构与外观也和受灾之前发生了或多或少的变化。半钢制车体乃至于钢制车体的有轨电车车辆，因为车体多为金属结构，在火灾中虽然受损但是没有结构性的破坏。经过清理修复后，它们仍然能可靠使用。在第二次"百辆车运动"中，主要补全了被烧毁或损坏的部分，如车顶、车窗和内饰等，这些车辆在修复后，结构与外观与受灾之前相比基本没有变化。

在车体部分的工程进行的同时，北京电车修造厂对于受灾损坏的电气部件的修复也同步展开。这一次的修复工作主要是将所有过火的电气部件，包括控制器、断路器、电动机和调速电阻等，全部拆下并逐一分解成基本零件。例如，控制器彻底拆散成外壳、手柄、触点、灭弧装置、转轴和棘轮等；电动机彻底拆解成外壳、转轴、换向器，特别是将绕组，全部被拆散成铜导线并展平修直。

然后，工人们逐一清理零件，去除火灾造成的灰烬、焦烟物、板结和炭屑等，更换或修补被烧毁的零件，再将零件重新装拢成各电气部件。

值得一提的是，北京电车修造厂对于北京有轨电车中电动机绕组的修复方法有些特殊。北京有轨电车使用的电动机绕组为铜线绕制，铜线外包绝缘棉纱，火灾后棉纱被烧毁，整个绕组也就因导线间的绝缘效果几乎丧失而失效。因此，北京电车修造厂的工人将分解出的铜线经过清理后焊成整条的长铜线，通过打线机给铜线缠好绝缘棉纱，再度制成可以用于制作电动机绕组的铜导线，并用专门设备将这些长铜导线绕制成可装入电动机内部的绕组，相当于将这些绕组重新制作了一遍。

其余的修复工作则与第一次"百辆车运动"时差别不大。不过，由于火灾造成的破坏，以及市面上材料与部件的缺乏，在第二次"百辆车运动"时北京电车修造厂便开始摸索自制更多种类材料、部件和电气设备的方法。这一举措无形中提升了北京电车修造厂的生产技术能力，为自行制造有轨电车机车、拖车，甚至为其日后自行开发无轨电车时的部件设计和生产打下了良好的基础。

在第二次"百辆车运动"中，北京电车修造厂的工人们与第一次"百辆车运动"时一样，展现出高涨的工作积极性。仅分解并整理控制器零件这一项内容，就出现过五天之内完成33个控制器分解整理的记录，甚至有一天完成了10个控制器的分解整理。

原计划中，第二次"百辆车运动"将在1949年7月使北京有轨电车每天可投入运营的车辆增加到84辆，并在1949年11月将北京有轨电车每天可投入运营的车辆数重新恢复到100辆左右。不过在实际工作中，北京电车修造厂工人们充分继承了第一次"百辆车运动"的精神，尽管一开始临时工人数量不足导致进度落后，但于1949年7月1日追平了计划进度，并超额修理完成一辆有轨电车机车（实际上的工作效率和进展相当于将完成目标的时间提前了10天）。随后，在1949年10月25日，提前完成了预订车辆数，并重新修复了世界工联号、中苏友好号和人民政协号三辆命名车，使第二次"百辆车运动"圆满成功。

自此之后，北京有轨电车的运营稳定性基本得到保证，运营规模也开始逐步扩大。而两次大规模的"百辆车运动"之后，针对其余损坏车辆和火灾烧毁车辆（这些车辆损坏更重，需要的工期也更长，所以排得比较靠后）的修复工作，则延续到了1951年。

| 第 2 章 |
基础设施及型制情况

2.1 北京有轨电车电流制、轨道形制、保养厂和发电厂简述

若想讨论北京有轨电车使用的车辆型号及具体技术细节，首先应当对北京有轨电车的运营环境和基础建设有一个整体的认识。有轨电车的运行必须要依靠轨道、接触网、发电厂及变电站提供运行的环境及所需动力，同时需要保养厂提供维修与改造的技术和人力资源支持，以确保其长期稳定运行。因此，本节主要对上述内容做简要介绍。

2.1.1 北京有轨电车的电流制及接触网形制

自 1924 年开始运营起，直至 1966 年外城最后一条有轨电车线路终止运营为止，北京有轨电车始终采取一种电流制式及一种供电方式。北京有轨电车使用的是直流电，标称电压为 600 V，供电方式为接触网供电，接触网为单线刚性悬挂，以轨道为回路。接触网所使用的绝大多数接触线横截面为葫芦形（或称"8"字形），截面积 62 mm²，紫铜材质。

1944 年上半年，因战事原因，前述接触线彻底消耗殆尽，而磨耗严重亟待更换的接触线依然存在。于是，甘石桥—西单区间在该年四月总计有 1.434 km 的接触线被试验性地更换成了横截面为圆形的紫铜质接触线，这些接触线来自收购的日本洞爷湖电气铁道，原本是该铁路上的电车使用。除上述换用情况外，还有 38 m 同类接触线增补于北京有轨电车接触网的其他磨损严重的部分。

接触网的电线杆为矩形截面钢筋混凝土材质，截面四边凹陷，四角带棱。电线杆上的架线方式有如下三种。

1. 跨街横线式架线

两根电线杆分别位于道路两边，共同支撑跨街的张线。接触线即以带绝缘子的排夹悬挂于张线下方。这种架线方式出现于街面宽阔且轨道铺设于道路中间的路段，在北京内城及外城均常见。

2. 中心杆双臂梁式架线

电线杆位于道路中心，左右各伸出一根架线用横梁。这种架线方式只出现于轨道铺设于道路中心专用区域内的路段，如东单牌楼—西单牌楼区间，该区间现为北京的东西长安街及天安门广场的一部分。在长安街未拓宽改造前，有轨电车轨道便铺设于街心。

3. 单臂梁式架线

电线杆位于道路一边，向道路中心方向伸出一根横梁用于架线。横梁上以带绝缘子的排夹悬挂接触线。这种架线方式多见于轨道铺设于街面一边的情况，也更类似于通常电气化铁路使用的架线方式。单臂梁式架线在北京并不多见，主要见于磁器口—珠市口区间和北海北门—厂桥两个单线区间。

通常来说，用以架线的电线杆间距在 23 m 至 30 m，不过在个别路段，电线杆间距最宽也可以达到 35 m。1948 年前，北京有轨电车的接触网展直后的长度最长为 51.118 km。1949 年后，特别是 1957 年后北京有轨电车全盛时期，接触网展直后的长度最长可以达到 66.87 km，多出的长度主要增加于经过天坛路一线的天桥—红桥—体育馆区间和北新桥—东直门区间。

值得注意的是，虽然北京有轨电车接触网理论上提供 600 V 直流电，但北京有轨电车只有八轮机车和一种四轮机车（北京有轨电车 400 型机车，见 3.4 节）使用额定电压 600 V 的电动机，其他四轮机车的电动机额定电压为 500 V。而且，在实际运营中，由于输电线路、接触网造成的压降，有轨电车实际获得的电压通常小于 600 V，这种情况在远离输电线路的接触网末端更为明显。

2.1.2　北京有轨电车的轨道形制

北京有轨电车使用的是轨距为 1000 mm 的轨道。轨道使用的钢轨和其他部件均从法国 Thompson-Houston 公司订购，合同于 1922 年 7 月 19 日签订，总计价值为 305431.85 元（当时的美元价值）。

钢轨根据截面形状划分可分为两种，一种是槽型钢轨，一种是工字型钢轨。前者构成了北京有轨电车绝大多数运营线路的基础，而后者则多见于有轨电车的存车厂、保养厂及调车线路等非运营线路和少数运营线路。

在运营之初，北京有轨电车轨道的铺设工作全部由昌益公司承担，包括修筑路基、铺设轨道和安装引线等。

对于槽型钢轨，其轨腰和轨底类似于工字型钢轨，但在轨头的踏面上开有一道下凹的铁槽，用于容纳有轨电车的轮缘。这种钢轨是典型的使用于有轨电车系统的钢轨，也是有轨电车系统与普通铁路系统在轨道层面的一大显著差异。北京有轨电车最初使用的槽型钢轨多为 12000 mm 长，少量为 6700 mm 至 11900 mm 不等，自重为 44.5 kg/m[①]。

槽型钢轨不使用轨枕，而是以 5 根等距离布置的轨距杆作为固定及保持轨距的手段。每根轨距杆重 9.15 kg，两端通过螺帽和螺纹拧紧在轨腰上，将两根槽型钢轨的轨距固定为 1000 mm。

铺设这类槽型钢轨时，首先将地面开挖出一条深 200 mm、宽 1650 mm 的凹槽。然后在凹槽底部沿轨道走向挖两条宽 500 mm、深 20 mm 的平行浅槽，保证两条浅槽每条都位于对应钢轨正下方。完成后将浅槽底部向下再捶深 30 mm，使浅槽的深度增加至 50 mm，并确保泥土被彻底压紧。

之后，先铺一层八寸[②]的石块捶实（要求平面向下尖头向上），再铺一层一寸到两寸的石碴填补前一层的缝隙并捶实，这样路基就修筑完成了。完成路基后，继续填充一寸到两寸的石碴到预定厚度并捶实、轧平。随后，将钢轨直接铺设于石碴路基之上，确认平直牢靠之后再铺石碴或土沥青（按此地道路的材质而定，当时北京虽已有土沥青铺就的道路，但石碴路依然存在）并捶实固定，保证钢轨踏面与道路地面平齐，即为铺成。

对于工字型钢轨，北京有轨电车使用的同样多为 12000 mm 长的钢轨，同时夹杂少量 6700 mm 至 11900 mm 长的钢轨（弯道及道岔用）。这类钢轨的自重为 20 kg/m[③]，与普通铁路钢轨一样，需要铺设在轨枕之上以道钉固定。轨道的路基铺设与槽型钢轨的路基铺设基本一致。

钢轨间的连接最初为鱼尾板。槽型钢轨的鱼尾板长 1000 mm，单个重量为 19 kg，两两配对使用，每对需要 8 个螺栓。工字型钢轨的鱼尾板则长 520 mm，

① 《北京志·市政卷·公共交通志》称 47.775 kg/m，这里采信北京市档案馆馆藏档案（编号 J011-001-01257）中的记载，但不排除实物偏差的可能。

② 寸，长度单位，一寸约等于 3.33 厘米。

③ 《北京志·市政卷·公共交通志》称 20.86 kg/m，这里采信北京市档案馆馆藏档案（编号 J011-001-01257）中的记载，但不排除实物偏差的可能。

单个重量为 7.8 kg，同样两两配对使用，但每对需要 4 个螺栓。

由于北京有轨电车以钢轨作为电流回路，为降低电阻，两根钢轨间会设置一条紫铜材质引线。引线两端分别压入两根钢轨在轨腰上的钻孔内，起到传递电流的作用。

北京有轨电车的轨道同时存在单线和双线区间。双线区间两条轨道内侧间通常保持 1500 mm 或 2000 mm 的距离，转弯处还会专门加宽。单线区间则在区间内以一定间隔设置一段避车区域以供会车使用，这个区域实际上就是从轨道上岔出的一条侧线，侧线在并行一段距离后与正线轨道重新合拢，因其形似人耳，所以通常俗称为"耳朵"。

除此之外，在一些运营区间的末端还设有供机车换向的灯泡线，北京有轨电车的灯泡线总计有三处，一处位于西直门瓮城内，一处位于天桥，第三处位于永定门，前两处同时还有存车场（露天停放车辆的场所，设有存车线，但也仅作为停车使用）。

对于道岔，北京有轨电车使用的绝大多数为手动道岔，需专人扳动并检查轨道凹槽内是否有杂物（例外是在 1954 年后于红桥路口一带安装的一组电动道岔）。而对于弯道等处，为保证车辆可以顺利通过，避免爬轨和磨损轨道的现象，通常这个区域的轨道会略微调宽轨距，并使弯道外侧的钢轨略高于弯道内侧的钢轨。

北京有轨电车的轨道修建式样绝大多数都为钢轨以轨距杆固定之后直接铺设于石碴路基上，因此在车辆长期碾压之后往往出现路基粉化、钢轨磨损和轨道变形与下沉的现象，加之北京有轨电车在 1949 年以前时常处于轨道维护缺位且材料匮乏的境地中，因此轨道损坏和因轨道损坏导致的车辆损坏时有发生。

在这样的情形下，一方面，北京有轨电车开始将轨道以电焊修补破损处，然后将电焊处打磨平整的方法应付运行；另一方面，对于钢轨连接处断裂的轨道，则直接将鱼尾板和钢轨焊接在一起，以图稳固。

自 1942 年后，一些区域的轨道也由槽型钢轨改换为工字型钢轨，并设轨枕（如磁器口—法华寺区间和司法部街北口—三座门区间），改为类似普通铁路的结构，而拆下的槽型钢轨则入库预备，作为其他线路改线铺轨的材料或维护已有运营线路的备用钢轨。

此外，还有一些地方将原本的石碴路基更换为混凝土路基（地安门—皇城根区间），以应对轨道下沉的问题。但这些方法本质上都只是应急方案，大多只在情形实在不得已时，或是抓住公路翻修的时机插缝进行，并无系统性的改良设计和有组织有规律的维护施工。

除此之外,随着使用年限的增加,护轨和其他部件逐渐丢失,钢轨出现断裂,道岔尖轨发生变形等质量问题逐渐发生。这些问题由于种种原因在 1949 年前只以治标的形式得到过一些处理。由于屡次修理并没能从根本上解决问题,此类问题不仅在修理后重复发生,而且在 1943 年之后逐渐扩大为北京有轨电车轨道质量的全面性下降。

1949 年后,针对北京有轨电车轨道的不良情形,全城范围内翻修损坏轨道,制定了检修规程和周期。同时,新建轨道采用了优化后的铺设方法。例如,永定门火车站(今北京南站)—永定门区间采用了和普通铁路结构几乎无异的轨枕加石碴路基,以图更加牢靠;天桥—红桥—体育馆区间采用的是沥青固定的 200 mm 厚混凝土轨道板路基;天桥—永定门区间在双线改造之后,使用了长度为 100000 mm 的长钢轨,以减少钢轨连接处对车辆的振动和冲击。上述方法均为改善有轨电车车辆的运行条件产生了积极作用。

1949 年后,北京有轨电车还购置了三种钢轨:一种是从卢森堡进口的槽型钢轨,规格同样为 12000 mm 长,自重 47.775 kg/m;另外两种均为从重庆钢铁厂购置的 10000 mm 长度工字型钢轨,一种自重 38 kg/m,一种自重 42 kg/m。这三种钢轨除槽型钢轨用于更换损坏严重的旧钢轨之外,其余则用于新线路的建设和新保养厂内部轨道的建设。

2.1.3 北京有轨电车的修造厂及保养厂

在北京有轨电车的全部运营历史中,车辆的修理、制造和各类维护总计由三个单位承担,按建成时间先后排列为北京电车修造厂(1924 年建成)、北存车厂(1940 年建成)和有轨电车保养场(1954 年建成)。

1. 北京电车修造厂

北京电车修造厂于 1922 年开始建造,于 1924 年建成。厂址位于北京法华寺一带,即今北京市东城区法华寺街 91 号。厂区占地总面积为 36792 m²,其中厂区建筑占地面积为 6300 m²。

北京电车修造厂大致可分为北厂房和南厂房两部分。北厂房设有各类加工设备,包括机工、锻工、钳工、漆工和木工等五个工种,主要用于生产加工有轨电车所需的各种部件。南厂房则用于存放车辆和维修车辆,并负责有轨电车的组装工作。

1924 年,北京有轨电车开始营运之初,南厂房内总计设 12 条轨道,可以容纳 100 辆有轨电车机车及拖车存放。1944 年，在南厂房东墙外再增设两条轨道用于停车，使北京电车修造厂的厂内轨道数量增加为 14 条。

北京有轨电车所使用的所有车辆均为北京电车修造厂组装、拼造、制造或改装而来。在很长一段时间内，它是北京唯一能够停放、制造和全面修理有轨电车的单位，为全城的有轨电车运行提供保障，其地位十分重要。除普通有轨电车外，北京有轨电车包括工程车在内的非营运车辆绝大多数也停放于此。

整个厂区坐北朝南布局，南厂房 14 条轨道出厂房后继续向南延伸，并逐渐收束为一条轨道。随后，这条轨道向西转入法华寺街，沿法华寺街一路西行至东大地街南口后，向北转入东大地街。沿东大地街至东大地街北口后，再向西并入崇文门外大街。最后，沿崇文门外大街向北行至磁器口，并入北京有轨电车的运营区域。

1955 年后，北京电车修造厂使用南厂房的 7 条检修车辆轨道（带检修地沟）和停车场，建造出了一个保养车间，即北京有轨电车第二保养场。第二保养场于 1957 年 7 月因合并撤走。随后，北京电车修造厂逐步转为只生产及维修无轨电车（并改称北京电车修配厂），并承接其他单位的订单（其中包括北京二七机车厂建设型柴油机车的牵引电动机制造工作），从此与有轨电车再无干系，直至搬迁。如今，其南北厂房依然留存于北京法华寺街 91 号。

2. 北存车厂

北京有轨电车北存车厂位于马相胡同，即西直门内大街 61 号，原本为交通银行的仓库，1939 年 9 月被北京有轨电车购得。改建工作于 1940 年 9 月 6 日开工，施工方为东兴建筑工厂，至 1940 年 11 月 22 日改建完毕。这处厂房最初称西直门分厂，后改称为北存车厂。北存车厂占地 5337 m²，其中建筑面积 1929 m²，最初设有 3 条存车轨道，可存放 32 辆有轨电车机车及拖车。

在建成初期，北存车厂只做停放车辆之用，后来逐渐增加设备，使其具有了一些简单的修理能力。除此之外，北存车厂内还设有营业所和车路员工宿舍，并在 1942 年增设了培训司机和售票员的车路员工养成所。根据上述情况不难发现，北存车厂与北京电车修造厂专攻车辆方面的工程不同，实际上更倾向于是一座综合性质的兼顾存车、修车及人事行政的单位。因此，北存车厂虽然名义上称厂，实际上则并非一座典型修造或保养用厂的建制。

由于北存车厂接近北京有轨电车的运营区域，厂内三条轨道的走向并不复杂，向南延伸并收束成一条轨道，出厂之后即并入北京有轨电车西直门—新街口区间。1955 年 2 月 3 日，北存车厂又增设三条轨道，并为全部六条轨道增设了检修地沟。工程完成后，北存车厂改为北京有轨电车第三保养场，该保养场的编制运行了两年时间。1957年7月，因保养场合并而撤出。在第三保养场编制撤走后，北存车厂建筑及厂区继续存在两年，最终在1959年3月9日北京内城有轨电车系统拆除后宣告消失。厂区及建筑今已不存。

3. 有轨电车保养场

1953年后，随着有轨电车数量的增加，原有的北京电车修造厂和北存车厂已经难以承担存车和修理的需要。因此，北京有轨电车在1954年于永定门外的桃园东里新建了一座有轨电车保养场。该保养场占地25220 m²，其中建筑占地2606 m²，总计设置11条轨道，并设检修地沟和办公、生活用房。

全部11条轨道向西延伸并逐渐收束为一条，之后从保养场西北角引出，向西北方向延伸一段距离，跨过永定门外的护城河（此处有一木结构有轨电车专用桥），再分为两条轨道。一条轨道转向西，并入北京有轨电车永定门灯泡线；另一条轨道继续向西北方向延伸，最终并入北京有轨电车永定门—天桥区间。

有轨电车保养场可以承担存车和修理任务。建成后次年，也就是1955年2月3日，北京有轨电车在有轨电车保养场厂区设立了北京有轨电车第一保养场，与北京电车修造厂（第二保养场）和北存车厂（第三保养场）并存。两年后的1957年7月，三个保养场合并为桃园东里的有轨电车保养场。该场在1959年北京内城有轨电车系统拆除后，依然负责外城有轨电车系统中车辆的维修工作，直至1966年5月6日北京外城有轨电车系统拆除后方才宣告消失。但其部分厂区建筑至今依然存在。

2.1.4 北京有轨电车的发电厂及变流厂站

北京有轨电车的发电厂位于通州北运河西岸边的大蓬村。厂区为略倾斜的西北—东南方向布局，占地面积达100000 m²，开工于1922年，中间因战事干扰、设备航运延误及1924年通州北运河涨水冲毁已建成的水泵房等重重困难，直至1928年才完工并开始供电。

在1924年至1928年期间，北京有轨电车依靠北京电灯公司石景山发电厂（今天的京能集团石景山电厂）的发电机组供电。自1928年起至1954年划归北京市供电局并改为变电站，通州发电厂一直是北京有轨电车的电力来源。

在最初的方案中，考虑到发电厂的锅炉需要大量用水，因此有北运河和永定河两个选址方案。根据实地调查发现，永定河涨潮与落潮的水位差过大、水流湍急且泥沙甚多，不适合作为发电厂的水源，因此最终选择了水流平缓、水位差不大且较为清澈的北运河。

　　厂内除办公用建筑外，还设有锅炉房、发电机房、烟囱、变压房、地磅房、修理厂、堆煤场和储水池。在厂区西北角，有从当时的通县东站（即原京奉铁路京通支线的通县车站，今京哈铁路通州站 2 场）引入一条专用线。这条专用线进场后岔为两条轨道，一条在厂区北侧连接地磅房，另一条在厂区西侧经过堆煤场。该专用线用于运输发电厂的锅炉使用的煤炭。

　　通州发电厂内装有三座燃煤锅炉，经由新通贸易公司向英国购置。运营之初，使用当时开滦煤矿的 2 号末煤，1931 年后改为山西煤。与之对应的是一台瑞士 Brown Boveri 公司生产的 1500 kW 蒸汽轮机交流发电机组（三号机组）和两台瑞士 Brown Boveri 公司生产的 750 kW 蒸汽轮机交流发电机组（一号机组和二号机组）。平时状态下，只以 1500 kW 机组供电，大负载时则酌情再启用另外两台机组。产生的交流电经变电房变压器升压至 33000 V 后，由连接通州发电厂与变压厂（位于崇文门外东城根）的京通输电线（时称京通母线）输送，京通输电线全长 24.72 km。变压厂再将电压降压至 5250 V，送至变流厂进一步降压并整流为 600 V 直流电，最终送抵接触网。相应的配电设备均由德国西门子公司生产。

　　负责直接向北京有轨电车接触网供电的是变流厂。1924 年，北京有轨电车运营之初，全线的电力供应来自东长安街南河沿银丝胡同 10 号的南变流厂（银丝胡同今不存，厂区面积 414 m²，建筑面积 287 m²）和西城区三座桥胡同 13 号的北变流厂（厂区面积 757.7 m²，建筑面积 302 m²）。两厂均建于 1924 年并开始供电。

　　南变流厂装有两台由德国西门子公司生产的旋转式变流机，两台变流机总计 750 kW；北变流厂同样装有两台由德国西门子公司生产的旋转式变流机，两台变流机总计 450 kW。随着北京有轨电车保有车辆数的增加，南变流厂于 1940 年增加了一台法国阿尔斯通公司生产的 375 kW 旋转式变流机，使南变流厂总功率增加到 1125 kW。而北变流厂于 1942 年将原日本洞爷湖电气铁道的两台日本日立制作所生产的 150 kW 旋转式变流机安装完成并投入使用，使北变流厂总功率增加到 750 kW。

　　1943 年，北京有轨电车又在中南海西墙内建立了西变流厂。西变流厂原本使用的是由日本日瑞贸易株式会社从日本本土购置的两台 540 kW 的汞弧整流器，理论上两台整流器同时工作的总功率可以达到 1080 kW。但由于战事发展和材料缺乏，西变流厂虽然建成并安装了整流器，但整流器一直处于部件缺损而无法工作的状态，直至 1950 年 2 月北京有轨电车将西变流厂汞弧整流器修配完成之后，西变流厂方才真正意义上投入使用。

1949 年后，北京有轨电车除增设了新的变流站，还对原有的三座变流厂进行了改造工作。南变流厂改称为变流一站，并于 1961 年在东四大豆腐巷 18 号新建，安装了两台 1500 kW 的汞弧整流器。原厂区在 1962 年停用，三台旋转式变流机报废。新站区于 1963 年开始供电。1959 年北京内城有轨电车系统拆除后，该站改为向无轨电车接触网供电，并于 1975 年将原本的汞弧整流器替换为六台 600 kW 晶闸管整流器。

北变流厂改称为变流二站，并在 1959 年前将原本的旋转式变流机报废，改换为两台 300 kW 的汞弧整流器。之后，变流二站同样在日后改为向无轨电车接触网供电，并于 1981 年将汞弧整流器替换为三台 600 kW 晶闸管整流器。

西变流厂于 1950 年 2 月修复启用，改称为变流三站。但随后在 1951 年，它从中南海西墙迁移至西城区北新平路 14 号，原有汞弧整流器保留使用。1961 年又增设两台 600 kW 汞弧整流器。之后，变流三站后来同样改为向无轨电车接触网供电，且在 1981 年将原本的汞弧整流器替换为三台 720 kW 晶闸管整流器。

除上述三座变流厂外，北京有轨电车还在 1954 年增设变流四站，1957 年增设了变流五站。变流四站位于宣武区（今西城区南部）北纬路 36 号，站区面积 1990 m²，建筑面积 511 m²，设置三台 600 kW 汞弧整流器。在改向无轨电车接触网供电后的 1972 年，这些汞弧整流器被替换为三台 600 kW 晶闸管整流器。变流五站位于朝阳区关东店 4 号，最初只有一台 600 kW 汞弧整流器，到 1995 年时，站内已有四台 600 kW 晶闸管整流器。

北京有轨电车所使用的变流厂及变流站主要为以上五座。在北京有轨电车系统拆除后，随着无轨电车系统的发展，变流站数量还在增加。但这些后设的变流站均为向无轨电车接触网供电，与有轨电车几乎没有关联，故不再赘述。

如果按照北京有轨电车在开通初期的各项技术指标及当时驾驶员的驾驶习惯来计算，理论上，北京的一辆有轨电车每运行 1 km 需要消耗 0.92 kW·h（3.31×10^6 J）的电能。后来，随着更节电的驾驶方法的推行，这个数字被降低到了 0.55 kW·h（1.98×10^6 J）。当然，需要指出的是，这个耗电量是基于 1930 年前后北京有轨电车 100 型四轮机车的技术状态来计算的。考虑到该型四轮机车后来经历了若干次技术改造，而且北京有轨电车后续还引入了其他型号的四轮机车乃至功率更大的八轮机车，因此这里给出的数值仅具有参考意义。

2.2　北京有轨电车的主要结构、部件及控制方式

若想对北京有轨电车进行系统整理与讨论，特别是对北京有轨电车的车辆型号进行甄别与分析，必须先明确北京有轨电车的基础结构及控制方式。横向对比同时期全球范围内的类似有轨电车系统，不难发现北京有轨电车的构型非常典型，且车辆方面的技术水平可以视为同一时期的世界平均水平。

2.2.1　北京有轨电车的主要结构、部件

纵观北京有轨电车购入及实际使用的全部车辆，我们可以按照车轮数量将北京有轨电车分为四轮机车、八轮机车和四轮拖车三类，每类车都各有特色。总的来说，它们的主要结构如下。

1. 车体

顾名思义是为机车和拖车的主体，用以安放座席、扶手、驾驶员席、控制器和制动手柄等，承担运营职能。北京有轨电车绝大多数是棚式车体，由底架、四角的角柱和侧面的立柱支撑侧墙、端墙、车顶和门窗而成。在机车和拖车的运用历史中，总计出现过木条拼钉并刷防腐漆而成的木制侧墙、木制立柱并在外部包钉薄铁板的木骨铁皮制侧墙和钢制侧墙三种，这三种侧墙因车型不同与经历改造的原因存在一定的并立与转化关系，但总体而言，不论是有轨电车机车还是拖车，它们的侧墙都明显呈现出由木制向钢制转变的趋势。

北京有轨电车机车与拖车的车顶，除少数车为高窗式或敞篷设计外，其余车辆的车顶均为拱形，覆盖有涂刷铅油的帆布。不论机车与拖车均在车顶安装有通风设施，而车内则不设任何电扇与空调系统。

对于机车，显示线路名称的路牌、从接触网获取电力的集电器、检修集电器及相关部件的检修走道同样安装于车顶。绝大多数有轨电车机车与拖车的车体安装了下降式车窗，解开此类车窗的挂钩后，带木制边框的玻璃窗扇可手动拉入侧墙中，从而打开车窗。一些机车在安装这些下降式车窗外，还在其上方以对应规格安装有较小的上层车窗，开启这些上层车窗需要将其向内翻转打开。

除上述设置，机车与拖车同样配备了可以遮挡阳光的百叶窗。在运营初期，拖车使用左右平移的拉门，而机车只在冬季安装手动式的双折木门，夏季则以铁栅栏或铁链代替车门。然而，考虑到安全性及双折木门遇拥挤时难以关闭的问题，所有机车后来统一改装为手动拉门，且后续购入或新造的车辆同样遵循

这一标准。

机车与拖车的车体两端均安装有缓冲梁，这是一段凸出车体下部的结构，用于在碰撞时减缓冲击力。除此之外，在车体下部还安装有防止异物或人员卷入车轮的防护设施。四轮机车和拖车会在车体两端各安装一根棍状的挽车钩，用于互相连接。挽车钩位于缓冲梁下方，一端探出缓冲梁，另一端连接车体底架。而八轮机车由于不挂拖车也不重联运行，通常只在缓冲梁前面的中部设置一处用于固定救援牵引用拖车杆的位置，不安装挽车钩。

2. 走行部

通常指安装于车辆下部的结构，负责引导车辆沿轨道运行，并将车辆的全部重量传给钢轨。北京有轨电车因车轮数量的差异，走行部可大致分为两个类型：四轮和八轮。

四轮机车和拖车通常将四个车轮构成的两个轮对（轮对是将一对车轮与车轴固定在一起而成）统一安装到一个结构上。这个结构通常在各地有轨电车系统内被称为"车盘"或"底盘"。考虑到北京电车公司各类文件手册用词与职工的习惯称谓，以下将四轮机车和拖车的走行部称为"车盘"。四轮机车的车盘在每根车轴上各安装一台牵引电动机，每个车轮对应一个制动闸瓦。车盘通过横梁和一系列减震弹簧与车体，起到支持车体和减轻振动的作用。四轮拖车的车盘与机车车盘结构基本类似，但不安装电动机，也没有固定电动机的结构（由四轮机车改装成拖车除外，它们在改装后虽然不再安装电动机，但是可能残留相关结构）。在北京有轨电车中，四轮机车和拖车使用的车盘，其两根车轴相互间的位置关系通常是固定的。但有少数机车装用了一种更长的径向车盘，可使其上的两根车轴被动地沿轨道曲线方向小幅度转动，以适应半径较小的轨道曲线。

八轮机车则将八个车轮构成的四个轮对两两分组，每组安装于一个转向架上形成两个二轴转向架。转向架通过各自的心盘与中心销和车体连接，能以中心销为圆心在一定角度内转动，进而保证电车可以通过轨道曲线。转向架上的摇枕和弹簧同样起到支持车体和减震作用。北京有轨电车八轮机车转向架上的每个车轮同样对应安装一个制动闸瓦，但牵引电动机只安装在靠近车体中心一侧的车轴上。因此，北京有轨电车所有的八轮机车和四轮机车一样，均依靠两台牵引电动机驱动。

3. 电气系统

电气系统是有轨电车机车独有的系统，用来获取、调控电力并驱动电车行驶，总体来说由集电器、断路器、避雷器、控制器、调速电阻和电动机六个主要部件构成。

集电器（collector）安装于有轨电车机车的车顶，负责从接触网获取电力。北京有轨电车使用的集电器绝大多数为弓形集电器（bow collector），这是一类形如网球拍，结构相对简单的集电器。虽然无法很好适应较高速度情况下的运行，但由于有轨电车普遍运行速度不快，这类集电器依然广泛使用在全球各地的有轨电车系统中。

在基座处弹簧的作用下，弓形集电器以一定角度倾斜并抵住接触网。集电器顶部的石墨或金属滑板紧密贴合接触网滑动，从而获取电力。弓形集电器的倾斜方向为机车前进方向的反方向，因此需要根据机车运行方向调换。这一工作通常在有轨电车线路首末端的专门区间（这一区间接触网悬挂高度更高一些）完成，以人力在车下拉拽系在集电器上的绝缘绳索，完成翻转调换。

断路器（circuit-breaker）作为有轨电车机车全部电路的总开关和保护装置，安置于有轨电车机车的两端。具体来说就是驾驶员背后隔板的顶部（对于驾驶员背后位置不设置隔板的则安装于类似位置，如侧墙或客室座椅两端隔板的顶部）。在电路中断路器位于集电器和控制器之间。

在有轨电车机车正常运行时，断路器处于闭合状态。若因为故障或驾驶员在驾驶电车时提速过快导致电路内电流超出额定限度，断路器会立即动作，并切断电车电源。

避雷器（lightning arrester）同样是有轨电车机车全部电路的一个保护装置。在电路中，避雷器一端接地（即钢轨回路），另一端接集电器（即接触网）。正常电压下，电阻值极大，通过电流极小，几乎处于断路状态，而一旦接触网电压出现异常的升高，超过避雷器额定电压，避雷器电阻值会快速降低（即可看作导通），将异常电压的能量泄放至大地，进而阻止过高电压损坏有轨电车机车自身的电路并造成其他危险。

控制器（controller）是电车驾驶员用来控制有轨电车速度与运行方向的关键设备。北京有轨电车使用的控制器均为鼓形控制器（drum controller），这种类型的控制器大体上有外壳、顶板、吹弧线圈、灭弧罩、一大一小两根转轴和配合转轴的一系列铜触指（即静触头）与触片（即动触头）。

控制器统一安装在驾驶员左手边，本质上是一套复杂的组合开关。大转轴由手柄转动，分为若干个调速挡位（在顶板上会有体现），其上还安装有一个棘轮，用来保证手柄可以稳定地停留在某一个挡位。驾驶员转动手柄时，会使控制器内大转轴旁边固定设置的一系列铜触指之间通过大转轴上安装的一系列铜触片按一定规则接通或断开，进而改变电动机所在电路的结构，起到控制的作用。

小转轴由换向手柄，即一种状如呆扳手或套筒扳手，也被俗称为"钥匙"的可拆卸部件扳动，只分三个挡位，分别对应本侧前进、本侧后退和零位，用来控制有轨电车的运行方向。当这根小转轴处于零位时，会同步锁死另一根大转轴，使其无法转动并切断控制器与电动机电路的连接，起到停车或停用这一侧控制器时的保险作用。

通常来说，有轨电车驾驶员在由一端控制器转到另一端控制器操纵有轨电车的过程中，会将控制器的"钥匙"从原控制器上取下，安装到接下来要使用的控制器上。除此之外，北京有轨电车使用的部分鼓形控制器还有一个切除电动机的功能，即这些控制器在必要时可以将走行部上安装的一台电动机从电路中彻底切除，使有轨电车机车完全依靠另一台电动机单独驱动（同时一部分调速挡位会因此被禁用）。该功能通常应用于应急情况。

由于北京有轨电车使用的鼓形控制器形似旧时家中使用的水缸与米缸并通电，北京有轨电车的各类文件、手册及职工习惯称谓中均将其称为"电缸"，这种约定俗成的习惯延续下来，因而北京有轨电车在1949年后新造的控制器顶板上的铭文也作"电缸"。

调速电阻（resistor）用于阻碍电流通过，是有轨电车机车降压启动和电阻调速时必须的设备。北京有轨电车使用的就是上述的启动方式和调速方式。由于电动机自身的特性，在启动时，直接在两端加正常运转时的额定电压会产生相当大的电流（这种电流通常远大于正常运转时电流的大小），可能会造成过载和电动机绕组损坏。因此，在有轨电车启动的过程中，控制器会向电动机所在的电路中加入适当阻值的电阻，并伴随电动机转速的升高逐步切除这些电阻，以保证流过电动机的电流始终处于安全范围之内。而在改变电动机两端电压以调节电动机转速，即有轨电车运行速度，也是通过控制器向电动机所在的电路中接入不同阻值的电阻实现的。通常来说，有轨电车机车在运行时要把握好调速电阻接入电动机所在电路的时间，不可过长，因为调速电阻不仅在接入电路时会消耗功率产生电能的浪费，而且这一过程在调速电阻上产生的热量还会使调速电阻出现烧毁的风险。

电动机（motor）是直接驱动有轨电车运行的部件。北京有轨电车机车使用的电动机均为直流电动机，其结构大致可以分为定子、转子和电机外壳三部分。这些直流电动机装于有轨电车机车车盘或机车转向架的特定位置，在电动机轴和车轴上均安装有齿轮，二者互相啮合以传递动力。在北京有轨电车的发展历程中，除少数四轮机车装用或曾经装用功率为 18.642 kW（25HP）、37.285 kW（50HP）等的直流电动机外，其余大多数机车基本装用功率为 22.371 kW（30HP）或 26.099 kW（35HP）的直流电动机。这些电动机不仅正常驱动有轨电车运行，还参与有轨电车机车的电阻制动。

4. 照明系统

用于提供夜间运行或阴雨雪天运行的照明，包括前照灯和车内的照明灯。前照灯只存在于机车两端，而照明灯存在于机车和部分拖车内。1949 年后，北京有轨电车在保留前两种灯具的前提下，还在机车和拖车两端增设了红色的尾灯。

对于机车，照明系统的电力由集电器从接触网上获得，拖车则由机车通过插头和导线供给。

5. 制动系统

除有轨电车机车电气系统自身的电阻制动外，北京有轨电车机车和拖车总体而言存在有两种类型的制动系统，即手制动和空气制动。对于机车，这两种制动系统或同时存在于同一辆车中，或只安装两者之中任一，但对于拖车则只有手制动系统。

有轨电车机车的手制动系统由制动手柄、枢轴、轴链、链条滑轮、棘爪、复位弹簧、拉杆和闸瓦等主要部件构成。制动手柄一般安装于驾驶员的右手边，与枢轴上端直接相连。轴链一端固定于车体底架上，另一端穿过拉杆末端的链条滑轮与枢轴下端连接，并可缠绕于手制动轴上。拉杆通过一系列转轴最终与闸瓦连接。制动时，驾驶员扳动制动手柄，带动枢轴转动，收紧轴链，轴链在收紧的过程中将拉动拉杆，最终通过一系列转轴推动闸瓦贴紧车轮踏面并与其摩擦减速。驾驶员可使用一个棘爪卡住枢轴和链条滑轮以维持制动力。制动完成后，驾驶员放开棘爪，并徐徐向放松方向扳动手柄，整个系统在复位弹簧作用下复位。拖车的手制动系统与之类似。

有轨电车机车的空气制动系统主要包含制动阀、制动管、空气压缩机、总风缸、制动缸、气压计、拉杆和闸瓦等。制动阀连同手柄和气压计同样安装于驾驶员右手边。制动缸本质上是一个带有活塞的气缸，活塞连接拉杆，由充入制动缸的压缩空气推动。空气压缩机为电动，其作用为产生压缩空气后将其充入总风缸储存。制动时，驾驶员扳动手柄，接通总风缸和制动缸，总风缸内的压缩空气沿制动管充入制动缸，推动活塞进而带动拉杆，最终通过一系列转轴推动闸瓦贴紧车轮踏面并与其摩擦减速。制动完成后，驾驶员将手柄复位，切断总风缸与制动缸的连通，并将制动缸与大气接通，则制动缸内的压缩空气排入大气，压力消失，闸瓦恢复原位。相比手制动系统，空气制动系统的制动力要更强也更省力一些。

有轨电车机车电气系统自身的电阻制动则利用了直流电动机在运转过程中自身产生的反电动势。电阻制动在控制器上完成，通过手柄将控制器调整到制动挡位后，电动机不再从集电器处获取电力，而是与调速电阻构成一个闭合回路。此时，电动机转子转动产生的反电动势在回路内形成制动电流，将有轨电车的动能转换为电能，并在调速电阻处消耗掉。

由于此类制动需要电动机参与，因此电阻制动只能在北京有轨电车的四轮机车或八轮机车上实现。值得一提的是，北京有轨电车在通常情况下是不会使用电阻制动的，这种制动方式原则上只会在相对紧急的情况下使用。

2.2.2 北京有轨电车的控制方式及其原理

在了解北京有轨电车机车与拖车的整体情况，特别是观察有轨电车机车的电气系统特点后可以发现，北京有轨电车的机车采用典型的直接控制方式，驾驶员在驾驶电车过程中实际上是在使用控制器直接操作包含集电器和电动机在内的动力电路，通过改变动力电路的结构完成对电车的控制。不难看出，这种控制方式所需的电气结构非常简单，而且有轨电车对于驾驶员的操作动作反应很快，所以这种控制方式也是同一时期全球各地类似的有轨电车系统中最为普遍的控制方式。但正因为直接控制是直接对动力电路进行操作，因此电路中的电压很高，对控制器绝缘能力提出了比较高的要求，且不适用于高电压和大电流情况。

有级调速是应用直接控制方式的有轨电车机车的共同特点。具体到北京有轨电车机车，其多数控制器除"停止"挡位之外分为1挡至8挡总计八个调速挡位（在北京有轨电车的各类文件手册中被描述为"电缸"的"字位"）。由于选装控制器型号的不同，北京有轨电车并非所有机车都具有电阻制动挡位。具有电阻制动挡位的控制器多数有7挡至1挡总计七个制动挡位，每个挡位接入相应阻值的电阻。

前文已经描述过，控制器通过调整接入电阻的阻值来改变电路结构，从而控制有轨电车。但这并非仅有的改变电路结构的方式。北京有轨电车机车普遍使用两台电动机驱动，因此，改变两台电动机的连接方式，即控制两台电动机为串联或并联状态，也可以作为一种控制手段。

在不接入电阻且电路各元器件均为理想元器件的情况下，并联的两台电动机均可以获得接触网的全部电压，而串联的两台电动机则各自可以获得接触网电压的一半。改变电动机连接方式的工作同样由控制器完成。

在北京有轨电车机车的八个速度挡位中，1 挡至 4 挡的四个挡位下两台电动机处于串联状态。随着挡位数升高，接入电阻的阻值逐渐下降，直至 4 挡时，电路内完全不接入电阻，只有两台串联的电动机。当挡位数由 4 挡切换至 5 挡后，两台电动机改换为并联状态，并重新接入并联状态下的对应电阻值。随后，以同样规则逐渐减小电阻值，直至 8 挡时，电路内完全不接入电阻，只有两台并联的电动机。

正因如此，1949 年后，北京电车公司总结有轨电车的驾驶经验，特别是节电驾驶的经验时，如何善用不接入电阻的 4 挡和 8 挡就成了一个相对重要的内容，也相应地产生了一些以节约电力为主旨的驾驶技巧。

2.3 北京有轨电车的车号分布及型号称谓整理

北京有轨电车的绝大多数运营车辆和部分工程车辆（包括工程用机车和后期由载客机车和拖车改装的货运机车和货运拖车，但不包括洒水车和一些原装货车），均按照一定的规则，被统一安排进一套编号体系内，不论该车辆配属于哪一条有轨电车线路使用，亦不论该车是机车还是拖车。

唯一的一个例外是 1946 年 5 月，北平电车修造厂曾搜罗部件装成一台四轮机车，被称为"创造号"，只有命名称号而无车号，这辆有轨电车机车以这种状态自出厂开始，一直持续到 1951 年及以后一段时间。

总的来说，北京有轨电车并未发生过大范围的车号变更或车号重排现象。每辆有轨电车机车及拖车，在出厂或购入并基本确定车况可以支持上路运营之后，即获得车号，一直到该车停止使用报废解体或转配其他有轨电车系统，均基本维持这一车号不再变动。那么以此为依托，接下来我们将按照车号分布来讨论一下北京有轨电车的分型情况。

北京有轨电车使用的车号有一至三位不等，至多为三位，全部由数字构成。这些车号在北京有轨电车创办早期（1924 年至 1937 年前后）时以阿拉伯数字和苏州码子分别写于有轨电车机车和拖车缓冲梁前面的左右两端。

1937 年后，已有的有轨电车机车和拖车在车号位置不变的情况下，逐渐改成两端均为阿拉伯数字车号。此后购入或新造的有轨电车机车（以及1946年大修的有轨电车机车）则视情况将车号以阿拉伯数字写于前照灯上方、下方或略去车号不写；而此后购入或新造的有轨电车拖车（以及1946年大修的有轨电车拖车）将车号以阿拉伯数字写于类似位置或略去车号不写（拖车无前照灯）。这一时期，一些有轨电车机车在车体侧面也有阿拉伯数字的车号。

1949年后，北京有轨电车全部有车号的车辆，均将车号以阿拉伯数字写于前照灯上方（或类似位置）。此外，全部四轮机车和多数八轮机车在车体侧面也写有阿拉伯数字车号。

在这之中，车号为一位及两位数字的均为四轮机车，其车号也均相连，无跳号现象。这类机车是为北京有轨电车最早购入的机车，以及1949年后模仿这些机车制造的仿制车。原版车与仿制车的车号均相连无跳号，数量众多，成为北京有轨电车的主要四轮机车。值得注意的是，这类机车并不使用数字"0"为占位，如1号车车号就是"1"，而非"001"；15号车车号就是"15"，而非"015"。

车号为三位且首位是1的，同样是四轮机车。这类机车的电气设备和车盘与车号为一位及两位数字的四轮机车完全相同，实际上这类机车也是由车号为一位及两位的四轮机车备用部件装成，二者仅车体有所不同。因此，1949年后一度将这两类四轮机车视为同一种。

车号为三位且首位是2的为拖车。这类拖车包含北京有轨电车最早购入的拖车、1941年自行制造的一些拖车和1949年后模仿最早购入的拖车制造的仿制车，三种车的车号均相连无跳号。以2为车号首位的拖车占据了北京有轨电车拖车的很大一部分比重。

车号为三位且首位是3的车辆情况比较复杂。首先，车号在301至310的10辆车最初购入时是四轮机车，也是最早使用首位为3的车号。而这些四轮机车在运行一年后即拆掉电气设备改装为拖车，车号不变。311至350的40个车号是空号，无任何机车或拖车使用。351至356的6个车号被一种拖车使用，357开始的车号则被另一种拖车使用。总的来看，以3为车号首位的车辆虽然最终都为拖车，但其最初是为四轮机车开设的号段。

车号为三位且首位是4的为四轮机车。这类机车虽然曾短暂作为夏季供市民游览观光的"纳凉电车"开行，但后来取消了载客能力（直观表现就是无座席和立席，亦无额定的载客人数），也不参与日常运营，作为牵引故障有轨电车的救援车或线路维护时的工程用牵引车使用。需要指出的是，这些机车并非后来出现的货运有轨电车，北京有轨电车后期出现的货车均为车号为两位数字的四轮机车改装。

车号为三位且首位是 5 的为八轮机车。这类机车包含两种购入的八轮机车和一种自行制造的八轮机车。三种车的车号均相连无跳号。自行制造的八轮机车是综合两种购入的八轮机车和一些四轮机车的设计而成的，这种自行制造的八轮机车同样因为数量众多，成为北京有轨电车后期的主要八轮机车。

车号为三位且首位是 7 的为四轮机车。这类机车包含两种购入的四轮机车，这两种四轮机车互相之间的差异较为明显。其中一种，是北京有轨电车使用的四轮机车中车身最长的，但在购入时这两种四轮机车均破坏严重，几乎与废品无异。因此，在修复之后，这些四轮机车的部件型号与规格较为复杂无序。

车号为三位且首位是 8 的为八轮机车。这类机车只包含一种购入的八轮机车，这种机车与上文提到车号首位是 7 的四轮机车为同一时期自同一地点购入，而且在购入时同样破坏严重，也因此同样在修复之后各车部件的型号与规格较为复杂无序。

考察上述信息不难发现，北京有轨电车使用的车辆种类相当复杂。虽然使用的编号体系在一定程度上归拢了有轨电车机车和拖车的分型，但即使是归拢后的状态，对于细致讨论每种有轨电车机车和拖车的技术细节依然是极为不利的。

调查北京有轨电车的运营历史可以看到，这些有轨电车机车和拖车在其全部的运用历史中，实际上也没能形成一个稳定而长时间存续的官方分型体系。1924 年北京有轨电车创办早期，虽然在车号上已经区分了有轨电车机车和拖车，但此时这些机车和拖车并未确实形成官方的型号（这里的"型号"等同于英语的"Class"或是"Type"，即针对某一群结构部件与各项性能均相同或相似的车辆的统一标准称呼）。在这一时期的各类文件与书信公函之中，只是将其笼统地称之为"机车"和"拖车"。

当时，北京有轨电车尚只有一种有轨电车机车和一种有轨电车拖车，所以在这一时期，这种称呼暂且还可以成行。延至 1937 年后，随着各种购入或自行组装的有轨电车机车和拖车进入运营序列，北京有轨电车的车辆种类开始增多，这时虽然还可以见到"机车"和"拖车"的称呼，但这两个称呼已经倾向于变为统称，此时的北京有轨电车依然不存在官方的型号。每当购入有轨电车或组装完成有轨电车，只是将其称为"编为某某（车号）至某某（车号）"。例如，1939 年购入 10 辆四轮机车时，记录为"当即督饬修理厂积极修整装配，编为三〇一至三一〇号开始营业"。在描述有轨电车构造种类等共性的场合，以车号号段称呼；而需要描述某车的场合时，则直接以该车的车号进行称呼。

这种只称车号不论型号的状态一直持续到1949年，自1949年后，北京有轨电车逐步出现了型号的概念，即在官方的各类文件与书信公函中开始出现型号的说法。而在1950年至1952年间，有轨电车机车和拖车的型号也开始依托车号而成。

通过分析不难得知，北京有轨电车的同一类车辆占据的必定是一段连续的车号，不同种类的车辆其车号首位也基本不同。因此，以车辆的车号首位为开头，后续数位用数字"0"占位而成的三位数字型号开始出现。如在这一时期，车号为三位且首位是5的八轮机车被称为500型，而车号为三位且首位是7的四轮机车则被称为700型。对于一些车号较为零碎的车辆，则以车辆的车号首位和第二位做开头，第三位用数字"0"占位形成型号，如车号在351至356的拖车被称为350型。

在同一时期也有使用整段车号作为型号名的现象出现。例如，车号为一位至两位数字的四轮机车及其1949年后的仿制车，与车号为三位且首位是1的四轮机车被统称为1–102型（两种车虽然外观不同，但电气设备包括车盘几乎完全一致，所以将其混同了）。不过这种使用整段车号作为型号名的模式存在的时间并不长，很快它们即被重新改称为100型。

除此之外，在1955年前后还短暂出现了以同型车最后一辆车的车号作为型号名的情况。例如，前面提到的车号为三位且首位是1的四轮机车，此时它已重新和车号为一位至两位数字的四轮机车拆分，并被视为单独的一种型号，由于其车号在101至102，因此被称为102型，又如车号在351至356的拖车在这时则被称为356型。

但是，有两种1952年及以后自行制造的有轨电车并未采用车号作为型号名，而是以首台车的生产年份作为型号名，这就是1952年开始制造，车号自507开始的一种八轮机车和1953年开始制造，车号自357开始的一种拖车，前者被称为五二式有轨电车，后者被称为五三式拖车。"五二"和"五三"都是首台车出厂的年份。虽然在1955年前后，它们也曾按前文提到的末车车号定型方式短暂被称为561型（561是1955年当年五二式有轨电车的末车车号）和376型，但是随后又重新称为五二式和五三式。不过需要指出的是，五二式有轨电车在1952年立项及制造之初曾短暂被称为500型（即新造五〇〇型机车）。

如图 2-1 所示，从北京有轨电车各种车辆的车号分布情况中不难发现，有轨电车机车的车号大多呈现出一型一号段的特征，而有轨电车拖车的车号更倾向于几个型号集中在同一号段之中。

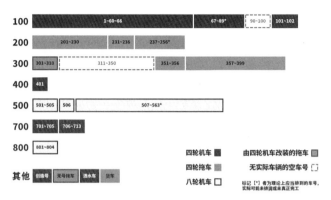

图 2-1　北京有轨电车各种车辆的车号分布情况

纵观北京有轨电车的发展历程，虽然可以明显感觉到"型号"这一概念正在成形，但直至 1966 年停止运行，北京有轨电车所形成的型号系统依然显得粗糙，对于细致讨论每种有轨电车机车和拖车的技术细节仍然有所阻碍。例如，被称为 500 型的八轮机车，即使不考虑五二式有轨电车的前提下，其内部依然包括两种不论电气设备还是外观甚至来历都相去甚远的八轮机车，如果机械地遵照这一划分强行将二者作为一种型号看待与讨论，自然是极不方便也不甚合理的。

很明显，如果想深入了解北京有轨电车的车辆情况，就必须整理出一套更精细的型号系统，以精准区分每一类对内体现共性而对外互相存在明显差异的有轨电车机车和拖车。本着尽可能对每一类车辆都精准定位并分类，且最大限度遵循历史原貌、避免与历史上存在的型号名差距过大以致产生歧义与混乱的原则，借鉴世界范围内同类轨道交通系统的分型方法，在这里可以提出如下五条北京有轨电车分型规则。

（1）历史上已定型或习惯且无歧义的型号沿用；无车号的，以用途或名称命名。

（2）以车辆的车号首位或首两位为开头，后续数位用数字"0"占位而成三位数字型号。

（3）对于车号首位相同，车号顺序接排在前一种车辆（或型号）之后且无跳号却差异明显（指互相之间的外观、电气设备等出入过大）的车辆，以这类车的首辆车车号作为型号。

（4）明确判定为某型号车辆的仿制车辆，以"仿某型"命名。

（5）同种多名或多型的车辆，以最早出现且无歧义的型号为准。

按照这五条原则，结合北京有轨电车的各类档案史料及影像资料，我们可以将北京有轨电车的机车和拖车细分为如下16个型号余4种车辆。

（1）车号为一位及两位数字的：100型机车，仿100型机车。

（2）车号为三位，且首位是1的：101型机车。

（3）车号为三位，且首位是2的：200型拖车，仿200型拖车，231型拖车。

（4）车号为三位，且首位是3的：300型机车（等同于300型拖车），350型拖车，五三式拖车。

（5）车号为三位，且首位是4的：400型机车。

（6）车号为三位，且首位是5的：500型机车，506型机车，五二式机车。

（7）车号为三位，且首位是7的：700型机车，706型机车。

（8）车号为三位，且首位是8的：800型机车。

（9）无车号的：创造号机车（一辆），无号拖车（一辆），洒水车，货车。

这样，北京有轨电车的机车和拖车在技术层面上的分类更加清晰。接下来，我们可以针对每一种型号的有轨电车机车和拖车进行单独的发掘与讨论。

| 第 3 章 |

机车分型

3.1 北京有轨电车 100 型机车

北京有轨电车 100 型机车是北京所有有轨电车机车中购置最早、保有量最大的一种,总计有 66 辆,其车号位于 1 至 66。

作为专为北京有轨电车设计制造的一种四轮机车,北京有轨电车 100 型机车的运用覆盖了北京有轨电车运营历程的绝大部分,而它的出现也正式宣告了北京城市交通近代化的开始。

3.1.1 北京有轨电车 100 型机车购置始末

北京有轨电车 100 型机车的购置实际上分为两个部分,即走行部与电气系统部件部分和车体部分。其中,走行部与电气系统部件由法国电气制造公司负责购置,相关合同于 1922 年 8 月 16 日签订;车体由北京的裕信营造厂负责制造,相关合同于 1922 年 8 月 8 日签订。

其中,走行部与电气系统部件要求在不晚于 1923 年在京奉铁路新河码头(即塘沽新河码头)卸货。若有码头泊位紧张,则改在天津港卸货。至于河水封冻实在无法在上述两个地方卸货时,则可以改在秦皇岛港卸货。在卸货之后,所有部件即统一经由京奉铁路运至北京,再转送到电车修造厂内验收交付。至于车体方面,由于其本身就是在国内制造,因此等到制造完工后也一并运至电车修造厂验收交付。待这两个部分于修造厂内组装合拢并调试完成之后,一辆北京有轨电车 100 型机车即宣告完工出厂。

不过法国电气制造公司在相关合同签订之后并未自行生产所有部件,而是转向其他公司购得更基础的部件之后再将这些部件装配成可供使用的走行部与电气系统。具体来说,其中的车盘是由美国 J.G.Brill 公司生产,而控制

器、调速电阻、电动机、集电器、断路器，以及避雷器则是由英国 Dick Kerr
公司生产。

另一方面是车体的制造，裕信营造厂选用的制造材料是软钢和橡木（或美
国松木），前者用来制造车体底架，后者用来制造车体侧墙、立柱、角柱和车
顶骨架等。内饰从整体来说使用的是打磨光滑的橡木，门窗把手和边框包角等
金属部件则为黄铜制成。车顶是先用质地较好的厚帆布在车顶骨架上蒙出外形，
之后再涂刷一层浓厚的白色铅油造就的。

由于相关合同中对交付时间的要求相对严格，加之运输过程中没有横生
枝节，用于第一批 60 辆北京有轨电车 100 型机车的 60 套走行部与电气系统
部件于 1923 年 2 月 1 日至 5 月 15 日陆续交付完成。而车体由于是在国内制
造，所以于 1922 年 9 月开工，并最终于 1923 年 5 月 31 日前全部完成。可以
看到，北京有轨电车 100 型机车的这两个主要部分是逐步交付的，而且二者
的交付时间有所重叠。因此，为节省工期、增加效率起见，实际上将两部分
装拢成一辆完整有轨电车机车的工作于 1923 年 3 月 15 日在北京电车修造厂
内即开始，这也是北京有轨电车逐渐拥有各式车辆的一个总的开端。

第一批北京有轨电车 100 型机车投入使用之后，即以 60 辆的总数延续
至 1928 年。此时，北京有轨电车已逐步被北京各界人士所接受，因而客流量
有所增长。原有的车辆即暴露出难以应对客运压力的问题，所以在 1928 年 7
月以后，北京采用之前的处理办法（分别购置车体和车盘与电气部件），再
度购入第二批 6 辆北京有轨电车 100 型机车，并根据第一批车暴露出的问题
和北京有轨电车当时的运营需求，对第二批车的车体设计进行了一定程度的
优化。

北京有轨电车 100 型机车第二批车所需的各种部件于 1929 年 3 月之前陆续
交付，并于 1928 年至 1935 年间陆续于北京电车修造厂内装拢。不过相比于第
一批车，第二批车的制造时间被拖得更长。具体来说就是，61 号车完工于 1928
年 2 月，62 至 64 号车在 1929 年 2 月至 4 月以每月一辆的速度完工，而 65 和
66 号车完工于 1935 年 2 月。自此之后，若不计仿制车，则北京有轨电车 100
型机车即定格在 66 辆。

总的来看，全部 66 辆北京有轨电车 100 型机车不仅奠定了北京有轨电车最
初的规模，更在日后相当长的一段时间内作为主力车型参与了北京全城的有轨
电车系统的运营。

3.1.2　北京有轨电车 100 型机车主要技术数据（第一批）

考虑到北京有轨电车 100 型机车是分两批装成并投入运营的，而且在全部的运营经历中由于种种原因，其车体结构与外观发生过几次明显变化，因此在这里只对第一批北京有轨电车 100 型机车（即 1 至 60 号车）的走行部、电气系统的部件和最初状态下的车体结构与外观加以描述，至于其车体结构与外观的后续变化情况可见 3.1.4 节的相关介绍。

北京有轨电车 100 型机车的第一批车为木制车体、单层车顶，车辆全长 9420 mm，宽 2100 mm，高 3160 mm，在不载客的情况下，包含车体与电气设备等的总质量为 10800 kg。

在车体的端面安装有三扇车窗，这三扇车窗均以横梁分成上小下大的两层式结构。每扇车窗的上层均无法打开，且显示运行终点站的方向幕即安装于中间车窗的上层窗后方，以该扇上层窗作为显示窗口。每扇车窗的下层均可手动向下打开，打开后下层车窗可滑入下方车体内部的对应容纳空间。除此之外，为保证驾驶员视野，端面的三扇车窗中，中间车窗要比两侧车窗略宽一些。在车窗下方为两个向拖车车内照明灯供电的插头，左右各一，两个插头再向下的端面中部安装一盏前照灯，前照灯下方设置缓冲梁，缓冲梁下安装有挽车钩和排障器，并且在车体侧面一并设置有防止异物或人员卷入的金属护网。

车体两侧各设置有一个门洞，门洞下为登车踏板，运行时踏板手动向上翻起贴合于车体外侧，停站时则手动向下放平以供乘客登车。在春夏季时，门洞处以铁链或半人高的伸缩铁栅门作为车门，秋冬季时则以带窗的双折木门作为车门，铁栅门和木门均为手动，在两个门洞之间的是六扇客室车窗。这些客室车窗同样为两层式结构的手动车窗，打开时，下层车窗可以向下滑入车体侧墙内部。至于客室车窗的上层窗则不同于端面的上层窗，是可以向内反转打开的。车窗在车内一侧设置有遮光帘，用以在夏季炎热时或阳光刺目时放下遮挡阳光

北京有轨电车 100 型机车在最初的时候会区分头等座和二等座，头等座垫有藤编软垫，二等座为硬木条拼搭而成，且车体的头等座区域和二等座区域以隔板加以区分（不过隔板只隔断两个区域的座椅，中间的过道不受彻底隔断，即不会彻底分离两个区域）。这种内部差异在客室车窗上的外在表现为头等座区域对应的两扇客室车窗的宽度明显较大，而二等座区域对应的四扇客室车窗宽度明显较小，但这两种车窗除了这个宽窄差异再无其他不同。

总的来看，如果以字母"D"表示车门，以数字表示车窗数量，则北京有轨电车100型机车的门窗布局可以表示为"D6D"。

车顶不设检修走廊及相应的爬梯，只在车顶中部安装有一个英国Dick Kerr公司生产的5号弓形集电器及相应的底座，并在底座的四角各安装一个通风器。而在车顶两端还各设置有一个小标牌，两个标牌面各自面对车辆运行的一个方向，用以表示这辆车运营的线路。

承载车体的是一个美国J.G.Brill公司生产的Brill 21E型车盘，车盘以两侧的边梁承载车体底架进而支撑整个车体，一系悬挂为圆弹簧，二系悬挂为板簧和圆弹簧共同承担，车盘轴距为2591 mm，车轮直径为900 mm，车盘的两根车轴上各安装有一台功率为22.371 kW（30HP）的直流电动机，这种电动机为英国Dick Kerr公司生产的DK29型，因而整车的总功率为44.742 kW（60HP）。每台电动机通过安装于自身轴上的齿轮和安装于车轴上的齿轮互相啮合来传导牵引力，它们的传动齿轮比为83∶15，安装位置为车轴靠近车体中心线的一侧，也就是内侧——北京有轨电车其他四轮机车的电动机安装位置也同样如此。

北京有轨电车100型机车的控制器采用的是英国Dick Kerr公司生产的DB1-K4型，每辆车在两端各安装一台。这种控制器有8个速度挡位和7个电阻制动挡位，即支持电阻制动。断路器和调速电阻也为英国Dick Kerr公司生产，型号分别为D-A型（Type D Form A，断路器）和H-S1型（Type H Form S1，调速电阻）。除使用控制器自带的电阻制动之外，北京有轨电车100型机车仅装备了一套手制动机，并且这套手制动机通常作为主要的制动手段在运营中使用。

车内设座席30个，吊席24个（吊席即扶手上用于抓握的拉环），立席7个，额定载客数为61人，不论一等座区域还是二等座区域，其客室两侧的座椅均为纵向布置。

驾驶员为站姿驾驶，驾驶位与客室以客室座椅末端设置的隔板加以区分。车内照明由安装于车顶的5组白炽灯承担。在运营过程中，如有需要，驾驶员会以脚踩踏板敲响车铃作为警示行人和其他车辆避让的手段。这个车铃安装于车下，每当踏板踩下一次，则通过传动机构推动击锤敲击车铃一下，其发出的"铛铛"声便是北京有轨电车被称为"铛铛车"的原因。

在制造之初，北京有轨电车100型机车采用的是完全的单色涂装，即以桐油涂刷木制车体而体现出的棕褐色。至于金属制成的缓冲梁，则会涂刷与木制车体匹配的棕褐色油漆，以达到整体上的观感一致。

3.1.3 北京有轨电车 100 型机车主要技术数据（第二批）

北京有轨电车 100 型机车第二批车与第一批车的走行部、电气部件和整体尺寸（包括车辆长度、宽度、高度、轴距和车轮直径等）基本一致，因此相同的部分不再赘述，这里主要介绍一下第二批北京有轨电车 100 型机车的不同点。

相比于第一批车，第二批车缩小了车门的宽度，使得车门与车体端部立柱之间挤出了一扇驾驶席侧窗。这扇侧窗除宽度同比之下明显狭窄之外，其他的各项结构与客室车窗完全一致，同样为两层式结构，并且同样可以打开。车门则不再根据季节改换形制，而是统一改为外挂单扇拉门，要开启时可将门板向车体中心一侧手动拉开，使其滑动到与之相邻的第一扇客室车窗外部。与此同时，门板下沿也得到了适当拉长，使其能够包围并遮挡登车踏板，不使后者暴露在外。

在客室方面，第二批车取消了原本的头等座区域与二等座区域的划分（实际上头等和二等的名目差异——即相关概念与对应票价的分层等——在 1927 年 2 月后即被取消），座席均按原二等座标准用硬木条拼搭而成，原本的隔板也就因此一并取消，随后缩小了客室车窗尺寸并增加了车窗数量，这使得第二批车的客室车窗数量从原本的六扇增加到了八扇。如果以字母"D"表示车门，以数字表示车窗数量，则第二批车的门窗布局从最初第一批车的"D6D"变成了"1D8D1"。第二批车所有客室车窗的尺寸大小均一致，其他式样和整体结构则均与第一批车的客室车窗相同。

北京有轨电车 100 型机车的第二批车还有几处不甚明显的变动，首先是车内驾驶员的驾驶位周围置添设了一组铁栏杆作为防护措施；其次是车体两端的登车平台相比之前略微加长（不过整体尺寸没有明显变化）；最后是第二批车的车体底架强度相比第一批车有所提升。

除上述部分之外，北京有轨电车 100 型机车第二批车的其他情况均与第一批车相同。

3.1.4 北京有轨电车 100 型机车的在京运用及后续去向

1924 年 12 月 17 日，真正意义上服务于北京城市交通的北京有轨电车系统正式开始运营。在首发式上，32 号车和 41 号车等 8 辆装饰成彩车的北京有轨电车 100 型机车率先开始做展示运行，由此拉开了北京有轨电车 100 型机车在北京有轨电车系统中的运用经历。

考虑到北京各界人士对有轨电车需要一个循序渐进的接受过程，北京有轨电车在 1924 年开业之初只开通了天桥—西直门间的 1 路有轨电车，并且在这条线路上也只投入了 10 辆北京有轨电车 100 型机车，随后才逐步加开其他线路并增派车辆。至 1925 年 9 月，北京有轨电车已开通了 4 条线路，包括有轨电车机车和拖车在内的日出车数已经达到 60 多辆，基本达成了初期运营方案的要求。

在 1925 年至 1928 年的 3 年间，北京有轨电车的客流量呈现出了明显上涨的态势，原有的第一批 60 辆北京有轨电车 100 型机车在各线路的调度分配上逐渐捉襟见肘。客运压力的加大还导致了车辆的维护保养往往不能有充足的时间，于是切轴故障的出现频率随之逐渐升高。在 1928 年最严重时，因切轴损坏的北京有轨电车 100 型机车甚至达到了 40 辆之多。在这种局面下，北京有轨电车开始逐步引入更多的四轮机车以解决车辆短缺的问题，并为车辆的维护保养争取更多时间，这也是车号在 61 至 66 的第二批北京有轨电车 100 型机车的由来。

与此同时，虽然在开始运营之初北京有轨电车 100 型机车有头等座和二等座的区分（这种划分实际上是模仿上海英商有轨电车和法商有轨电车的结果），但 3 年的实际运营证明：这种座席等级划分在北京不仅没有必要，而且还徒增了票价计算方面的不便。因此在 1927 年 2 月之后，北京有轨电车取消了座席等级划分，但安装了划分头等、二等座区域隔板的北京有轨电车 100 型机车（即车号在 1 至 60 的第一批车）仍然将隔板保留，只是将座席统一成了二等座的样式。自此之后，北京有轨电车也即不再划分座席等级。

在开始运营 5 年之后的 1929 年 10 月 22 日，北京（当时称北平）爆发了人力车夫打砸有轨电车事件。在此次事件中，总计有 43 辆北京有轨电车 100 型机车受到了不同程度的损坏，并使北京有轨电车中断运营了 18 天。在这种不利局面下，为了在尽可能减轻损失和其他开销，北京电车修造厂在修理有轨电车的车体时，使用了之前维修保养过程中拆换下来但仍可堪用的旧木条和市面上可以直接买到的现成地板条，这使得 1929 年末至 1931 年间很多北京有轨电车 100 型机车的车体混用了菲律宾松木和美国松木两种木材。因为两种木材的纹理明显不同，所以这段时期北京有轨电车 100 型机车的车体虽然坚固程度没有明显变化，但美观程度打了一些折扣。

　　为了进一步加强车体强度，到了 1930 年 2 月中旬，北京电车修造厂在修复受损的车辆之后，又继续逐步地给北京有轨电车 100 型机车各车车体的角柱加钉钢条，以增加车体角柱的稳定性和支撑能力（这项加固工作实际上在 1929 年年初就已经零星开始了）。在这项工作完成后的第二年，也就是 1931 年，另一项针对车门的换装工作被提上了日程。

　　自投入运营以来，北京有轨电车 100 型机车的第一批车会随季节变化交替换装使用手动式双折木门（秋冬）或铁链/铁栅门（春夏）作为车门，但是这些装置构成的车门普遍存在关闭不严及拥挤时难以关闭的问题。出于保障乘车安全的考虑，这 60 辆北京有轨电车 100 型机车自 1931 年开始便陆续换装了和第二批车一样的外挂单扇拉门（而且后来在 1936 年又为拉门装设了用于自动关门的弹簧钩子，并将登车踏板改进门内），而且为了设置车门滑轨的棚罩，与车门相邻的客室车窗也被取消了上层窗。

　　除了换装车门，北京有轨电车 100 型机车的前照灯在 1931 年之后也陆续从端面中部向下调整到了紧贴缓冲梁上沿的位置，以获得更好的照明效果。

　　继续运营两年之后，为解决阴雨天气和有轨电车机车涉水运行带来的电动机和调速电阻溅水短路的故障，北京电车修造厂在 1933 年对北京有轨电车 100 型机车车体下方的电气设备专门实施了一次改装。这次改装包含 3 项主要内容：将调速电阻移动到车盘中部并在电阻下方加设挡水板，将导线装入铁制套管中加以防护，封堵电动机外壳上的一些孔洞。这些改装对防治北京有轨电车 100 型机车的涉水故障起到了一些作用，但总体而言效果还是不甚明显。自此之后，这类故障仍时有发生。

　　由于北京有轨电车 100 型机车的车体底架采用槽铁搭成，结构强度有限而车体又偏长，因此在运营一段时间之后，这些车辆的底架两端即逐渐下沉变形。为解决这一问题，北京电车修造厂从 1935 年开始在北京有轨电车 100 型机车客室座席下方添设了拉棍和吊杆，使得原本聚集于底架两端的压力可以分摊到整个车体上，进而避免底架变形的发生。这项工作在第二年也就是 1936 年时全部完成。

　　自 1935 年春季开始至 1936 年，应当时市政当局整顿市面文物古迹及城市风貌的要求，北京有轨电车 100 型机车开始换用磁漆以取代原本的桐油涂刷车身，不过涂装方案和颜色仍与之前保持一致。

　　1937 年后，陆续有一些其他的有轨电车机车和拖车从日本本土及上海等地运抵北京并投入运营。然而，北京有轨电车100型机车因数量众多，仍占据绝对主力地位。自1940年开始，北京有轨电车100型机车的涂装方案开始由原本的单色逐渐更换为以车窗下沿为界，上部为米黄色，下部为深绿色，车顶则为深灰色。车内原本用于区分一等座和二等座区域的隔板也终于在1940年被拆除，原本由硬木条拼搭而成的座席改为了填充旧棉及滑秸（麦秸）的漆布面座席，在客观上提升了一定的舒适程度。除了这些改动，吊席的拉环扶手由原本的藤制拉环改为了皮条拉环或是化学磁圈拉环（即赛璐珞、酚醛树脂、脲醛树脂一类的人工合成材料制成），车内的照明系统也适当地增加了灯光的亮度。

1940年前后，由于市面上人员往来频繁，作为支撑北京城市交通的主要力量，北京有轨电车承担了相当重的客运压力。只是与之不对应的是，自1924年以来，北京有轨电车对车辆及轨道系统的维护保养往往处于勉强堪用而不尽如人意的状态。这种高运营强度、低维护质量的状况最终在1943年造成了一起两人死亡、7人受伤的行车事故。当年3月5日，承担当时3路有轨电车运营任务的北京有轨电车100型机车第15号车由驾驶员熊笃俊驾驶，于晚7时20分向北行至太平仓站停车后起步，出站不远，在前车胡同东口发生右前轮脱轨。驾驶员随即实施紧急制动，但有轨电车机车自身惯性较大，车身在制动后因惯性打横，并最终向北倾覆于道路中间。在太平仓站驻站的电车工人及附近警察的协助下，20分钟之后，车内人员悉数救出，车也被推起扶正。这起事故最终导致售票员张增华、乘客段毛氏因受伤过重而不治身亡，驾驶员熊笃俊、乘客杨培华和王保安重伤，另有4人轻伤，而脱轨倾覆的15号车后来被拖回北京电车修造厂修复后重新投入运营。这也是北京有轨电车发展历程中第一起造成人员死亡的重大事故。

1943年后，北京有轨电车对车辆的维护保养情况进一步恶化，由于部件损坏无法修理而停用的车辆迅速增加，尚可维持使用的车辆也往往因为使用劣质部件导致车况变差甚至随修随坏。这种局面很快就造成了北京有轨电车发展历程中第二起造成人员死亡的重大事故——1944年9月29日时，北京有轨电车100型机车第21号车在西长安街牌楼处控制器突然短路起火，乘客在惊慌中争相跳车致使6人受伤，其中乘客阎如和因严重的脑震荡最终救治无效死亡。不过这场控制器短路产生的火灾最终并未波及车内的其他部分，因此21号车在经由北京电车修造厂修复被烧坏的控制器后还是再度投入了运营工作。

截至1945年，全部66辆北京有轨电车100型机车中已有28辆处于损坏停用的状态（车号分别为 1、3、4、9、14、16、17、28、31、33、36、37、42、43、44、45、46、47、49、51、52、53、55、59、60、61、63 和 65，其中几辆车后来虽勉强修至可用，但车况仍很差），尚可运行的车辆仅占全部车辆的 57.6%，而且大多也处于带故障的状态。

1945 年 8 月后，经过将近 4 个月的维持与整顿，北京有轨电车在 1946 年重新修复了一批有轨电车机车及拖车，以期尽量恢复运营工作。这次的修复工作主要是对损坏的电气部件予以更换和整修，大修车体并替换朽坏部分，以及重新涂装，即"大拆、换柱、重油"。经过这次修复的车辆会将涂装更换为深绿色的单色涂装（未经这次整修的还维持 1940 年后的双色涂装不变），并且经过修复的车辆中多数还获得了命名。

在 1946 年 1 月到 9 月间，北京电车修造厂总计修复了 30 辆北京有轨电车 100 型机车，其中在 1 月修复的 1、4、31 和 46 号车（分别被命名为和平、建国、胜利和复兴）在完工之后还举办了一个投入运营的庆祝活动。这 30 辆车中，包含前文提到的 4 辆车，总计有 23 辆车获得了命名（见 1.5.2 节），不过这些命名在 1949 年后即自行取消，此后也未再有北京有轨电车 100 型机车获得长期性的命名。

这次修复工作从短期来看起到了一定作用，但对于当时北京有轨电车存在的整体性问题，如车辆技术状况普遍较差、部分材料及设备依赖进口等则无明显改善。因此在 1947 年后，北京有轨电车的运营很快被再度打乱，物资供应的紧张和混乱也使得北京有轨电车 100 型机车再度出现了因部件故障或损坏而停用的车辆。到 1948 年年底时，北京有轨电车的运营在多种不利因素的共同干扰下已然处于几乎中断的状态，全部 66 辆北京有轨电车 100 型机车也因此大多停用。

行至 1949 年 3 月中旬，为尽快恢复城市运转，特别是城市交通，北京电车修造厂工人发起了第一次"百辆车运动"。然而，该运动在同年 4 月 19 日完成后，北京电车修造厂于 4 月 25 日发生火灾。这场火灾导致许多北京有轨电车 100 型机车出现车体大半烧失（该型四轮机车为木制车体）或是电动机和控制器等被烧坏的情况。因此，在火灾发生之后再度展开的第二次"百辆车运动"（于 1949 年 10 月 25 日圆满成功），以及随后一直延伸至 1951 年年末的北京有轨电车恢复重建工作中，修复烧毁或损坏停用的北京有轨电车 100 型机车（具体来说包括重做车体、重做电动机绕组和修复控制器与调速电阻等）一直是一项比较重要的内容。

考虑到消除火灾损失、缓解车辆老化及增加结构强度等需求，自 1950 年开始至1951年间，北京电车修造厂开始计划为北京有轨电车100型机车改装一个更耐用的车体。在最初的设计中，这个新车体准备仿照北京有轨电车500型机车或350型拖车做成半钢制或钢制结构。但考虑到工时和成本，最终，绝大多数车辆的车体采用了木制立柱外包薄铁板的木骨铁皮制结构（此时其高度也增加为3170 mm）。同时，仅专门设计并制造了一个四轮机车使用的半钢制新车体，并装配成了一辆四轮机车。不过，后来这种样式的半钢制四轮机车车体也逐渐被应用于北京有轨电车仿100型机车的制造，以及各种型号四轮机车车体的重做中。

绝大多数北京有轨电车100型机车采用的木骨铁皮制新车体相比于原本的木制车体而言，三扇端面车窗的上层窗被封堵，仅保留原本的窗框结构，车体两端原本的外挂单扇手动拉门、拉门滑轨和棚罩全部拆除，改为和北京有轨电车500型机车类似的内嵌单扇手动拉门。打开时，门扇可滑入相邻客室车窗位置的侧墙内部，这里专门设置有容纳车门的夹层空间。

客室车窗方面，北京有轨电车100型机车第一批车的客室车窗由原本的六扇增加为和第二批车相同的八扇，且大小规格均统一。两批车下层窗的窗框均改为"田"字形结构，并且为了使车门顺利滑入夹层空间，与车门相邻的客室车窗上层窗被封堵，下层窗也无法打开。此外值得一提的是，第一批车在这次改造中，事实上在车门和端部之间添出了一扇极窄的驾驶席侧窗。但是该侧窗无法打开，实际意义也不大，而且在后续使用过程中往往处于失效或是索性直接封堵的状态。因此，在描述相关的门窗布局时，基本可以忽略不计。

至于第二批北京有轨电车100型机车，在经过这次重做车体的改装之后依然保留着原本的驾驶席侧窗，以及与之前相同的客室车窗数，不过其他部分（包括车体结构、车门、窗框和端面车窗等）同样按照前文描述的方案做了改动。

除此之外，北京有轨电车100型机车之中也至少有一辆换装了上文提到的半钢制新车体。这种半钢制车体的全部端面车窗和客室车窗均为单层窗，并采用了和其他北京有轨电车100型机车相同的内嵌单扇手动拉门，拉门的打开方式也相同，客室车窗则同样为八扇。但不同之处在于：这种半钢制车体设置了驾驶席侧窗，而且客室车窗的窗框采用的是"口"字形窗框，这使得采用这种半钢制车体的北京有轨电车100型机车在外观上变得有些类似于北京有轨电车101型机车。

改装车体的工作在1950年至1951年间完成。自此开始，北京有轨电车100型机车第一批车的门窗布局即变为"D8D"。与此同时，这些工作还为北京电车修造厂提供了很多制造有轨电车部件的技术经验。因此，在1951年至

1952 年间，北京电车修造厂利用这些经验制造了总计 23 辆北京有轨电车仿 100
型机车，这些仿制车中既有采用了多数车采用的木骨铁皮制车体的，也有采用
了那种专门装成的半钢制车体的（见 3.10 节）。

而北京有轨电车 100 型机车的涂装在 1949 年之后也逐步由之前的两种涂
装统一为以车窗下沿为界，上部为米黄色，下部为椰褐色，车顶为灰色的方案，
且此后不再改变。

此后，北京有轨电车 100 型机车继续投入了北京有轨电车的运营工作中。
延至 1955 年时，北京电车修造厂借车辆大修的契机再度启动了将这些北京有轨
电车 100 型机车车体半钢化的改装工作。这次改装总计涉及 22 辆北京有轨电车
100 型机车（车号为 2、4、5、7、8、9、12、15、21、22、27、30、32、39、
45、47、50、51、53、54、55 和 56），但是新车体不再以之前既有的那辆半钢
制车体的北京有轨电车 100 型机车作为样板，而是重新制作了一个侧面的两端
各有一个驾驶席侧窗和一扇车门，中间有八扇客室车窗，整体外观类似北京有
轨电车五二式机车的半钢制新车体，并在车内添设了空气制动机。这 22 辆车因
为改装于 1955 年前后，因此也一度被单独称呼为北京有轨电车五五式机车（见
5.4 节）。但是本质上，它们是北京有轨电车 100 型机车经过深度改装之后的结
果。另外，为了解决驾驶员操作手制动机时较为费力的问题，北京电车修造厂
还试验性地将北京有轨电车 100 型机车 3、35、41、44、46 和 65 号车的制动机
电动化，但是这些电动制动机最终并没有全面推行开，直到 1958 年时仍然只有
这 6 辆车配备。

自 1955 年开始，北京有轨电车 100 型机车又参与运营了 4 年。这 4 年中，
一些车龄较老、车况较差的车辆因实在不堪使用而停用报废，产生的车号空缺
则由车号最大的北京有轨电车 100 型机车顺次填补。最终在 1959 年 3 月 9 日，
随着北京内城有轨电车系统的停运拆除，北京有轨电车 100 型机车全部停用封
存（外城的有轨电车系统仅使用北京有轨电车五二式机车运营）。

封存后的北京有轨电车 100 型机车一方面开始逐步将可用的部件拆卸作为
还在北京外城运营的有轨电车的备件，另一方面也开始了报废解体的工作。延
至 1962 年，北京有轨电车 100 型机车（包括改装为五五式机车的车辆在内）仅
剩 29 辆，而且全都已经或多或少地拆除了一些部件和车体结构（见 6.1.2 节）
从而无法投入运营甚至无法运行。

最终在 1963 年，有 4 辆北京有轨电车 100 型机车（或仿 100 型机车）被
交付给河北省望白地方铁路改装为窄轨铁路客车使用（见 6.1.5 节），另有 12

辆被改装为北京有轨电车五五式机车的北京有轨电车 100 型机车（车号为 2、4、5、8、12、15、21、27、30、39、50 和 51）应长春市请求，被调拨给长春有轨电车，并被改装为长春有轨电车 30 型机车再度投入运营（见 5.4.3 节）。除这些调出的北京有轨电车 100 型机车基本使用到了 1980 年前后才报废解体之外，其余车辆均在此后的三年内解体消失，至今不再有完整或大致完整的车辆留存。

自 1924 年第一辆北京有轨电车 100 型机车投入运营开始计算，至 1959 年停用封存，北京有轨电车 100 型机车在北京总计运行了 35 年。而仅以其部件被使用的时间计算，则北京有轨电车 100 型机车的痕迹自 1924 年开始至少持续了 56 年。

3.2 北京有轨电车 101 型机车

北京有轨电车 101 型机车是北京有轨电车于 1941 年为缓解客运压力而以北京有轨电车 100 型机车库存以备换用的控制器和电动机等电气设备，加以从各处搜罗定制而来的部件材料等拼造而成的四轮机车，这种有轨电车机车仅有两辆，车号位于 101 至 102。

虽然该型有轨电车机车是由北京电车修造厂装成，但其本质仍然属于以散件组装成的完整车辆，并非严格意义上的自行生产。由于其电气部分与北京有轨电车 100 型机车一致，在 1949 年后，曾一度被视为北京有轨电车 100 型机车的同型车而与前者在型号上合并。

3.2.1   北京有轨电车的 101 型机车的拼造动机及拼造始末

自 1937 年后，北京的人员流动越发密集，虽然此时北京及其近郊地区已经出现了公共汽车系统，但有轨电车系统依然是城市公共交通的绝对主力。在这样的情况下，北京有轨电车旧有的车辆开始逐渐显现出运输能力的不足，其增添车辆的需求也日趋迫切。

在这一时期，北京有轨电车的车辆来源大致有两个：一个是从日本本土直接购买车辆，另一个是利用各种购买或原有的部件及材料自行拼造车辆。但前一个来源由于待售车辆本就不易寻得，运输所必需的航线又往往受限甚至中断，加之从签订购车合同到车辆送达基本需要一年左右的时间，这对于北京有轨电车而言显然有远水不解近渴之嫌。因此在这种情况下，北京有轨电车开始于

1941 年尝试自行拼造有轨电车以资应付。

此时的北京电车修造厂内尚且还有作为北京有轨电车 100 型机车备用部件的 6 台 DK29 型电动机和若干个 BD1–K4 型控制器，还有一些与之对应的备用电气部件，如调速电阻、避雷器和断路器。除此之外，1924 年北京有轨电车开通运营时购置的一辆洒水车暂时也处于闲置状态。这些设备在考虑依然保证其他北京有轨电车 100 型机车的维护工作可以维持的基础上，最终被评估认为可以装成两辆四轮机车。

具体的拼造计划可以分为两部分，即车体部分和车盘部分，以下分别讨论。

对于车体的拼造较为简单。车体结构的设计以模仿为主，北京有轨电车 100 型机车为木制车体，业已购入的北京有轨电车 500 型机车为钢制侧墙的半钢结构车体。两下综合对比（此时北京有轨电车 300 型机车已改装为拖车）认为后者的侧墙结构在强度、耐用性和修理维护等方面均更胜一筹，但考虑到节约成本和工时的原因，最终确定的方案为在模仿北京有轨电车 500 型机车的侧墙整体结构的情况下，将侧墙改为木制立柱外包薄铁板的木骨铁皮制结构。车顶延续北京有轨电车 100 型机车的结构及样式，通风器和弓形集电器的设计也比照北京有轨电车 100 型机车而成。但在总结相关运营经验及反馈之后，新造有轨电车机车的通风器数量比北京有轨电车 100 型机车多设置一对，以更进一步地改善车内的通风情况。

对于车盘的拼造则比较烦琐。首先北京电车修造厂将洒水车的车体及车盘拆开，车体落地封存，其车盘连同电动机挪用为此次拼造有轨电车机车使用，这样就有了一个车盘。而另一个车盘在一开始只有原本作为车盘备件的主结构，其余的如边梁、轮心和其他部件材料等均不存。于是为了将其拼造成一个可以使用的完整车盘，北京有轨电车通过多方联络，经由此时在华北地区活动的三江商会代理，向当时的日本本土及青岛等地购置边梁和轮心，其余材料则就近在京津两地购置并由北京电车修造厂自行加工，由此第二个车盘也拼凑装成。

待电气部件、车盘、车体均装妥合拢之后，两辆四轮机车即宣告完工出厂，上述工作均于 1941 年一年内完工，即 101 号车完工于 1941 年 5 月，102 号车完工于 1941 年 6 月。

总的来看，北京有轨电车 101 型机车的拼造工作总计历时一年，且同一年中北京电车修造厂亦同时制造了 6 辆拖车，其工程进展相对而言可以称得上迅速。但这种迅速在一定程度上是以北京电车修造厂内有可以装用的现成部件为前提条件的。由于北京有轨电车 101 型机车是以备用部件拼造，必然相当于额外占用了一些原本可用于维护既有车辆的资源，因而这两辆有轨电车机车的拼造在实质上对北京有轨电车后续的车辆维护产生了一些影响。

3.2.2 北京有轨电车101型机车的主要技术数据

北京有轨电车101型机车为木制立柱外包薄铁板的木骨铁皮制结构，单层车顶，车辆全长9570 mm，宽2100 mm，高3317 mm，不载客情况下包含车体与电气设备等的总质量为12000 kg。在车体端面安装有三扇单层车窗，除中间的车窗无法打开且为了保证驾驶员视野同比另外两扇车窗更宽大之外，左右两扇相对较小的端面车窗均可手动向下打开。打开后，车窗可滑入下方车体内部的对应容纳空间。车窗上方中部为方向幕，方向幕两侧各有一盏后部标识灯。车窗下方中部为前照灯，前照灯右侧有可以用来悬挂水牌的挂钩，左上方有向拖车车内照明灯供电的插头，在前照灯下方设有缓冲梁，缓冲梁在挽车钩正上方的对应位置还另设有一块凸起的缓冲区域。但缓冲梁下方并不像北京有轨电车其他车辆一样单独设置排障器，而是仅以车盘自带的排障器加以应对，且车体侧面下方也不设防止人员及异物卷入车下的金属护网。

车体侧面的两端各安装有一扇驾驶席侧窗和一道单扇车门，车门为手动打开，门扇可向端部方向滑入驾驶席侧窗位置的侧墙内部（这里的侧墙有一个专门用于容纳车门的夹层空间），而驾驶席侧窗由于车门需要滑入的原因无法打开。在两道车门之间是八扇客室车窗，车窗为单层窗且同样为手动，打开时与端面车窗一样可以向下滑入车体侧墙内部。在客室车窗外钉有一条护栏，护栏横跨全部的客室车窗，用以防止车内人员掉出窗外发生危险。

总的来看，如果以字母"D"表示车门，以数字表示车窗数量，则北京有轨电车101型机车的门窗布局可以表示为"1D8D1"。

北京有轨电车101型机车的车顶不设检修走廊及相应的爬梯，只在车顶中部安装有一个英国Dick Kerr公司生产的5号弓形集电器及相应的底座，并在集电器两边各以一定距离安装有三个通风器。

用于承载车体的是一个美国J.G.Brill公司生产的Brill 21E型车盘的同型车盘。车盘以两侧的边梁承载车体底架进而支撑整个车体，一系悬挂为圆弹簧，二系悬挂为板簧和圆弹簧共同承担，车盘轴距为2591 mm，车轮直径为900 mm。由于北京有轨电车101型机车的车盘是使用北京有轨电车100型机车的备件和挪用原本安装于洒水车上的车盘拼造而成，因此使用的车盘并非完整购入并装用，只可视为该型号车盘的同型。

同样由于是使用备件拼造而成的原因，北京有轨电车 101 型机车的电动机及控制器型号与北京有轨电车 100 型机车完全一致，车盘的两根车轴上各安装有一台功率为 22.371 kW（30HP）的英国 Dick Kerr 公司生产的 DK29 型直流电动机，总功率为 44.742 kW（60HP）。每台电动机通过安装于自身轴上的齿轮和安装于车轴上的齿轮互相啮合来传导牵引力，它们的传动齿轮比为 83∶15。北京有轨电车 101 型机车使用的控制器为英国 Dick Kerr 公司生产的 DB1-K4 型，每辆车两端各安装一台。这种控制器有 8 个速度挡位和 7 个电阻制动挡位，即支持电阻制动。断路器和调速电阻也同样为英国 Dick Kerr 公司生产的 D-A 型和 H-S1 型，每辆车各两个。

北京有轨电车 101 型机车除使用控制器自带的电阻制动之外仅有一套手制动机，因而其车体下方安装的设备便只有一套和北京有轨电车 100 型机车相同的 H-S1 型调速电阻，调速电阻固定于车体下方，利用了车盘上两台直流电动机之间的空间安放。

车内设座席 30 个、立席 24 个、吊席 7 个，额定载客数 61 人，客室两侧的座椅均为纵向布置，驾驶员为站姿驾驶，驾驶位与客室以客室座椅末端设置的隔板加以区分。车内照明由安装于车顶的 5 组白炽灯承担。与北京有轨电车 100 型机车一样，北京有轨电车 101 型机车的驾驶员以脚踏车铃警示行人及其他车辆避让。

两辆北京有轨电车 101 型机车在制造之初采用的是以车窗下沿为界、下部涂刷深绿色、上部涂刷米黄色的涂装方案，且两辆车在最初开始运营的时候并未在车体明显位置涂刷车号。

3.2.3 北京有轨电车 101 型机车的在京运用

两辆北京有轨电车 101 型机车在 1941 年完工之后，即被编号为 101 及 102 号投入运营。由于其同样为四轮机车，因而使用方法与北京有轨电车其他的四轮机车一致，或独立运行或于客流较大时加挂拖车运行，不过加挂的拖车并不和两辆北京有轨电车 101 型机车固定搭配。

在投入运营初期，101 号车配属于当时的 3 路有轨电车运营，而 102 号车配属于当时的 1 路有轨电车运营。

在 1941 年时，1 路有轨电车运行区间为天桥—西直门，具体走势为自天桥发车（即今北京自然博物馆正门一带），沿前门大街一路向北，行至西交民巷东口后向西转入西交民巷，再向北转入司法部街（今不存，大致位置为今人民大会堂主建筑范围内）继续北上至司法部街北口，向西转入西长安街再继续向西，至西单十字路口后向北转入西单北大街（今西单北大街），北行至丰盛胡同东口处之后继续北上沿缸瓦市大街—丁字街（两街在 1965 年合并为今西四南大街）—西四北大街—新街口南大街一线行至新街口丁字路口，西转进入西直门内大街向西行至西直门城楼（今不存，大致位置为今西直门立交桥处）终止。1 路有轨电车同时也是北京最早出现的有轨电车线路之一，线路全长 9.638 km。

3 路有轨电车运行区间及里程见 3.5.4 节。1941 年，3 路有轨电车的线路与1940 年时无区别。

在通常情况下，两辆北京有轨电车 101 型机车在收车后停放于西直门内大街 61 号，即马相胡同内的电车存车北厂内（此时存车北厂已建成并投入使用）。一些简单的维修工作也在此进行，但在需要进行大修维护时则会返回北京外城法华寺一带的北京电车修造厂进行。在随后的四年间，由于北京有轨电车的运营线路变动，两辆北京有轨电车 101 型机车也会根据情况使用于其他线路以满足相应线路运营的需要。

从 1943 年开始，北京有轨电车用于维护车辆的各种部件与材料逐渐变得难以获得，损坏车辆及停用车辆随即逐渐增加。不过，北京有轨电车 101 型机车的电气部件与北京有轨电车 100 型机车一致，而后者又一直是北京保有量最多的有轨电车机车。因此，北京有轨电车 101 型机车仍能维持运营所需的维护和保养。加之其车龄相对较新，车体结构也比木制车体稳固，行至 1945 年时依然属于简单整修之后可以恢复运行无须大修的车辆（此时 102 号车虽然也处于因电枢磨损而无法运行的状态，但后来被修复）。因此，在 1946 年北京有轨电车对损坏车辆开展大修工作时，北京有轨电车 101 型机车并不在大修之列，也并未获取命名。

1947 年后，北京有轨电车的运营被再度打乱，对车辆的维护工作也因此趋于废弛，这导致 1947 年 8 月时 101 号车即出现了一次齿轮套损坏的故障。而到1948 年年底，北京有轨电车的运营在多种不利因素的共同干扰下已然处于几乎中断的状态，两辆北京有轨电车 101 型机车也随之陷于停用的境地。

这种局面一直持续到 1949 年 2 月。为尽快恢复城市运转，特别是城市交通，北京电车修造厂的工人于同年 3 月中旬发起了第一次"百辆车运动"。该运动旨在同年 5 月 1 日前至少修复 100 辆北京各型有轨电车车辆。第一次"百辆车运动"于 1949 年 4 月 19 日完成，但随即于 4 月 25 日因北京电车修造厂火灾而受挫。修复车辆的目标也直到同年 10 月 25 日第二次"百辆车运动"完成并取得圆满成功后，才得以完全实现。在此过程中，虽有一些车辆因为车况

实在不堪修理，或因火灾损伤过重最终无法修复而报废，但两辆北京有轨电车
101 型机车未受到致命的影响，很快即成功修复至可运行状态，并在之后依然
在北京有轨电车的序列中承担运营工作，其中 101 号车修复于 1950 年 7 月到 8
月间。

与很多四轮机车在 1950 年后大规模重修车体并改变车体结构相类似的是，
北京有轨电车 101 型机车尽管在 1950 年后依然是半钢制车体和原本的门窗布
局，但是北京电车修造厂通过缩短幕板的方式为其增加了端面和侧面车窗的高
度，加宽了端面的中间车窗，缩窄了端面的两侧车窗并取消了方向幕。而经过
这些改动之后，这种四轮机车的外观变得与一辆装用半钢制车体的北京有轨电
车仿 100 型机车几乎一致。

此时的两辆北京有轨电车 101 型机车已将涂装改换为以车窗下沿为界、上
部涂刷米黄色、下部涂刷椰褐色的涂装方案，并遵循和同时期北京有轨电车其
他四轮机车相同的形式，在端面车窗下沿与前照灯上方的位置涂刷车号，侧面
亦遵循同时期北京有轨电车其他四轮机车的相同形式处理。

由于北京有轨电车 101 型机车的电气部件与北京有轨电车 100 型机车一
致，在 1949 年后至 1954 年间，北京有轨电车一度将二者混同为同一个型号，
并以这种情况下车号最大的 102 号车为型号名，将其总括性地称呼为 102 型或
1–102 型。但这种混同在 1955 年时被拆分，北京有轨电车 101 型机车再度独立
成型，而同样以 102 号车的车号为型号名被称为 102 型。

在 1955 年时，北京有轨电车确立了以北京有轨电车 100 型机车为基础的
四轮机车技术标准，这套标准随即逐步推行于北京有轨电车所有的四轮机车中。
由于北京有轨电车 101 型机车与北京有轨电车 100 型机车在技术层面的高度相
似性，相应标准也很快应用到了该型机车之上，更进一步地加强了两种四轮机
车除车体结构以外的各部件一致性。

随后，北京有轨电车 101 型机车依然承担一般性质的运营工作。考虑到这两
辆四轮机车在电气部件和车盘上与北京有轨电车 100 型机车一致，且在 1955 年
至 1957 年间，一些状况较差的北京有轨电车 100 型机车已经停用并着手报废，
由此产生的车号移动也造成了一些较大数值车号的空缺，于是为便于管理起见，
两辆北京有轨电车 101 型机车的车号被更改为 86 号和 87 号，填补原 86 号车和
87 号车的空缺（这两辆车为了填补车号更靠前的报废北京有轨电车 100 型机车已
经将车号在 1956 年变走），彻底与北京有轨电车 100 型机车混同。其中的 86 号
车，即原北京有轨电车 101 型机车第 101 号车在不晚于 1958 年时也因为车况不

佳而被停用报废，只剩原 102 号车，即 87 号车在 1958 年时依然还在使用。

延至第二年，也就是 1959 年 3 月 9 日后，北京内城的有轨电车系统被拆除。在确立了外城剩余的有轨电车系统仅保留北京有轨电车五二式机车作为运营用车、仅保留北京有轨电车 400 型机车作为工程用车继续使用的原则之后，仅剩的一辆北京有轨电车 101 型机车也随即停用封存，并最终在不晚于 1962 年报废解体，两辆车至今已无任何遗存。

自 1941 年于北京电车修造厂内装配完成起，至 1959 年停用封存为止，北京有轨电车 101 型机车在北京总计运行了 18 年。

3.3 北京有轨电车 300 型机车

北京有轨电车 300 型机车是一种购买于 1938 年、运抵于 1939 年的四轮机车，总计有 10 辆，车号位于 301 至 310。

这种四轮机车是北京有轨电车自 1924 年开始运营之后首度添置的有轨电车机车，不过并非专门订造，而是从其他电车系统处购置而来的旧有车辆——其最初为日本美浓电气轨道和岐北轻便铁道的木造电车。

3.3.1 美浓电气轨道、岐北轻便铁道（名古屋铁道揖斐线）及相关车辆

美浓电气轨道（美濃電気軌道，みのでんききどう）是一个于 1911 年首段开始营业，至 1930 年全部线路与名古屋铁道合并的轨道交通系统，分布于日本岐阜县的岐阜市地区，其中包含四条"铁道线"和三条"轨道线"，全部线路均为采用 1067 mm 轨距窄轨的单线电气化铁路，电流制式为直流 600 V，采用接触网供电。

需要指出的是，所谓"铁道线"指按照当时日本国内的地方铁道法修建的线路，而"轨道线"指按照轨道法修建的线路。虽然在实质上二者可能区别不大甚至可以互相转化，但后者在名义上是被看作轻轨铁路或大型有轨电车的。

美浓电气轨道的四条铁道线分别是笠松线（新岐阜—笠松）、北方线（忠节—本揖斐，即岐北轻便铁道）、高富线（长良—高富，即长良轻便铁道）和镜岛线（千手堂—镜岛）

三条轨道线分别是市内本线（站前—长良北町）、市内支线（徽明町—忠节桥）和美浓町线（美浓电柳濑—新美浓町）。

其中，美浓电气轨道市内本线和美浓町线是最早开始运营的两条线路，前

者的站前—今小町区间与后者的神田町（后来的柳濑）—上有知（后来的美浓町）区间均于 1911 年 2 月 11 日开始运营，是为首段。在随后的四年间，市内本线各段逐渐开始运营，最终于 1915 年 11 月 20 日全线贯通并与长良轻便铁道相接，而在市内本线全线贯通的前一年（1914 年），笠松线于 6 月 2 日也开始了运营。至于长良轻便铁道则在 1920 年 9 月 10 日与美浓电气轨道合并成为高富线。

1921 年 11 月 10 日，岐北轻便铁道与美浓电气轨道合并，成为后者的北方线。1924 年 4 月 21 日，镜岛线开始运营，一年后，即 1925 年 12 月 11 日，市内支线开始运营，此时美浓电气轨道的完全形态即已出现。

至于岐北轻便铁道，它的建设运营情况可分为三个时期：岐北轻便铁道最初于 1914 年 3 月 29 日开始运营，全线同样为单线电气化窄轨（轨距为 1067 mm）铁路，电流制式为直流 600 V，使用接触网供电。这条铁路最初只连接忠节—北方町区间，并且以这种状态运营了 7 年，直至 1921 年与美浓电气轨道合并之后，才在 1926 年 4 月 6 日再度延长出了北方町—黑野区间。随后，在 1928 年 12 月 20 日，又延长出了黑野—本揖斐区间，这时其 18.3 km 长度的完全形态才正式宣告出现。

在岐北轻便铁道与美浓电气轨道合并之后，美浓电气轨道又存在了 9 年，后于 1930 年 8 月 20 日与名古屋铁道合并（岐北轻便铁道于同年 9 月 5 日改称名古屋铁道揖斐线），名古屋铁道后来又几经变动，最终在 2005 年 4 月 1 日，最后一段原属于美浓电气轨道（岐阜市内线，原市内本线）及最后一段原属于岐北轻便铁道（名古屋铁道揖斐线）的线路终止运营，自此美浓电气轨道宣告消失。

美浓电气轨道在运营初期，使用的是一种木制且采用有轨电车车体的四轮电车，总计 12 辆，车号位于 1 至 12。后来伴随着线路发展及乘客数量的增加，同类电车又增加了 44 辆变为 56 辆，加上原岐北轻便铁道的 6 辆车和长良轻便铁道的 4 辆车，这种木造电车最终的数量达到了 66 辆。不过由于避讳，原本的 9 号车后来改为了 34 号车，且后续绝大多数尾数为 9 的车号均空置。

这些电车虽然总体上相似，也基本被泛称为美浓电气轨道木造电车，但互相之间有很多细节上的差异。除车体尺寸及结构外，如轴距、控制器型号和电动机型号等在不同的车辆之间也会有不同，且不同车辆在运用过程中时常出现更换或互换电动机的情况。

岐北轻便铁道自开始运营到与美浓电气轨道合并，总计使用两种电车，即岐北轻便铁道甲型电车（车号位于3至6）和乙型电车（车号位于1至2），这两种电车同样为木造且采用有轨电车车体。二者包括电气部件在内的各部分基本一致，区别仅为甲型电车长于乙型电车（前者全长9754 mm，后者全长8432.8 mm）。在并入美浓电气轨道之后，岐北轻便铁道甲型电车的车号变为13、14、17和19（由于是改号而成，这辆19号车成为仅有的一辆车号没有避数字9的车），岐北轻便铁道乙型电车的车号变为15和16。

包括岐北轻便铁道的两种电车在内的66辆电车中，车号为2、3、4、10、11、12、15、16、18和34（原9）的10辆车最终为北京有轨电车获得，而其他电车则或调出或继续在名古屋铁道的线路上使用，最终在不晚于1967年7月23日全部停用并报废解体。

3.3.2　美浓电气轨道木造电车的主要技术数据

美浓电气轨道木造电车分别由东京天野工场、京都丹羽制作所、名古屋电车制作所和日本车辆制造株式会社四家厂商生产，且这些电车的各项技术数据互有差异，使用过程中大多经历过若干次改装，因而整体情况相当复杂。考虑到与北京有轨电车的相关性，此处仅介绍北京有轨电车在购得且尚未加以适应性改装时这些电车的技术数据（即这些电车处于名古屋铁道时的最终状态），北京购得的美浓电气轨道木造电车均为东京天野工场生产。

顾名思义，这一时期的所有美浓电气轨道木造电车均为木制车体，车顶采用高窗式结构，而所有电车均只在车体侧面的两端各设一处不安装车门的门洞，并以铁链或半人高的铁栅栏拦住门洞。车辆全长8026.4 mm，宽2133.6 mm，高3406.8 mm。除2号车之外，其他车在车体端面安装有三扇单层车窗。中间的车窗为了保证驾驶员视野，其尺寸更宽大且无法打开，另两扇车窗规格一致且均可手动向下打开。打开后，车窗可滑入下方车体内部的对应容纳空间。车窗上方中部为方向幕，车窗下方中部为前照灯，前照灯下方安装有缓冲梁和一个向车辆行驶方向探出且体积较大的金属护网，金属护网用以防止电车在市区街道上运行时有人员或异物卷入车下。

较为特别的是，美浓电气轨道木造电车2号车无端面车窗，仅在客室两端设置一个用于乘降的带车顶的平台，控制器及制动手柄等即安装于该平台上。平台在前进方向设有半人高隔板和用于支撑车顶的两根立柱（位于隔板两侧），即除客室外的区域几乎完全敞开，方向幕直接固定于车顶下方，其他结构相同。

美浓电气轨道木造电车的客室位于车体中部，在这一区域车体径向截面呈上宽下窄状，客室两侧各有八扇车窗，车窗为单层窗结构，并且同样可以手动打开。打开时，窗扇与端面车窗一样向下滑入车体侧墙内部。在客室车窗外最初钉有两条护栏，后改为一条，护栏横跨全部的客室车窗，用以防止车内人员掉出窗外发生危险。

总的来看，如果以字母"V"表示门洞，以数字表示车窗数量，则美浓电气轨道木造电车的门窗布局可以表示为"V8V"。不过其中也有个别电车的门洞在后来被略微收窄，以富余出的位置挤出了一扇较窄的驾驶席侧窗，这些电车的门窗布局即变为"1V8V1"。由于自身结构所限，这扇驾驶席侧窗无法打开。

美浓电气轨道木造电车的车顶属于高窗式结构，不设检修走廊及相应的爬梯，只在车顶突出结构的中部安装一根日本泰平电铁机械（今泰平电机株式会社）生产的集电杆。集电杆可围绕基座的枢轴旋转，以便在电车向不同方向运行时灵活调整自身的方向。通常而言，集电杆指向的均为电车前进方向的反方向。在不载客的情况下，全部美浓电气轨道木造电车车体与电气设备的总质量均为 6000 kg。

美浓电气轨道木造电车使用的是美国 J.G.Brill 公司的 Brill 21E 型车盘。车盘以两侧的边梁承载车体底架进而支撑整个车体，一系悬挂为圆弹簧，二系悬挂为板簧和圆弹簧共同承担，车盘轴距为 1828.8 mm，车轮直径为 838.2 mm。

至于控制器的情况则需要分类讨论，由于生产批次的不同及部件换装的原因，北京有轨电车获得的美浓电气轨道木造电车之中。2、3、4 号车装用的是三菱生产的 KR-8 型控制器，每辆车两端各安装一台，10、11、12、18 和 34（原 9）号车装用的是英国 Dick Kerr 公司生产的 DB1-G 型控制器，同样每辆车两端各安装一台。这两种控制器尽管型号不同，但均具有电阻制动挡位。

美浓电气轨道木造电车在车盘的两根车轴上各安装一台电动机，每台电动机通过安装于自身轴上的齿轮和安装于车轴上的齿轮互相啮合来传导牵引力。对于这些电车使用的电动机同样需要分类讨论——在最终售予北京有轨电车之前，美浓电气轨道木造电车就已经出现多次改换电机甚至不同车辆之间互换电机的情况，因而延至北京有轨电车购入时，2 号车装用的是两台功率为 22.371 kW（30HP）的三菱生产的 MB74-A 型直流电动机（原本的电动机于 1929 年损坏），齿轮比为 89∶13；3、4、10、11、12、18 号车装用的是两台功率为 18.642 kW（25HP）的美国 GE 公司生产的 GE800 型直流电动机，齿轮比为 67：14；34 号车装用的是两台功率为 18.642 kW（25HP）的德国西门子公司生产的 SS-45 型直流电动机，齿轮比为 93：15。美浓电气轨道木造电车使用两种制动方式，即手制动和控制器自带的电阻制动。通常情况下使用前者，后者只在有需要时才使用。

车内设座席 14 个、立席 26 个，额定载客数 40 人。客室两侧的座椅均为纵向布置，驾驶员为站姿驾驶，且驾驶位放置于封闭的客室之外，驾驶员以脚踏车铃警示行人及其他车辆避让。

3.3.3 岐北轻便铁道乙型电车的主要技术数据

北京有轨电车获得的美浓电气轨道木造电车 15 和 16 号车为曾经的岐北轻便铁道乙型电车，这种电车的车体结构与 3.3.2 节所述的其他美浓电气轨道木造电车完全一致且使用与后者完全相同的一根集电杆获取电力，因而作为共性不再赘述，这里主要介绍一下岐北轻便铁道乙型电车自身的一些其他情况。

岐北轻便铁道乙型电车由日本车辆制造株式会社生产，全长 8432.8 mm，宽 2133.6 mm，高 3422.65 mm，在不载客的情况下，包含车体及电气设备等的质量为 6000 kg，同样装用一台美国 J.G.Brill 公司生产的 Brill 21E 型车盘，车轮直径同为 838.2 mm，但其轴距为 2286 mm。

在电气部件方面，岐北轻便铁道乙型电车装用的是英国 Dick Kerr 公司生产的 DB1-G 型控制器，在每辆车两端各安装一台，具有调速挡位和电阻制动挡位。电动机在两辆车出厂时装用的是两台功率为 18.642 kW（25HP）的美国 GE 公司生产的 GE800 型直流电动机，每根车轴上各安装一台，电动机通过安装于自身轴上的齿轮和安装于车轴上的齿轮互相啮合来传导牵引力，后更换为两台同样功率为 18.642 kW（25HP）的德国西门子公司生产的 SS-45 型直流电动机，齿轮比为 93：15，并以此状态被北京有轨电车购得。

其车内额定载客数 42 人，客室两侧的座椅均为纵向布置，驾驶员为站姿驾驶，驾驶位同样放置于封闭的客室之外，并以脚踏车铃警示行人及其他车辆避让。此类布置与美浓电气轨道木造电车基本一致。

岐北轻便铁道乙型电车同样使用两种制动方式，即手制动（通常情况下）和控制器自带的电阻制动（有需要时）。

综合上述内容可以看到，岐北轻便铁道乙型电车在本质上可以视为美浓电气轨道木造电车的同类型电车。此类电车采用有轨电车车体，车身短小。其中大多数车辆的轴距甚至比北京有轨电车的拖车轴距还要短一些，电流制也与北京有轨电车匹配，且轨距与北京有轨电车的轨距类似，因而基本符合北京有轨电车的运营要求，且改装难度相对较低。

3.3.4 北京有轨电车 300 型机车的抵京暨出现

自 1924 年开始营业之后，随着北京有轨电车逐渐成为当时北京城市公共交通的客运主力，其自身拥有的 66 辆北京有轨电车 100 型机车及 30 辆北京有轨电车 200 型拖车的运输能力也趋于饱和。行至 20 世纪 30 年代后期，随着市面上的人员流动越来越频繁，原本就显得车辆不甚富余的北京有轨电车开始面对比之前更大的运营压力，其增加有轨电车数量以资运营的需求也因此变得愈发迫切。在这种局面之下，北京有轨电车随即开始联络当时在北京活动的鹤谷洋行（鹤谷商会），以期寻找待售且适合购入的有轨电车机车。考虑到北京有轨电车在北京市内运行，加之弯道半径限制，最终鹤谷商会选中了此时正在名古屋铁道岐阜车库内处于待售状态的 10 辆美浓电气轨道木造（岐北轻便铁道乙型）电车，即 2、3、4、10、11、12、15、16、18 和 34 号车。此时这些车已闲置于岐阜车库内有一些时间，个别部件及少部分车体结构也因为使用折旧和封存的原因略有损坏，不过总体而言车况尚好，经过简单修理完全可以再度投入运营。

相关的购车合同于 1938 年 12 月 27 日签订，合同规定名古屋铁道株式会社向鹤谷商会出售这 10 辆电车，随后鹤谷商会再将这些电车在 1939 年陆续运抵北京并交付北京有轨电车。

在北京有轨电车获得这 10 辆美浓电气轨道木造（岐北轻便铁道乙型）电车后，即在位于法华寺的北京电车修造厂开始了对它们的适应性改装工作。

改装工作将位于车顶的一根集电杆撤去，更换为一个安装于相同位置的弓形集电器（bow collector）以适应北京有轨电车的接触网构型。这个弓形集电器的结构同样和北京有轨电车 100 型机车使用的英国 Dick Kerr 公司生产的 5 号弓形集电器基本一致，可认为是同型或仿制型号。

接下来，北京电车修造厂即对于这些电车车体的坏损部位加以修补，其车内座椅则比照当时日本铁道省的二等铁路客车水准加以整修配置，拉环扶手采用当时日本本土使用的电车的通用部件。经过此次改造之后，原美浓电气轨道木造电车的座席增加为 26 个，新设 24 个吊席（拉环扶手），立席则缩减为 7 个，额定载客数增加为 57 人；原岐北轻便铁道乙型电车的座席为 28 个，设 24 个吊席（拉环扶手），立席同样为 7 个，额定载客数增加为 59 人。原本位于电车端面的金属护网则由于体积庞大且没有必要而被拆除，改换为北京有轨电车100型机车使用的缓冲梁。

由于北京有轨电车使用的轨道为1000 mm轨距，因此车盘使用的轨距便由原本的1067 mm相应改窄，以适合北京有轨电车的轨道。

车体的结构除上述修理之外也就不再有什么较大的改动（并没有为门洞增设车门或是修改其高窗式车顶的结构），不过它们的涂装由原本在名古屋铁道时期的旧涂装改换为当时北京有轨电车使用的涂装，即以车窗下沿为界，上部为米黄色，下部为深绿色，车顶为深灰色。

全部10辆车的改装工作在1939年3月至1939年8月间展开，待全部工作均告完成并测试合格之后，北京有轨电车将原本的2号车改为北京有轨电车301号车，3号车改为302号车，以此类推到4、10、11、12、18号车均顺次编号，直至34号车改为308号车，然后将15、16号车分别编为309和310号车。随即北京有轨电车就将这10辆车便投入了运营之中，而北京有轨电车300型机车也就自此正式出现。

由于这10辆车的车体和轴距均短小，而且车体从外观上看整体像花篮，因此北京有轨电车300型机车在北京有轨电车的职工之间得到了"花篮车"的绰号。至于其轴距短小的特点，则为它们在日后被改装为有轨电车拖车埋下了伏笔（事实上北京有轨电车300型机车也是北京有轨电车使用过的所有四轮机车中轴距最短的）。

3.3.5 北京有轨电车300型机车的在京运用及后续改装

作为一种四轮机车，全部10辆北京有轨电车300型机车在1939年投入运营之初完全比照北京有轨电车100型机车的方式运用，即视情况投入客流量大而车辆数相对缺乏的线路运营，以增强这些线路的运力，并且在需要时也会加挂拖车（拖车视情况加挂，且与其不成固定搭配关系）。由于这10辆车使用的电动机功率较小，在启动过程中容易因启动电流过大而导致接触网跳闸，所以驾驶员在驾驶北京有轨电车300型机车时，均被告知应当稍微延长调速电阻的接入时间（即切换调速挡位时要慢一些）。除此之外，由于车况原因，302号车和306号车后来还被特别规定如非万不得已，不得轻易使用控制器的电阻制动，以免损伤电气部件。

这些北京有轨电车300型机车就这样运用了一年左右，而就是在这一年中，一个问题也逐渐凸显出来。

　　北京有轨电车的轨道系统同时存在单线和双线两种区间。对于单线区间来说，为解决双方向有轨电车的会让问题，需要在区间中每隔一定距离设置一段避车区域。两辆相对而行的有轨电车在相遇时，如恰好在避车区域附近，其中一方尚可以较为方便地驶入避车用的侧线。而一旦在相对远离避车区域的轨道上相遇，其中一方就必须退回上一处避车区域以供会让。这在投入车辆较少的情况下尚可接受，一旦投入车辆增加，往往就会造成线路的堵塞和时间上的浪费。而在 1940 年的北京有轨电车系统中，4 路和 6 路有轨电车就属于这种全程均为单线区间的线路。

　　4 路有轨电车自北新桥出发，沿今鼓楼东大街一路向西，至鼓楼后向南进入今地安门外大街，随后一路向南至地安门再转向西，沿今地安门西大街一线一直西行至今西黄城根北街与地安门西大街的丁字路口处，随后向南进入今西黄城根北街至今太平仓胡同东口，最后进入太平仓胡同至太平仓胡同西口附近（今北京市一五六中学校门一带）的太平仓为止，全线长 4.52 km。

　　1940 年时的 6 路有轨电车则是自崇文门的外城一侧出发，沿今崇文门外大街向南到磁器口后转向西进入今珠市口东大街，随后沿今珠市口东大街一路向西行至虎坊桥后转向北进入今南新华街并最终北上抵达和平门的外城一侧为止，全线长 4.57 km。

　　显然，两条线路均途经当时人口相对密集而道路又偏狭窄的区域，因此贸然增加两条线路上有轨电车机车的数量不仅会导致有轨电车轨道上的堵塞，也可能影响道路的通行，只能以提升单次车辆的载客能力来解决运力紧张的问题，即加挂有轨电车拖车。

　　1940 年时，北京有轨电车拥有的依然只是 1924 年开始运营时购置的 30 辆北京有轨电车 200 型拖车。这些拖车在当时已经尽数分配给了各条线路，没有富余车辆。因此若想在提升这两条线路运输能力的同时缓解线路的拥挤情况，需要的其实是更多的有轨电车拖车。

　　在上述这种有轨电车拖车缺乏的情况下，北京有轨电车 300 型机车因其车身长度小、轴距短，加之数量仅有 10 辆，便于统一改造和调配，最终被确定用于改装有轨电车拖车。这次改装工作于 1940 年上半年展开。具体来说，就是将北京有轨电车 300 型机车除车内照明灯之外的电气设备全部拆除，并设置用于从有轨电车机车处获取照明电力的插头，拆下的电气设备存于库房中作为备件使用（其中不少后来被用于修复和拼造北京有轨电车 700 型机车和 800 型机车，见 3.7.3 节和 3.9.3 节）。这次改装工作并没有改动这 10 辆车原本的车号，而自此之后的北京有轨电车 300 型拖车也就此分别配属于当时的 4 路和 6 路有轨电车开始运营。除只用于这两条线路的运营之外，其使用方式与当时的北京有轨电车 200 型机车一致，即视情况加挂于四轮机车后方，而拖车与机车之间不存在固定搭配的关系。

北京有轨电车 300 型拖车随后继续运行了两年。至 1943 年时，由于局势变化造成的影响，北京有轨电车开始出现因为材料短缺和维护不善造成的车辆损毁停用的情况。为了尽量支撑各线路的车辆周转，一些北京有轨电车 300 型拖车被从 4 路和 6 路调出，分配于其他有轨电车线路。并且由于 1943 年之后材料供应的日益紧张和维护保养水平的下降，北京有轨电车 300 型拖车中的一些车辆也开始因为损坏且无力修理而停用。截至 1945 年，全部 10 辆车仅剩 303、304、306、309 和 310 总计 5 辆车还可以运行。

在一年之后的 1946 年，经过自 1945 年 8 月开始的近 4 个月的维持与整顿，为尽快恢复运营，北京有轨电车展开了一项对有轨电车的大修工作。此次大修被描述为"大拆、换柱、重油"，即针对车体、电气设备（拖车不含此项）及车身涂装开展的一次全方位修理，并且一些大修完成的车辆还被赋予了特定的命名。

在所有经历了大修工作的车辆中，包含 4 辆北京有轨电车 300 型拖车，这 4 辆车均是在 1946 年 8 月份大修完成，并且均获得了命名，即 301（命名为民安）、310（命名为民平）、308（命名为民治）、306（命名为民强）。

值得一提的是，1946 年 8 月还有 4 辆北京有轨电车 100 型机车在完成大修后获得了相同的命名，即 29（民安）、16（民平）、10（民治）、32（民强）。这些同名的有轨电车机车与拖车呈现出了一些固定编组的趋向，也的确这样运行了一段时间，但这种关系很快即被打破并再度恢复了之前的使用方式。

1947 年后，北京有轨电车的运营被再次打乱，材料供应再度紧张，日常的维护保养工作也趋于废弛，车辆故障的情况很快再度出现。在 1948 年 4 月 30 日，304 号车在收车返回北存车厂之后甚至还被发现高窗式车顶上方的小窗起火。1948 年年底，北京有轨电车的运营在多种不利因素的共同干扰下，已然处于几乎中断的状态，北京有轨电车 300 型拖车也随之被彻底停用。

由于车体结构老化及长期维护不当造成的损坏，行至 1949 年年初，北京有轨电车 300 型拖车的整体情况已然不甚理想。同年 3 月中旬，虽然北京电车修造厂为修复近一百辆有轨电车而开展的第一次"百辆车运动"可能修复了一些该型号的车辆，但这次运动在 4 月 19 日完成之后，因 4 月 25 日发生的北京电车修造厂火灾而一度受挫，直至 10 月 25 日第二次"百辆车运动"圆满成功之后才真正实现了最初修复车辆的目标。尽管两次"百辆车运动"中，北京电车修造厂均以最大努力推进各项修复工作，然而受限于客观条件，这些工作还是未能完全消除之前积累的损坏和中间的火灾波折对北京有轨电车 300 型拖车产生的影响，其中一些车辆因确实不再具有修复价值而损失，幸存的车辆也大多车况不佳。

在尽力维持运营一年后的 1950 年年末，尚且留存于运营序列中的北京有轨电车 300 型拖车仅剩 5 辆。而且这 5 辆车全部处于严重破损的状态，到了 1951 年年初时，终于因为彻底无法运行而闲置于北京电车修造厂内，并于同年 4 月全部报废，至今已无任何遗存。

自 1939 年运抵北京开始计算，至 1951 年最后 5 辆车报废为止，北京有轨电车 300 型机车（拖车）在北京总计运行了 12 年。

3.4　北京有轨电车 400 型机车

北京有轨电车 400 型机车是一种拼造于 1940 年的四轮机车，该型有轨电车机车只有 1 辆，车号为 401（北京有轨电车后期出现的 402 号车并不严格属于该型号），在该车的运用过程中，装用了洞爷湖电气铁道デハ型电车的车盘和电动机。

北京有轨电车 400 型机车是一种非常特殊的有轨电车机车。它不仅是北京有轨电车唯一使用双臂受电弓的有轨电车机车，也是唯一一款无车顶的有轨电车机车，使用的电动机还是北京有轨电车各型车辆中功率最大的。这些状况的出现与其拼造目的及运用过程有很深的关系。

3.4.1　洞爷湖电气铁道デハ型电车概述及主要技术数据

洞爷湖电气铁道デハ型电车由日本蒲田车辆制造株式会社于 1928 年 12 月生产，是洞爷湖电气铁道仅有的一种载客电车，总计有两辆，车号分别为デハ 1 及デハ 2，其中"デ"指以电作为自身动力的车辆，"ハ"指三等客车。两辆电车承担长轮线（今室兰本线）虻田站至洞爷湖电气铁道洞爷湖站之间乘客往来运送的任务，即观光景点及运输干线之间的摆渡职能。该型电车自洞爷湖电气铁道开始运营即投入使用，至洞爷湖电气铁道终止运营之后停用，全部使用周期内车辆各部均无大幅度改装。

洞爷湖电气铁道デハ型电车为半钢制车体，采用钢制侧墙和单层车顶，车辆全长 8229.6 mm，宽 2641.6 mm，高 3689.4 mm，在不载客的情况下，包括车体及电气设备在内的总质量为 11500 kg。在车体端面安装有三扇单层车窗，车窗均可手动向下打开，打开后可滑入下方车体内部的对应容纳空间。在最初的状态下，车窗上方中部设置有前照灯，后期前照灯挪至车窗下方中部，电车的后部标识灯则设置于端面左下方。洞爷湖电气铁道デハ型电车不设缓冲梁和专门的排障器，仅以车盘自带排障器保障行车顺利，其车钩为下开式自动车钩。在不载客的情况下，车钩中心离钢轨顶面 880 mm。

车体侧面的两端各安装有一道单扇车门，车门为手动打开，门扇可向车体中心方向滑入相邻客室车窗位置的侧墙内部（这里的侧墙有一个专门用于容纳车门的夹层空间），而该位置的客室车窗也由于车门需要滑入的原因无法打开。在两道车门之间的全部客室车窗总计有八扇，车窗为单层式。除上述两扇无法打开之外，其他均可以手动打开。打开时，与端面车窗一样可以向下滑入车体侧墙内部。

总的来看，如果以字母"D"表示车门，以数字表示车窗数量，则洞爷湖电气铁道デハ型电车的门窗布局可以表示为"D8D"。

车顶设三条并排的检修走廊。在车顶两端，还以中心对称的形式各设置一架用于登上车顶的爬梯。爬梯位于车门正上方。在爬梯两侧的车顶上，各安装有两个通风器。电力由安装于车顶的两根集电杆获取，集电杆的安装位置对应于从该侧车门开始计数的第二和第三扇客室车窗之间的立柱上。在电车行驶时，通常只升起与前进方向相反一侧的集电杆。

洞爷湖电气铁道デハ型电车装用一个日立制作所的 S0 型车盘，这种车盘本质上可以视为模仿美国 J.G. Brill 公司的 Brill21 E 型车盘而成的仿制型号。二者结构与各部件外观均基本相同。车盘以两侧的边梁承载车体底架进而支撑整个车体，一系悬挂为圆弹簧，二系悬挂为板簧和圆弹簧共同承担。该车盘的轴距为 2900 mm，使用的车轮直径为 860 mm。车盘的两根车轴上各安装有一台功率为 37.285 kW（50HP）的日本日立制作所生产的 HS254C 型直流电动机，总功率为 74.570 kW（100HP）。每台电动机通过安装于自身轴上的齿轮和安装于车轴上的齿轮互相啮合来传导牵引力，它们的传动齿轮比为 70：17。

洞爷湖电气铁道デハ型电车使用的控制器支持电阻制动，控制器在每辆车两端各安装一台。除电阻制动之外，该型电车还有一套空气制动机和一套手制动机，因此车上实际装备有三套制动系统。

车内设座席 24 个、立席 26 个，额定载客数 50 人。客室两侧座椅为纵向布置，驾驶员为坐姿驾驶，驾驶台与客室之间无明确分界线，只以驾驶席背后的两根立杆划分两个区域。

值得注意的是，洞爷湖电气铁道デハ型电车虽然是一种四轮电车，但它是北京有轨电车购入并以某一种形式投入使用的功率最大的车辆。

3.4.2　北京有轨电车 400 型机车的拼造及主要技术数据

在 20 世纪世界各地的有轨电车系统中，不乏专门用于城市观光和庆典游行的车辆存在，这些车辆往往在特定的时间或是季节开行，不承担或很少承担平时的客运工作。同样的，早在 1929 年时，北京有轨电车也曾尝试在春夏季晚间开行类似的"纳凉电车"。这一举措一方面考虑到北京自身的历史文化积淀本就具有开展城市观光的条件，另一方面也考虑到在晚间开行有轨电车有助于鼓励夜市的发展。但这项尝试在提出后不久就因各种社会原因及经济原因的限制，未能继续推进，最终被长期搁置。直到 1939 年以后，北京有轨电车才再度产生了开行类似电车的想法。

显然，纳凉电车的主要功能定位是休闲和观光，与普通有轨电车侧重城市客运交通的定位有所不同。因此在多数情况下，不能只是简单地在名义上指定一辆普通有轨电车作为纳凉电车，而是需要对被指定车辆的车体做一些适应性改装工作，或者索性专门拼造一辆纳凉电车（车体）以供使用。具体到 20 世纪 40 年代的北京有轨电车而言，其最终选择的是后一种方案。北京有轨电车的纳凉电车拼造工作于 1940 年展开，并最终于同年 8 月完工。

这辆纳凉电车的车体为半钢结构且彻底敞开，既无车顶也无车窗，仅在车辆的前进方向设有半人高的隔板，驾驶员也为站姿驾驶。在隔板下部装有缓冲梁和与北京有轨电车其他四轮机车一致的挽车钩，其侧墙高度也只有相当于成年人站立时大腿的位置。由此往上为焊接而成的金属栏杆，栏杆上沿的高度与端面的隔板齐平。车体两端的隔板与侧墙之间设有豁口和相应的登车梯用于人员的乘降，这与北京有轨电车的其他四轮机车的乘降位置基本一致。

在纳凉电车内设有 21 个座席和 4 个立席，不设任何拉环扶手，因此其额定载客数为 25 人。

由于不存在车顶，纳凉电车的车体在中部设置了一个专门的金属支架。金属支架具有一定的高度，并且顶部安装有绝缘子，集电装置即安装在绝缘子上。

较为特别的是，这个集电装置并非北京的其他有轨电车机车使用的弓形集电器，而是一架双臂受电弓。

在纳凉电车的车体两端各装用了一台三菱生产的 KR-8 型控制器，而在制动方面，除控制器自带的电阻制动之外，车上还装备了一套手制动机，并且将手制动作为主要的制动手段。

将这个车体与车盘装拢之后，所呈现出的纳凉电车的长度为 7840 mm，宽度为 2100 mm，高度为 3140 mm，不载客的情况下车体及电气设备等的总质量为 8500 kg。

拼造工作完成之后，北京有轨电车将这辆纳凉电车编为 401 号车，并于 1940 年 8 月 10 日正式投入使用，自此北京有轨电车 400 型机车正式出现。

总的来看，北京有轨电车 400 型机车不仅在外观及结构上与北京有轨电车其他车辆有明显的差别，其使用方式和承担的任务也与其他有轨电车机车不尽相同。而正是这种独特性导致了北京有轨电车 400 型机车相比北京的其他有轨电车机车具有更为特殊的运用经历。

3.4.3 北京有轨电车 400 型机车的在京运用及后续去向

与北京有轨电车的其他车辆不同的是，作为纳凉电车使用的北京有轨电车 400 型机车在拼造完成之后并不安排于某一条有轨电车线路中使用，而是停放于北京电车修造厂内，只在一年中暮春及夏季之类天气适宜的时间段，才会于晚间开出并运行于北京内城（因此纳凉电车也并非全年开行）。北京有轨电车 400 型机车在运行时，使用的是一条非常特殊的环状路线，这条路线是专为观光纳凉设立的，既无路号，也不配备其他的有轨电车机车。路线由当时 1 路有轨电车的太平仓—司法部街北口区间、当时 2 路有轨电车的天安门—北新桥区间、当时 3 路有轨电车的天安门—司法部街北口区间和当时 4 路有轨电车的全线（北新桥—太平仓区间）拼接而成，路线全长 14.424 km。运行时，遍历整条路线一周，循环行驶，不做折返。

需要注意的是，这条纳凉电车的开行线路虽然与 1950 年后北京有轨电车开行的环行路在线路设置上基本相同，但二者的开设动机及开设经历并不一致，因此不宜将二者等价看待或认为二者有直接传承关系。

除此之外，纳凉电车在开行时是单独售票的。同一时期其他所有的优惠乘车票证在纳凉电车上均无效，而有轨电车工人也被告知不得使用纳凉电车通勤。

只是由于纳凉电车的开行受到季节的影响较大，而且在 1943 年后随着局势的变化，北京市区的社会条件也显然不能再继续支持纳凉电车的开行，因此在更多的时候，北京有轨电车 400 型机车只是单纯停放于北京电车修造厂内，并不参与北京有轨电车的运营工作。在 1944 年后北京其他有轨电车因部件的故障损坏和缺乏维修保养用材料而大量停用的时候，北京有轨电车 400 型机车因使用频率相对较低，依然处于理论上可以开动的状态——不过由于其车体结构特殊，北京有轨电车在这一时期其实也无法将其用于普通的运营工作，只能闲置了事。

1945 年 8 月中旬之后，经过维持及初步的安顿，为配合同年 10 月 10 日开展的一些庆祝活动，北京有轨电车在 401 号车上装饰彩带、挂饰和各种旗帜，作为彩车，搭载相关演职人员（主要负责沿车辆行进方向站于车上两侧并挥舞旗帜等），沿今东 / 西长安街、西单北大街、东单北大街、西四南 / 北大街、东四南 / 北大街、太平仓胡同、西黄城根北街、地安门西大街、地安门外大街和鼓楼东大街的有轨电车轨道构成的环形线路绕城行驶，以资宣传庆贺。

随后在 1946 年 7 月，北京有轨电车 400 型机车还接受了一次整修工作。这项工作与同年北京电车修造厂整修其他有轨电车的时间重合，整修内容也基本一致，即更换车体的朽坏部分，维护电气部件，并重新涂刷油漆。不过与同一时期整修的日常载客运营用有轨电车相比（见 1.5.1 节），北京有轨电车 400 型机车通常不参与运营工作，所以并未被北京有轨电车严格视为接受整修的车辆予以记录，也并未获得整修后通常赋予的命名（见 1.5.2 节）。

从 1945 年下半年开始，北京有轨电车 400 型机车依旧被计划作为纳凉电车使用，其运行路线与售票方案也与之前大体相似。但 1947 年后，北京有轨电车的运营被再度打乱，这一计划未能长期实施。到了 1948 年底，随着北京有轨电车运营几近中断，北京有轨电车 400 型机车也就与大多数有轨电车一样，陷入了停用状态，这种状态一直持续到 1949 年年初。

在 1949 年 3 月 18 日开始的第一次"百辆车运动"中，为了宣传展示的需要，北京电车修造厂将北京有轨电车 400 型机车加以修理和装饰，临时性质地改成一辆"风车"（即观览风光性质的彩车），计划搭载当时北京电车公司的歌唱队和相关人员，在同年 5 月 1 日由北京电车修造厂开出，进入当时的城内，开展车上巡回演出和节日庆祝宣传。但是这项计划在 1949 年 4 月 25 日因北京电车修造厂火灾的发生而未能成行。

万幸的是，这场火灾并未对北京有轨电车 400 型机车产生致命影响。然而在 1949 年后，北京有轨电车最终放弃了开行纳凉电车的想法，而北京有轨电车 400 型机车也就此彻底转变为了工程车。在用途转变之后，由于不再有载客的需要，北京有轨电车 400 型机车取消了全部座席，不再规定额定载客人数，并且由于这一过程中存在的车体变动，其长度由原本的 7840 mm 增加为8200 mm。

此时，北京有轨电车 400 型机车也正式换装了洞爷湖电气铁道デハ型电车的 S0 型车盘和相应的牵引电动机。这使得该型四轮机车的轴距变为 2900 mm，轮径变为 860 mm，电动机功率变为 37.285 kW（50HP），但其使用的控制器并没有变化，依然是三菱生产的 KR-8 型。这里还需要指出的是，从已被发现的记录来看，这次车盘换装的发生时间可以确定不晚于 1955 年，不过也存在发生于 1946 年车辆整修时的可能性。

1949 年后，为便于维护保养，北京有轨电车开始逐步统一各型有轨电车机车使用的部件型号。但北京有轨电车 400 型机车因工作性质的原因，依然维持原本的部件没有变化（只是将手制动恢复成了空气制动）。北京有轨电车后来也没有因为北京市相关建设工程的需要而将其改装成货运有轨电车（见5.2.2 节）。

在 1959 年 3 月 9 日北京内城的有轨电车系统停运之后，北京有轨电车 400型机车并没有随其他型号的有轨电车机车一道停运封存，而是继续作为工程车在北京外城的有轨电车系统中行使与之前相同的职能。延至 1966 年 5 月 6 日，北京外城的有轨电车系统停运之后，北京有轨电车 400 型机车连同剩余的北京有轨电车五二式机车一道于 1966 年 12 月 9 日，应长春有轨电车扩充运输能力的申请被调往长春。不过长春在获得这辆北京有轨电车 400 型机车之后，并未将其直接投入使用，而是将其拆散成大小部件，用来供给长春市内已有的各型有轨电车及拼造新车使用。自此，北京有轨电车 400 型机车正式宣告消失，未再以完整形态运营或存在过，并且至今不再有任何遗存。

自 1940 年北京有轨电车 400 型机车出现开始计算，至 1966 年转配长春有轨电车后解体拆散，北京有轨电车 400 型机车总计存在 26 年。

3.5　北京有轨电车 500 型机车

北京有轨电车 500 型机车是一种购买于 1939 年，运抵于 1940 年的八轮机车，总计有 5 辆，车号位于 501 至 505。

这种有轨电车机车虽然被北京有轨电车购得，却并非专为北京有轨电车设计生产——它们其实是日本东京都八王子市武藏中央电气铁道原本的 11 辆武藏中央电气铁道 1 型电车中的 5 辆。因此，北京有轨电车 500 型机车本质上是一种从其他电车系统购置而来的旧车。

3.5.1　武藏中央电气铁道及武藏中央电气铁道 1 型电车

武藏中央电气铁道（武藏中央電気鉄道，むさしちゅうおうでんきてつどう）是 1929 年至 1939 年间位于东京都（当时称东京府）八王子市东八王子站前与高尾桥之间运营的一条干线长度 8.4 km、支线长度 0.4 km 的电气化铁路。其干线与支线均为单线铁路，采用 1067 mm 轨距（开普轨距）的窄轨，电流制式为直流 600 V，使用接触网供电。

武藏中央电气铁道的干线设 18 座车站，即东八王子站前—新町—横山町—八日町—八幡町—追分—千人町—地藏堂—横山车库前—横山站前—浅川新地—御陵前—浅川原—浅川站前—川原宿—小名路—落合—高尾桥。

武藏中央电气铁道的支线自干线横山町站出岔，设 1 座车站，即横山町—八王子站前。

用于存放及维修保养车辆的车库设于横山，因而称横山车库。其变电站也设置于横山，即横山变电站，装备有一台英国电气制造公司生产的 300 kW 旋转式变流机，用来为全线提供电力。

在 1923 年武藏中央电气铁道筹备之初，其目的只是将东京方面前来高尾山参观的游客送往高尾山。因此在最初的筑路计划里只规划了浅川站前—高尾桥区间的线路，但随后不久这一计划便增加了延伸至八王子市市内参与城市通勤的部分，即日后的武藏中央电气铁道浅川站前—东八王子站前区间。

武藏中央电气铁道浅川站前—追分区间于 1929 年 11 月 23 日开通运营，这也是武藏中央电气铁道最初开始运行的区段，其后续的区段在 1929 年至 1930 年间逐步开通，并在 1932 年 4 月 10 日开通了支线。但与此同时，伴随着 1930 年 12 月中央线浅川区域的电气化完成，从东京开出的电车可以直接抵达浅川站，加之 1931 年 3 月京王电气轨道（今京王电铁）御陵线的开通，两方面因素的作用让武藏中央电气铁道的客流受到了很大的影响。

在运营九年之后的 1938 年 6 月 1 日，由于业绩一直没见起色，武藏中央电气铁道的东八王子站前—横山町区间停止运行，同时自横山町出岔的支线也一并停止运行。线路停运后，富余的 5 辆电车被转售（加上已于 1937 年转售大雄山铁道的 13 号车，此时武藏中央电气铁道已转售了 6 辆电车）。而剩余线路、车辆和设施一并被京王电气轨道收购成为京王八王子线（随后即改称为京王高尾线），并最终于一年后的 1939 年 6 月 30 日全线停止运行，最后的 5 辆电车封存停用，并在同年 12 月 1 日全线废弃。

由于武藏中央电气铁道浅川站前—追分区间使用的是"并用轨道"，即这一段的轨道铺设在公路上，轨道踏面与公路路面平齐。为了在这个区域更方便地上下乘客，武藏中央电气铁道使用的车辆，即武藏中央电气铁道 1 型电车采用了有轨电车的车体，车内地板距离路面的高度较低。由于武藏中央电气铁道途经的甲州街道和八王子站前两个区域道路空间较为狭窄，而当时日本的轨道法又规定，电车在与公路共用的区域行驶时，车体两侧必须留出 3.64 m 及以上的公路有效宽度，因此相比同一时期的其他有轨电车，武藏中央电气铁道 1 型的车体宽度要更小。

在 1929 年开通之初，武藏中央电气铁道全线配备了 9 辆这样的电车，这些电车由日本车辆制造株式会社生产，称武藏中央电气铁道 1 型，车号为 1、2、3、5、6、7、8、9、10（车号 4 为避忌讳而不设）。随后在 1930 年又添设了两辆同型号的电车，车号为 12 和 13，同时将 9 号车的车号改为 11（同样为避忌讳）。

这 11 辆电车即为武藏中央电气铁道干线自开通至停运所使用的唯一一型电车，而 1932 年武藏中央电气铁道支线开通之后，其全线最初使用的是一辆从西武铁道购入的原西武铁道 1 型 / 京都市电窄轨 1 型电车（这是一辆木制车体的四轮有轨电车），车号为 51，这辆车于 1937 年报废。此后支线也转为使用武藏中央电气铁道 1 型电车并于一年后停止运行。

3.5.2　武藏中央电气铁道 1 型电车的主要技术数据

如 3.5.1 节所述，武藏中央电气铁道 1 型电车是一种由日本车辆制造株式会社于 1929 年生产的电车，这种电车的车体为钢制侧墙，半钢结构（车顶材质非钢制），单层车顶，车辆全长 11125 mm，宽 2118 mm，高 3560 mm。在不载客的情况下，包含车体与电气设备等的总质量为 17000 kg。在车体端面安装有三扇单层车窗，车窗上方中部为方向幕，方向幕左边是后部标识灯，车窗下方中部为前照灯，前照灯左侧有可以用来悬挂水牌的挂钩（但通常不使用），前照灯下方的缓冲梁则安装有金属护网和排障器，防止车辆行驶时有异物或人员卷入车下。

车体侧面的两端各安装有一扇驾驶席侧窗和一道单扇车门，车门为手动式。打开时，门扇可向端部方向滑入驾驶席侧窗位置的侧墙内部（这里的侧墙设置有一个专门用于容纳车门的夹层空间）。在两道车门之间是 11 扇客室车窗，车窗为单层窗且同样为手动。打开时，可向下滑入车体侧墙内部的相应空间中（但驾驶席侧窗由于门扇滑动的需要无法打开）——与之类似的，车体端面的三扇车窗也能以相同的模式向下打开——在客室车窗外钉有一条护栏，护栏横跨全部的客室车窗，用以防止车内人员掉出窗外发生危险。

总的来看，如果以字母"D"表示车门，以数字表示车窗数量，则武藏中央电气铁道 1 型电车的门窗布局可以表示为"1D11D1"。

在这种电车的车顶安装有贯通整个车顶的两条检修走道，两条走道中间是 4 个以一定间隔纵向排列的碗形通风器，在车顶两端还以中心对称的形式各设置一架用于登上车顶的爬梯（爬梯安装于车门和客室车窗之间位置的上方，并在车体侧面也有攀登用的抓手）。除此之外，在车顶两端还各安装有一根集电杆。两根集电杆均为将末端的滑轮抵住接触网滚动进而获取电力。在车辆行驶中，通常只升起与车辆前进方向相反一侧的集电杆。

武藏中央电气铁道 1 型电车的前 9 辆车每辆车使用两台日本车辆制造株式会社生产的 C-12 型转向架，后 2 辆车每辆车使用两台日本车辆制造株式会社生产的 C-9 型转向架。这是两种典型的适用于有轨电车和小型近郊电车的二轴转向架。两种转向架的结构相似，一系悬挂为圆弹簧，二系悬挂为板簧，摇枕通过心盘和中心销与车体连接。转向架上的车轮直径为 660 mm，固定轴距为 1372 mm，两台转向架之间的转向架中心距为 5182 mm。

转向架只在靠近车体中心一侧的车轴上安装有电动机，即每辆车使用两台电动机驱动。武藏中央电气铁道 1 型电车安装的是日立制作所生产的功率为 26.099 kW（35HP）的直流电动机，总功率 52.199 kW（70HP）。每台电动机通过安装于自身轴上的齿轮和安装于车轴上的齿轮互相啮合来传导牵引力，它们的传动齿轮比的比值在 1929 年开始运行之初为 5.7。

武藏中央电气铁道 1 型电车在车内的两端各安装有一台日立制作所生产的 DR 型 C-44 式控制器。这种控制器与同一时期其他电车的直接控制式控制器类似，同样有 8 个速度挡位，但是这种控制器没有电阻制动的挡位，不支持这一制动方式。

除转向架之外，车下还安装有调速电阻、空气压缩机、总风缸及制动风缸等设备。武藏中央电气铁道 1 型电车同时具有空气制动和手制动两种制动方式，其中空气制动使用一套三菱生产的 SM-3 型空气制动机实现，手制动使用一套广濑制作所生产的手制动机实现。

武藏中央电气铁道 1 型电车的车内设座席 32 个、立席 52 个，额定载客数 84 人。车内所有座椅均为纵向布置，驾驶员为坐姿驾驶，驾驶席背后有隔板。车内照明由安装于车顶的 4 组白炽灯承担。

值得一提的是，武藏中央电气铁道 1 型电车警示行人及其他车辆避让的手段并非北京有轨电车 100 型机车使用的车铃，而是依靠压缩空气吹响的风笛。

观察武藏中央电气铁道的轨道与供电制式方面的情况不难发现，武藏中央电气铁道 1 型电车使用的电流制式和供电方式与北京有轨电车一致，其使用的 1067 mm 的轨距也和北京有轨电车使用的 1000 mm 的轨距接近。加之采用的是有轨电车车体且车体宽度比其他有轨电车更小，能够在空间较为狭小的市内轨道上运行。因此，这种电车行驶于北京有轨电车的线路上是比较适宜的。虽然肯定需要进行改装，但改装幅度不大，相应的难度也并不高。所以，在 1939 年北京有轨电车寻找可购入的车辆以应对客流增长时，此时刚好因为武藏中央电气铁道全线停止运行而闲置封存的武藏中央电气铁道 1 型电车就进入了当时北京有轨电车的视野之中。

3.5.3　武藏中央电气铁道 1 型电车的抵京暨北京有轨电车 500 型机车的出现

进入 20 世纪 30 年代末期，随着市面上人员流动的逐渐加大和市区规模的增加，作为当时北京城市交通的主力，北京有轨电车面临着相当大的客运压力。原有的 66 辆 100 型四轮机车和 30 辆 200 型拖车此时已不能满足运输需要。虽然在 1938 年购入的 10 辆 300 型四轮机车已在 1939 年正式投入运营，但整体而言，北京有轨电车的运力依然显得不足，依然迫切地需要购入一些载客量更大的有轨电车机车，以运输更多的乘客。

与之前购置 300 型四轮机车的过程类似，这一次北京有轨电车的联络与求购工作同样经由鹤谷商会（鹤谷洋行）展开。在经过多方寻找与对比，并考虑北京地区的运行环境要求之后，北京有轨电车及鹤谷商会最终决定委托小岛荣次郎工业所（这是当时日本的一个较为有名的铁路车辆周转商）向京王电气轨道（今京王电铁）购买了封存的剩余 5 辆武藏中央电气铁道 1 型电车，其车号为 2、3、5、7、11（原 9）。有关购车的所有合同文件等最终确定的日期为 1939 年 7 月 19 日，并在 1940 年 2 月 7 日由京王电气轨道将 5 辆电车交付小岛荣次郎工业所。随后小岛荣次郎工业所于 1940 年 3 月 7 日下午 2

时将这 5 辆电车于横滨港装上"日吉丸"号货轮开赴天津港，最终交抵北京有轨电车。

北京有轨电车在获得这 5 辆武藏中央电气铁道 1 型电车后，即在位于法华寺的北京电车修造厂开始对它们进行适应性改装工作。

改装工作将位于车顶两端的两根集电杆撤去，更换为一个安装于车顶中部的弓形集电器，以适应北京有轨电车的接触网构型。这个弓形集电器的结构同样和北京有轨电车 100 型机车使用的英国 Dick Kerr 公司生产的 5 号弓形集电器基本一致，可认为是同型或仿制型号。

除此之外，原本武藏中央电气铁道 1 型电车在缓冲梁上的安装的金属护网也于此次改装过程中被撤去，只保留排障器，并将转向架的轨距由原本的 1067 mm 缩小为 1000 mm，以适应北京有轨电车的轨道。

在完成上述必要的结构性改装的同时，北京电车修造厂又将武藏中央电气铁道 1 型电车原本位于端面车窗上方的方向幕取消，只保留位于前照灯左侧偏上位置的水牌挂钩，用以悬挂标示路号（1949 年前）或路号及始末站（1949 年后）的圆形水牌。又将座席改为 30 个，设吊席（拉环扶手）40 个，立席改为 14 个。并且整修车体的老化损坏位置，将涂装更换为同一时期北京有轨电车的涂装（以车窗下沿为界，上部为米黄色，下部为深绿色，车顶为深灰色）。

改装工作在 1940 年 4 月至 6 月间以每月 2 辆的速度进行（因为有 5 辆车的原因，6 月只改装 1 辆车）。最终在所有改装工作均告妥当之后，北京有轨电车将原本的武藏中央电气铁道 1 型 2 号车改为北京有轨电车 501 号车，3 号车改为 502 号车，5 号车改为 503 号车，7 号车改为 504 号车，11 号车改为 505 号车。自此，北京有轨电车 500 型机车正式出现，并于 1940 年 6 月 10 日全部完工出厂，投入了北京有轨电车的运营工作中。

可以看到，武藏中央电气铁道 1 型电车转变为北京有轨电车 500 型机车较大幅度的改装工作主要是在集电装置和轨距两个方面，其他改装工作均为车体上针对局部的设施的小改动或涂装改动，至于武藏中央电气铁道 1 型电车的其他电气设备则均予以留用。这固然在一方面与武藏中央电气铁道的电流制式、轨距和运营环境与北京有轨电车接近有关，另一方面该车相对良好的保存状况也起到了相当大的作用。

于是，北京有轨电车 500 型机车自此正式成为北京有轨电车历史上拥有并运营的第一种八轮机车。

3.5.4 北京有轨电车 500 型机车的在京运用及后续去向

在北京有轨电车 500 型机车于 1940 年 6 月 10 日投入运营之后,5 辆车最初全部配属于当时的 3 路有轨电车运行,并且此时的 3 路相比于 1939 年时运营于东四牌楼—西四牌楼间的 3 路有轨电车,其线路已经延伸到了太平仓—北新桥间。

原本的 3 路有轨电车为从东四牌楼出发,一路向南沿米市大街—东单牌楼大街(两段于 1947 年合并为今东单北大街)一线行至东单十字路口处向西转上长安街,一路东行至西单十字路口处向北转入西单北大街(今西单北大街),北行至丰盛胡同东口处之后继续北上沿缸瓦市大街—丁字街(两街在 1965 年合并为今西四南大街)最终行至西四牌楼(今西四十字路口)处为止,线路全长 7.155 km。在线路延长之后,其始发站自东四牌楼向北延长到北新桥(今北新桥十字路口)发车,而终点站自西四牌楼向北延长到太平仓(今太平仓胡同西口)终止,线路全长变为 9.985 km。

结合当时北京的城市布局不难发现,这一时期的 3 路有轨电车途经西单商场和王府井两大商业区,且全线均运行于北京内城中心的繁华地带,其客运压力相当明显。作为一种载客量更大的八轮机车,北京有轨电车 500 型机车在这条线路上运行很显然具有优势,事实也的确如此,这 5 辆八轮机车投入使用之后取得了良好的反馈。

这一时期,位于西直门内大街 61 号(马相胡同)的电车存车北厂已经修建完毕投入运营,用以停放 1、2 和 3 路有轨电车使用的车辆。因此,5 辆北京有轨电车 500 型机车平时收车后即存放于此,一些简单的维护保养工作也在此进行,但针对车辆的大修等工作则依然需要返回位于法华寺的北京电车修造厂进行。

虽然在 1940 年时北京有轨电车 500 型机车配属于 3 路有轨电车使用,但在接下来的 5 年时间内,由于运营路线改动、车辆调度及有车辆毁损停运的关系,5 辆北京有轨电车 500 型机车渐渐开始不再只专用于一条路线,而是分散于全城多个路线使用。特别是自 1943 年开始,由于局势变化的影响,北京有轨电车用以维修轨道、车辆和接触网的材料逐渐变得难以购得,而北京有轨电车的客流量也开始衰退。因此,自 1943 年至 1945 年的这段时间内,5 辆北京有轨电车 500 型机车逐步因车辆故障及乘客不足的缘故减少乃至于停止了运营活动,其中的 501 号车更是在 1945 年时由于车辆故障已经处于无法运行的状态。

1945 年 8 月中旬以后，经过将近 4 个月的维持与整顿，为尽快恢复运营，北京有轨电车展开了一项对有轨电车的大修工作，即在 1945 年 12 月至 1946 年 9 月间，重新大修一批有轨电车以增加每日的出车数量，其中包含北京有轨电车 500 型机车中的 505 号车。此次大修被描述为"大拆、换柱、重油"，即针对车体、电气设备及车身涂装进行了一次全方位的修理工作。不过这次大修只是针对原有各部件与车体的修补维护，并未将北京有轨电车 500 型机车的任何部件或车体结构替换为其他型号或其他式样。

对 505 号车的大修于 1946 年 2 月完工，完工后的 505 号车被命名为"民权"号，这一命名一直延续至 1949 年方告终止。这时的北京有轨电车 500 型机车同样不再专用于某一条路线，且从此之后直至北京有轨电车 500 型机车终止运行，这一用法也一直不再改变。

自 1947 年开始，北京有轨电车的运营被再度打乱，用于维护车辆的零件及材料的供应也很快趋于紧张，故障车辆再次迅速增加。到 1948 年年底，北京有轨电车的运营在多种不利因素的干扰下已处于几乎中断的状态，北京有轨电车 500 型机车也再次被全部停用。

直至 1949 年年初，出于尽快恢复城市运转特别是城市交通的需要，北京电车修造厂工人在 3 月 9 日发起了第一次"百辆车运动"。但此次运动在 4 月 19 日完成之后，北京电车修造厂在同年 4 月 25 日发生火灾。当时北京有轨电车 500 型机车中的 501 和 504 号车正在厂内，旋即被火灾波及。两辆车的整个车体均过火，车顶及门窗全部烧失。不过由于北京有轨电车 500 型机车为半钢结构车体，因此虽经火焚烧损毁严重，却没有致命损伤。随后 504 号车在 1949 年 10 月 25 日前的第二次"百辆车运动"或后续不晚于 1951 年的修复工作之中被重新修复。重新修复后的 504 号车车体及各部件基本维持原本的状态，没有明显的替换或改动。

501 号车则在 1950 年 5 月 1 日前被修复，并被命名为"五一劳动号"。在命名之后，该车名即被涂刷于车体侧面的中部，这也是北京有轨电车 500 型机车在整个运用过程中所经历的最后一次命名。重新修复后的 501 号车车体及各部件同样基本维持原本的状态，没有结构上的明显替换或改动。

值得一提的是，这段时期 501 号车曾被考虑过使用一种特殊的涂装方案，即以车窗下沿为界，上部天蓝色下部银灰色，绘红色雄鹰纹样并对"五一劳动号"车名做描金处理。不过这一方案最终未能成行或未能较长时间地持续，仅车体侧面的车名字样有较长时间保留。

至 1949 年 5 月 1 日的"五一"国际劳动节当天，以北京有轨电车 500 型机车 501 号车为先头车的 40 余辆有轨电车，参与了相关的节日游行庆祝活动及相关的人员运输工作。

1949 年后，伴随北京的战后恢复和城市建设工作逐步推进，全部 5 辆北京有轨电车 500 型机车都回到了北京有轨电车的运营序列，并继续执行相关的运输任务。其中的 4 辆车也同北京有轨电车其他车辆一样，逐步将车身涂装由原本车窗下沿以下涂刷深绿色改为车窗下沿以下涂刷椰褐色，其他区域的涂装颜色不变。不过这里至少有一个例外是 501 号车，它的这一区域涂刷的是天蓝色。

行至 1950 年 6 月，北京有轨电车招收了第一批女性有轨电车售票员。随后女性有轨电车驾驶员的招收和培训计划也很快提上日程。而北京有轨电车 500 型机车为坐姿驾驶及空气制动，驾驶体验同比其他站姿驾驶及手制动的有轨电车机车要更为舒适省力，很适合女性有轨电车驾驶员驾驶。因此，北京的第一批女性有轨电车驾驶员便是在北京有轨电车 500 型机车上开始学习并最终掌握了相关的有轨电车驾驶技能的。

北京第一批女性有轨电车驾驶员于 1951 年 5 月招收并开始培训，同年 9 月 28 日学成，行车剪彩仪式在 10 月 2 日的东单举行。在仪式及随后的庆祝活动中，作为北京第一批女性电车驾驶员汇报展示而驾驶的机车是北京有轨电车 500 型机车中的 501 号车和 503 号车（此时两车均悬挂装饰以烘托气氛）。在活动中，501 号车同样为先头车，503 号车跟随。此时，两车运行于崇文门—宣武门之间。这是当时 5 路有轨电车的运行区间，具体走向即从崇文门出发，沿崇文门内大街向北行至东单十字路口后向西转入长安街，再沿长安街一路西行至西单十字路口后向南转入宣武门内大街，最后沿宣武门内大街一路南行至宣武门，线路全长 5.105 km。

同一时期，从 1951 年开始，北京电车修造厂开始着手自行设计制造新的八轮机车（即日后的北京有轨电车五二式机车）。在对北京有轨电车 500 型及北京有轨电车 506 型进行比较研究之后，北京有轨电车 500 型机车因其外形美观而被选为新造八轮机车外观的仿制对象。相关的仿制工作还研究了北京有轨电车 500 型机车的电动机和转向架。由于北京有轨电车 500 型机车同样多次发生过切轴的故障，最终新造的北京有轨电车五二式机车并没有完全仿制北京有轨电车 500 型机车的转向架，只是在总的结构和电动机的设计上有所借鉴。

自 1952 年北京有轨电车五二式机车量产之后，由于其部件可以由北京电车修造厂自行制造且技术状态比其他八轮机车使用的老旧部件良好，加之从部件统一便于维护管理的角度考虑，北京原有的八轮机车各类部件开始在后续修理中逐步被北京有轨电车五二式机车的部件替换。延至 1958 年时，北京有轨电车 500 型机车中虽然 501 号车和 505 号车还在使用原本由日立制作所生产的 DR 型 C-44 式控制器，但全部 5 辆车原本每辆车安装的两台日立制作所生产的功率为 26.099 kW（35HP）的电动机，已被替换为北京电车修造厂生产的功率同样为 26.099 kW（35HP）的五二型电动机，且 502、503 和 504 三辆车的控制器也被更换为与北京有轨电车五二式机车一致的控制器。这次替换没有改变电动机功率，不过北京有轨电车 500 型机车的齿轮比调整为与北京有轨电车五二式机车一致的 61：14，并且安装了与北京有轨电车五二式机车同样形制的排障器。而使用的轮对也由原本的车轮直径 660 mm 换装成了和北京有轨电车五二式机车一致的车轮直径 690 mm。

1959 年 3 月 9 日，北京内城有轨电车终止运行。而外城的有轨电车线路也选择全数使用车龄较新且技术状态更为良好的北京有轨电车五二式机车维持运营。因此，全部 5 辆北京有轨电车 500 型机车也就在同一时间停止使用转入封存。在转入封存后，其车上尚可使用的部件开始被逐步拆走并装用于还在运行的有轨电车车辆上。至 1962 年 6 月 4 日调查有轨电车封存情况时，5 辆北京有轨电车 500 型机车虽然都还没有解体，但所有的电气设备和空气制动机已全部被拆掉，5 辆车全都只剩下了转向架和空车体，显然已无法运行。

最终在 1963 年时，应长春有轨电车补充车辆以应对客运压力的请求，包含 5 辆北京有轨电车 500 型机车在内的总计 29 辆北京有轨电车机车被无偿调拨给长春有轨电车。此时的 5 辆车依然还是空车体，没有修复成可运行的状态。而长春在获得这些北京有轨电车机车之后也并未直接修复并改装使用，而是将其解体拆散成大小部件，结合自身已有的有轨电车或部件组合拼造出了长春有轨电车 500 型机车（八轮机车）和长春有轨电车 30 型机车（四轮机车）。至于北京有轨电车机车的其他可用零件也尽数散装于长春的其他有轨电车车辆上。自此，北京有轨电车 500 型机车正式宣告消失，全部 5 辆车未再以完整形态运营或存在过。

自 1940 年运抵北京开始计算，至 1959 年停用封存为止，北京有轨电车 500 型机车在北京运行了 19 年，之后又封存了 4 年，总计存在 23 年。

而自 1929 年日本车辆制造株式会社出厂开始计算，至 1963 年转配长春有轨电车后解体拆散，北京有轨电车 500 型机车／武藏中央电气铁道 1 型机车总计存在 34 年。

3.6　北京有轨电车 506 型机车

北京有轨电车 506 型机车是一种购买于 1940 年、运抵于 1941 年的八轮机车。该型八轮机车仅有一辆，车号为 506。

这种为北京有轨电车所购得的八轮机车，同样并非专为北京有轨电车设计生产。仅有的这辆北京有轨电车 506 型机车，其实是日本东京都的京王电气轨道（即今天京王电铁的其中一个前身）原本的 44 辆京王电气轨道 23 型电车中的一辆。因此，北京有轨电车 506 型机车本质上同样是一种从其他电车系统购置而来的旧车。

3.6.1　京王电气轨道及京王电气轨道 23 型电车

京王电气轨道（京王電気軌道，けいおうでんききどう）若以其最原始的全貌来看，是一条自 1913 年首段开始营业，1916 年原始线路的全线完全贯通，干线长度 21.9 km，连接东京都东京市新宿追分和东京都府中市府中的电气化铁路。采用 1372 mm 轨距（马车铁道轨距）的窄轨，电流制式为直流 600 V，使用接触网供电。

用于存放及维修保养车辆的车库及提供电力的变电站均设于笹塚，在首段开始营业时，电力由笹塚变电站内装备的一台 100 kW 旋转式变流机提供，接下来伴随线路的延长和车辆的增加，新的变电站和变流设备也在之后陆续增设于沿线。

值得一提的是，京王电气轨道并非基于当时日本国内的地方铁道法修建，而是基于当时日本国内的轨道法修建的，这也是"京王电气轨道"中"轨道"的来历。正是这个缘故，这一时期的京王电气轨道虽然本质上是一条窄轨电气化铁路，但是在名义上是一条轻轨或大型有轨电车线路。

京王电气轨道笹塚—调布区间总计 12.1 km 的线路开通于 1913 年 4 月 15 日，是京王电气轨道最早开始运营的区间。同年 10 月 11 日，自笹塚连接代代幡，总长 1.3 km 的线路开始运营。在随后的三年间，代代幡—新宿追分和调布—府中的线路陆续完工并开始运营，最终于 1916 年 10 月 31 日全线贯通。当时，京王电气轨道途经甲州街道的一段线路为"并用轨道"，即这一段轨道铺设于公路上。考虑到当时日本国内轨道法的相关要求，以及为了便于乘客上下车，京王电气轨道最初使用的电车均为有轨电车车体。

在 1913 年笹塚—调布区间通车时，京王电气轨道使用的是京王电气轨道 1 型电车。这是一种木制车体的四轮电车，车身较短。不过此时京王电气轨道的客流量并不大，因而京王电气轨道 1 型电车尚可应对。

伴随着京王电气轨道的延伸，客流量也随之增长，原有的京王电气轨道 1 型电车已显得运力不足。因此京王电气轨道在 1919 年投入了 4 辆京王电气轨道 19 型电车，这是一种木制车体的八轮电车，本质上是京王电气轨道 1 型电车加长车体之后的产物。京王电气轨道 19 型电车缓解了一部分客运压力，但这种电车的车门敞开（甚至实际上只有门洞没有门扇，而是以铁链拦住门洞），密封性差，且车身过长，车体边角转弯时容易擦碰其他车辆或是行人，所以京王电气轨道针对上述不足改进了电车车体的设计要求，在 1920 年购入了新的一批八轮电车。这批八轮电车车号自 23 号开始，因而被称为京王电气轨道 23 型电车。

脱胎于京王电气轨道 19 型电车的京王电气轨道 23 型电车通过收窄端部、加装车门提升密封性的一系列措施规避了上述问题。因为其自身为一种八轮电车，很快便承担起了京王电气轨道主力电车的职能。在经过多家厂商生产之后，截止到 1916 年，京王电气轨道 23 型电车达到了最终的 44 辆，在当时的京王电气轨道成为名副其实的运营主力。

1933 年，以京王电气轨道 23 型电车 30 号车和 33 号车转配多摩湖铁道（今天的西武铁道多摩湖线）为标志，京王电气轨道 23 型电车开始了报废解体与转配的过程。延至 1941 年，京王电气轨道所拥有的全部京王电气轨道 23 型电车均被转配、售出或报废解体。

而在此之后的京王电气轨道在经历了将并用轨道改为普通轨道、接触网由直流 600 V 升压为直流 1500 V、车站增减、线路变动、复线化、公司行政的合并拆分等一系列曲折复杂的事件之后，最终成为如今京王电铁株式会社名下的京王线。

3.6.2　京王电气轨道 23 型电车的主要技术数据（雨宫制作所生产）

京王电气轨道 23 型电车分别由枝光铁工所、日本车辆制造株式会社东京支店、雨宫制作所和东京瓦斯电气工业株式会社这四家厂商生产，且不同厂商生产的京王电气轨道 23 型电车虽然整体一致，但细节上的规格和部件型号略有差异。考虑到北京有轨电车最终购得的是由雨宫制作所生产的京王电气轨道 23 型电车，这里主要介绍一下这些京王电气轨道 23 型电车的技术数据。

　　雨宫制作所生产的 5 辆京王电气轨道 23 型电车均生产于 1925 年 5 月间。这种电车的车体最初为木制结构，后期（不晚于 1940 年）改为木制立柱外包薄铁板的木骨铁皮制结构。车顶为高窗式，在高窗式车顶的凸出结构两侧开有采光用小窗，小窗每两扇为一组，每侧有 5 组，与车体侧面的客室车窗对应。车辆全长为 11732 mm，宽 2286 mm，高 3620 mm。在不载客的情况下，包含车体与电气设备等的总质量为 14700 kg。为确保转弯顺利而不擦碰其他车辆或行人，京王电气轨道 23 型电车的车体端部从车门开始，沿车辆在这一侧的前进方向逐渐收窄。

　　在车体端面安装有 3 扇单层车窗，且为了保证驾驶员有良好的视野，京王电气轨道 23 型电车端面的中间车窗面积明显大于两边的车窗。在端面车窗上方中部为方向幕，方向幕左边是后部标识灯，车窗下方中部为前照灯，前照灯下方安装有向车辆行驶方向探出且体积较大的金属护网，并在车体侧面下方也安装金属护网，防止车辆行驶时有异物或人员卷入车下。

　　京王电气轨道 23 型电车车体侧面的两端各安装有一扇驾驶席侧窗和一道单扇车门，车门为手动式，打开时门扇可向端部方向滑入驾驶席侧窗位置的侧墙内部（其结构与北京有轨电车 500 型机车同一部位的结构类似），在两道车门之间是 10 扇客室车窗，客室车窗每 2 扇为一组，总计分为 5 组。驾驶席侧窗和客室车窗均为单层窗，前者无法打开，后者可以手动打开，打开时窗扇可以向下滑入车体侧墙内部的相应空间中。在客室车窗外钉有一条护栏，护栏横跨全部客室车窗但整体并不连贯。具体地说，就是横跨每组客室车窗之后，在每组客室车窗之间的立柱处会截断。

　　总的来看，如果以字母"D"表示车门，以数字表示车窗数量，则京王电气轨道 23 型电车的门窗布局可以表示为"1D10D1"，或者为展示车窗分组，可以表示为"1D22222D1"。

　　京王电气轨道 23 型电车采用的是高窗式车顶，因而在车顶不设检修走道，也不设登车爬梯，车内的通风由车顶凸出结构两侧安装的水雷形通风器承担。这些通风器以一定间隔安装（即安装于每组采光小窗之间的间隔处），每侧 4 个。

　　由于相关法令的原因，京王电气轨道新宿追分—笹塚区间在运营之初采取的是架线回路的供电方式，这使得京王电气轨道在这一时期采用了类似于无轨电车的接触网结构。因此，最初状态下的京王电气轨道 23 型电车在车顶两端各设置了一对集电杆。这些集电杆均为将末端的滑轮抵住接触网滚动进而获取电力。在车辆行驶中，通常只升起与车辆前进方向相反一侧的一对集电杆。这种在车顶安装了两对总计 4 根集电杆的情况在 1927 年时伴随着京王电气轨道的接触网改回传统的单线接触网 + 钢轨回路形式而结束。1927 年之后，京王电气轨道 23 型电车将车顶的集电杆全部拆掉，改为了在车顶一侧安装一架 WH-S-514A 型双臂受电弓，并且在两年后的 1929 年再度改为了一架安装位置相同却更小型的 TDK-B 型双臂受电弓。

京王电气轨道 23 型电车每辆车使用两台美国 J.G.Brill 公司生产的 Brill 76E-1 型转向架，这种转向架同样是一种适用于有轨电车和小型近郊电车的转向架。它的一系悬挂为圆弹簧，二系悬挂为板簧，转向架摇枕通过心盘和中心销与车体连接。京王电气轨道 23 型电车的车轮直径为 762 mm，固定轴距为 1473 mm，两台转向架之间的转向架中心距为 5334 mm。

与同一时期的其他同类电车一致，每辆京王电气轨道 23 型电车同样使用两台电动机驱动，即每个转向架只在靠近车体中心一侧的车轴上安装电动机。由雨宫制作所生产的京王电气轨道 23 型电车安装的是由东洋电机制造株式会社生产（授权生产）的功率为 37.3 kW 的 TDK-9C 型直流电动机，总功率 74.6 kW。每台电动机通过安装于自身轴上的齿轮和安装于车轴上的齿轮互相啮合来传导牵引力，其传动齿轮比为 64∶15。

雨宫制作所生产的京王电气轨道 23 型电车使用的控制器是东洋电机制造株式会社生产（同样为授权生产）的 DB1-K13 型控制器，每辆车两端各安装一台。这种控制器与北京有轨电车 100 型机车使用的 DB1-K4 型控制器在本质上属于同一个系列（即 DB1 系列），拥有 8 个速度挡位和 7 个电阻制动挡位。

雨宫制作所生产的京王电气轨道 23 型电车在最初的状态下配备有三种制动方式，即控制器自带的电阻制动、手制动机（手制动）和一套美国 Westinghouse 公司生产的 SM 型空气制动机（空气制动）。相应的调速电阻、空气压缩机和制动风缸等部件安装于车下，但在京王电气轨道 23 型电车投入使用后发现空气制动机和电阻制动实际上已经可以满足制动需求，因此手制动机在 1934 年被从车上移除。延至北京有轨电车购入时，车上就仅有电阻制动和空气制动两种制动方式了。

京王电气轨道 23 型电车车内设座席 36 个、立席 34 个，额定载客数为 70 人。车内座椅为纵向布置，驾驶员坐姿驾驶，但驾驶台与客室之间并无明确分界线，仅以驾驶席背后的一组 H 形立杆象征性划分。这种电车同样以风笛而非车铃作为警示行人及其他车辆的手段。

对于北京有轨电车而言，京王电气轨道23型电车采用与其相同的电流制式和类似的供电方式，且同样为有轨电车车体。加之1940年前后处于待售状态且可以为北京有轨电车使用的车辆并不容易寻获，因此北京有轨电车自然要抓住这一机会。但京王电气轨道23型电车使用的是轨距为1372 mm的轨道，与北京有轨电车轨距为1000 mm的轨道相差略大。在北京有轨电车购得这辆电车之后，这一问题使得后续对这辆电车的改装工作出现了一些阻碍。

3.6.3 京王电气轨道23型电车的抵京暨北京有轨电车506型机车的出现

虽然北京有轨电车500型机车在投入运营之后缓解了一部分客运压力，但总体而言，1940年前后北京有轨电车运输能力短缺的问题依然严峻，依然需要购置更多的有轨电车机车（特别是八轮机车）以满足需求。当时的京王电气轨道除闲置由收购而来的武藏中央电气铁道1型电车之外，其原本旧有的京王电气轨道23型电车也刚好处于更新换代之后着手处置的阶段，这为北京有轨电车添置车辆提供了机会。不过在1940年，京王电气轨道23型电车中的多数已转配或是已经报废售出，留给北京有轨电车的购车余地并不大，因此北京有轨电车也仅获得了其中的56号车而已。

与北京有轨电车500型机车的购车经过（见3.5.3节）相似，北京有轨电车购置这辆京王电气轨道23型电车的相关合同与流程手续同样由小岛荣次郎工业所介绍办理。这一过程中，京王电气轨道首先于1940年8月1日将这辆由雨宫制作所生产的京王电气轨道23型电车56号车（售予小岛荣次郎工业所的京王电气轨道23型电车总计有8辆，但生产自雨宫制作所的只有56号车1辆，因此有理由将北京有轨电车506型机车506号车锁定为该车）售予小岛荣次郎工业所。接下来，后者将这辆车转售给北京有轨电车。这份购车合同签订于1940年12月6日，并计划在1941年4月上旬将这辆京王电气轨道23型电车运抵北京。

但京王电气轨道23型电车使用的是1372 mm轨距的轨道，在这种相对宽裕的空间下，其原本配置的TDK-9C型电动机的体积也相对偏大。当轨距缩窄为1000 mm以适应北京有轨电车的轨距时，原本的电动机必定将处于无法安装的境地，只能另寻两个体积更小的电动机安装。因此，北京有轨电车在购置这辆京王电气轨道23型电车的同时，还购买了一个由日本车辆制造株式会社生产的 S 型车盘，准备将其上的两个奥村电机株式会社生产的 107A 型电动机（功率同样为 37.3 kW）拆换到这辆京王电气轨道 23 型电车上以供使用。

这个车盘并非专门为此新造的，它原本属于常南电气铁道木造电车 5 号车。该车在 1928 年因超速颠覆之后车体报废，但残存的车盘还保留原来的车号和车籍。而常南电气铁道于 1938 年将所有的木造电车售予峡西电气铁道并变更为峡西电气铁道 100 型电车后，这辆 5 号车在依然只有车盘的状态下也变更为峡西电气铁道 100 型电车モハ 111 号车，直到 1940 年售予小岛荣次郎工业所并最终由后者转售北京有轨电车。

在这辆京王电气轨道 23 型电车及用于拆换电动机的车盘经由"白河丸"号货船如期运抵北京之后，相关的适应性改装工作也同样是由位于法华寺的北京电车修造厂实施。

改装工作将位于车顶一侧的双臂受电弓撤去，更换为一个安装于车顶中部的弓形集电器以适应北京有轨电车的接触网构型。这个弓形集电器的结构同样和北京有轨电车 100 型机车使用的英国 Dick Kerr 公司生产的 5 号弓形集电器基本一致，可认为是同型或仿制型号。

接下来，京王电气轨道 23 型电车原本安置于端面的方向幕被保留，并在前照灯左侧安装一个水牌挂钩，用以悬挂标示路号（1949 年前）或路号及始末站（1949 年后）的圆形水牌。但前照灯下方的金属护网则被撤去，改装为北京有轨电车使用的缓冲梁，车体侧面原本暴露在外的登车梯也改成拢在车门以内的形式。这两处改动使得这辆京王电气轨道 23 型电车的端面下部要比原本状态时更向地面方向伸长一些。

转向架的轨距由京王电气轨道使用的 1372 mm 改窄为 1000 mm 以适应北京有轨电车的轨道。同时原本的两台 TDK-9C 型电动机（每个转向架一台）被拆下，更换为两台 107A 型电动机（同样为每个转向架一台）。传动齿轮比改为 61∶14，而拆走电动机之后的那个 S 型车盘则由北京电车修造厂自制一个新的车体，最终装成了一辆拖车（见 5.1.2 节）。

在结构性改装完成之后，这辆京王电气轨道 23 型电车的座席仍为 36 个，但设吊席（拉环扶手）36 个、立席 18 个，因此额定载客数为 90 人。随后其涂装也更改为同一时期北京有轨电车的涂装（以车窗下沿为界，上部为米黄色，下部为深绿色，车顶为深灰色），并修补了车体的老化损坏位置。

最后，北京有轨电车将原本的京王电气轨道 23 型电车 56 号车改为北京有轨电车 506 号车（不过 506 号车在一开始并未在车体上涂刷车号），并于 1941

年 8 月间完工出厂，正式投入北京有轨电车的运营工作中。自此，北京有轨电车 506 型机车宣告出现。

由于轨距和电动机体积的原因，北京有轨电车 506 型机车的改装工作要稍显复杂。但好在当时京王电气轨道的供电制式与北京有轨电车一致且该车各部件保存状况尚且良好，因此，除电动机和受电弓以外的电气控制系统基本可以保留使用而无须更大规模的改装或更换。此外，虽然北京有轨电车 506 型机车仅有一辆，但它对日后北京有轨电车自行制造八轮机车时的设计工作产生了相当深刻的影响。

3.6.4　北京有轨电车 506 型机车的在京运用及后续去向

与北京有轨电车 500 型机车一样，北京有轨电车 506 型机车最初也配属于当时的 3 路有轨电车运行。在 1941 年时，北京的 3 路有轨电车运营区间及设站情况同比 1940 年时基本一致，同样为北新桥—太平仓区间，全长 9.985 km。这一时期北京有轨电车 506 型机车与其他配属于 3 路有轨电车的车辆一样，平时收车后存放于西直门内大街 61 号（马相胡同）的电车存车北厂并在此做日常维护。若需大修，则返回北京电车修造厂（见 3.5.4 节）。

在 1941 年至 1944 年间，北京有轨电车 506 型机车虽然在型号与技术数据的层面上与北京有轨电车 500 型机车相差较大，但在平时的运营调度上基本上是与北京有轨电车 500 型机车混同的，二者往往被视为同一群车辆加以统一的调配。

北京有轨电车 506 型机车是北京有轨电车全部车辆中宽度最大的（506 号车要比其他车辆宽 200 mm 左右）。由于其端部采用了收窄的设计，因而它完全可以应对北京有轨电车较窄的轨距和较小的限界。在投入运营之后，北京有轨电车 506 型机车因其相对稳定的性能和八轮机车本身的大载客量优势得到了相对良好的评价。

此后，北京有轨电车 506 型机车便一直被使用于北京的有轨电车系统，运营过程中未再有对车体的大幅度改动或变化。但在 1943 年之后，由于局势变化的影响，北京有轨电车的各类部件及材料供应逐渐趋于短缺。在这种情况下，506 号车由于维护不善，在 1943 年 9 月 17 日晚 7 时 36 分的天安门附近，发生了运行前方的控制器损坏失效且爆电门的故障（原文描述为"推字不走爆电门"）。在返回修理的过程中，其后侧转向架左轮又发生了切轴，这导致该车随之脱轨并阻断交通许久。此后，506 号车虽然一度被重新架回轨道，但祸不单行，在该车后续的返回途中，切轴的转向架再次发生脱轨，最终直到 18 日凌晨时分，该车才姑且回厂。此后北京电车修造厂虽然对其尽力修理以期尽快恢复使用，但这辆北京有轨电车 506 型机车最终还是被搁置停用，并在 1945 年由于车辆故障及损坏的原因处于无法运行的状态。

经过自 1945 年 8 月中旬开始的近 4 个月的维持与整顿，为尽快恢复运营，北京有轨电车于同年 12 月至 1946 年 9 月间展开了一项对有轨电车的大修工作，而北京有轨电车 506 型机车也在接受大修的车辆之中。此次大修是针对车体、电气设备及车身涂装的修理，并不涉及任何电气部件或车体结构性的大幅度改动。因此在大修之后，北京有轨电车 506 型机车维持原本的技术状态没有改动。

对北京有轨电车 506 型机车的修理工作于 1946 年 3 月完成。完成后的北京有轨电车 506 型机车被命名为"民贵号"并在车体侧面涂刷命名，且涂装更换为全车均为单一深绿色。该车的车号也被涂刷在端面车窗与前照灯之间。这一命名在 1949 年之后即自动宣告终止，且此后的北京有轨电车 506 型机车也未再继续有其他任何命名工作。

1946 年的大修使得北京有轨电车 506 型机车再度投入运营，但这种局面并没有持续很长时间。在 1947 年后，北京有轨电车的正常运营工作很快被再度打乱。行至 1948 年年底时，由于多种不利因素的共同干扰，北京有轨电车的运营工作已处于几乎中断的状态，包括北京有轨电车 506 型机车在内的北京有轨电车各型车辆也再一次停止运行。

1949 年 2 月后，面对北京有轨电车各型车辆损坏甚多的局面，北京电车修造厂开展了第一次"百辆车运动"，这项运动旨在修复一百辆有轨电车（包括机车及拖车在内）以尽快恢复北京的城市交通，并为接下来的正常运营及日后发展做准备。第一次"百辆车运动"于 1949 年 3 月中旬开始，完成于同年 4 月19 日。但北京电车修造厂在随后的 4 月 25 日发生火灾，修复的车辆多有烧毁，第一次"百辆车运动"也因此受挫。面对这种情况，北京电车修造厂果断顶住打击，很快开始了第二次"百辆车运动"，并于 1949 年 10 月 25 日取得圆满成功。在这番波折之中，虽然有一些车辆最终因损毁过重未能修复，但北京有轨电车 506 型机车并未受到致命破坏，在经过"百辆车运动"的修复后完全可以正常运行。

由于设计原因，北京有轨电车 506 型机车的车体宽度在端部附近收窄，这直接导致了车门附近区域面积同比其他八轮机车来说较为狭小，留给驾驶员和乘客的活动空间也相对不足。而且北京有轨电车506型机车在运抵北京时，虽然已经改为相对坚固的木制立柱外包薄铁板的木骨铁皮制车体，但1949年以前长期且缺乏妥善维护的使用还是导致这个车体开始趋于老化而不堪用。因此为了解决以上问题，北京电车修造厂在1950年后为其重新制作了一个车体。

新车体保留了原本三扇端面车窗和一扇驾驶席侧窗的布置，并且各车窗的打开方式也和之前一样。同时，车门依然维持原本的单扇手动模式，在打开时，也同样是滑入驾驶席侧窗位置的侧墙内部。但是车体端部不再以带有棱角的平直结构直接收窄，而是整体改为以没有棱角的曲面结构逐渐收窄。其车灯改小并且从原来的位置下移，变得更加接近缓冲梁。同时原本的高窗式车顶也被改为了与北京有轨电车500型机车一样的单层车顶，并且在车门上方设置了登车爬梯，车顶设置了两条检修走道。

其客室车窗仍为单层、手动打开且可以向下滑入侧墙内部，但车窗数量比原来增加了一扇。因为在重做车体的过程中取消了两两分组的布置并调整了每扇车窗的宽度，所以相应节省的空间又积攒出了一扇车窗的位置。如果以字母"D"表示车门，以数字表示车窗数量，则此时北京有轨电车506型机车的门窗布局也就彻底变为了"1D11D1"。

北京有轨电车506型机车在换装了这个新车体后继续投入了运营工作中，而这项重做车体的工作也使得北京有轨电车506型机车此后的新外观与它原本的旧外观产生了非常明显的区别。其涂装也在同一时期一并改为以车窗下沿为界，上部为米黄色，下部为椰褐色。

自1951年开始，北京有轨电车开始准备自行制造八轮机车，即日后的北京有轨电车五二式机车。作为当时北京有轨电车还在使用的两种八轮机车（北京有轨电车800型机车在1951年时已停用报废）之一，北京有轨电车506型机车随即被列为参考对象。考虑到北京有轨电车506型机车出现切轴现象的频率更少，因此最终决定北京有轨电车自行制造的八轮机车将仿制其车体底架和转向架的部分结构。于是在1951年9月时，北京有轨电车506型机车暂时退出了北京有轨电车的运营工作，返回北京电车修造厂并在厂内被解体，以开展相应的测绘制图工作。

在北京有轨电车五二式机车量产之后，北京有轨电车也就基于这种可以自行生产的八轮机车，制定了北京有轨电车八轮机车的技术标准。此后的运营与维护过程中，北京有轨电车五二式机车的部件反向装用于北京有轨电车500型机车和北京有轨电车 506 型机车上，以期使用北京有轨电车自行生产的部件实现标准化。因此，到了 1958 年，北京有轨电车 506 型机车所使用的控制器已被更换为和北京有轨电车五二式机车相同的型号。虽然电动机还是使用原本的两台奥村电机株式会社生产的 107A 型电动机，但车轮直径被改小为 624 mm。不过值得一提的是，此时北京有轨电车 506 型机车的车轮直径还是要略小于北京有轨电车五二式机车的（后者的轮径为 690 mm）。

1959 年 3 月 9 日，北京内城有轨电车系统停运拆除。由于北京外城的有轨电车系统最终决定全部采用车龄较新且状态较好的北京有轨电车五二式机车，因此北京有轨电车 506 型机车也就在当年停运转入封存。且在封存之后，其尚可使用的部件也逐步被拆换到使用中的北京有轨电车五二式机车上以节约维护保养的成本。截至 1962 年，北京有轨电车 506 型机车已处于仅剩空车体和转向架的状态，其他所有的电气部件和空气制动机等已尽数拆空。

同北京有轨电车 500 型机车一样，北京有轨电车 506 型机车在 1963 年应长春有轨电车的请求被调往长春以补充长春有轨电车的车辆。在调拨给长春时，北京有轨电车 506 型机车依然处于拆空状态，仅有空车体和转向架。而长春有轨电车在获得这辆车之后也并未将其修复，而是将北京有轨电车 506 型机车拆散，取其车体材料和转向架总成等大小部件，装用于以旧有的有轨电车机车改制的长春有轨电车 500 型机车之上（事实上，长春有轨电车也拥有一些京王电气轨道 23 型电车，这种电车在长春被称为长春有轨电车 71 型机车）。自此，北京有轨电车 506 型机车正式宣告消失，未再以完整形态运营或存在过。

自 1941 年运抵北京开始计算，至 1959 年停用封存为止，北京有轨电车 500 型机车在北京运行了 18 年，之后又封存了 4 年，总计存在 22 年。

自 1925 年雨宫制作所出厂开始计算，至 1963 年转配长春有轨电车后解体拆散，北京有轨电车 506 型机车 / 京王电气轨道 23 型电车总计存在 38 年。

3.7　北京有轨电车 700 型机车

北京有轨电车 700 型机车是 1942 年北京有轨电车获得的原上海华商有轨电车 13 型机车。该型机车总计运抵北京 5 辆，并且全部被修复进而投入运营，其车号位于 701 至 705。

这种四轮机车不仅是北京有轨电车投入运营的车体及轴距最长的四轮机车，

也是唯一一种装备了径向车盘的有轨电车。

3.7.1 上海华商有轨电车及上海华商有轨电车 13 型机车概述

上海华商有轨电车是由上海实业家陆伯鸿领导创办，在 1913 年 8 月 11 日至 1937 年 8 月 13 日的总计约 25 年间，运营于当时上海华界南市地区的一套有轨电车系统。该系统包含 4 条线路，全部线路均为 1000 mm 轨距窄轨轨道，电流制式为直流 550 V，采用接触网供电。

1913 年 8 月 11 日，上海华商有轨电车正式开始运营时只有一条线路，即当时的上海华商有轨电车 1 路，其起点为高昌庙，终点为小东门，全线总计有 6 站，即高昌庙—沪杭车站—沪军营—薛家浜—董家渡—大关桥—小东门。

1915 年 2 月 1 日，第一条连接小东门和老西门的有轨电车线路通车，这就是上海华商有轨电车 3 路，该线路基本沿当时的民国路（今上海人民路）运行，全线总计设 5 站，即小东门—新开河—老北门—新桥街—老西门。

至 1916 年 1 月，第二条连接小东门和老西门的有轨电车线路通车，该线路为上海华商有轨电车 2 路。虽然它与 3 路的首末站相同，但 2 路主要沿当时的中华路（今上海中华路）运行，其全线总计设 5 站，即小东门—大东门—小南门—尚文门—老西门。

第四条线路，即上海华商有轨电车 4 路通车于 1918 年 1 月 13 日，这条线路连接老西门和高昌庙，全线总计设 5 站，即老西门—尚文门—地方厅—沪杭车站—高昌庙。

事实上，当时的民国路和中华路本质上属于拆改旧城之后形成的道路，二者的走向本身就构成一个环形。由于华商有轨电车 3 路行驶的民国路毗邻当时上海的法租界，而且该路与法商有轨电车共线运行，因而在法商有轨电车的阻碍之下，华商有轨电车 2 路和 3 路在开通后十余年的时间里只得各自为政，互不相通，乘客换乘也颇费周章。最终为便于出行起见，经多方努力，在 1928 年 11 月 11 日，老西门和小东门两处原本分属于上海华商有轨电车 2 路和 3 路的轨道各自接通，使得上海华商有轨电车 3 路得以接成环线运营。延至 1933 年 9 月 20 日，沿当时的肇周路—中华路—黄家阙路—车站路—国货路—外马路—方浜路—肇周路而成的环状线路铺成，由此便形成了新的上海华商有轨电车 2 路。同时，华商 4 路有轨电车的运行路线也延长至南阳桥。此后，随着上海华商有轨电车的发展，截至 1936 年，其行驶路线长度已达到 23.24 km。

　　上海华商有轨电车的车库设置于当时上海的沪杭甬车站（即民国时期的上海南站）前的南车站路，对车辆的维护保养乃至于组装制造（当时的上海华商有轨电车具备一定的自行制造有轨电车拖车的能力）也都是在这里进行。在最初的时候，上海华商有轨电车使用的电力来自上海内地电灯公司旧有的发电厂。厂中配备有两台 100 kW 蒸汽发电机，此外还有一套蓄电池和一组璧西诗式辅助发电机（音译，原文称 Pirani-Siemens-Sehükert Systein）。平时起用两台蒸汽轮机发电，用蓄电池和辅助发电机平抑接触网的电压波动，而在蒸汽轮机故障时则以蓄电池和辅助发电机在短时间内应急驱动有轨电车，使其行驶至不妨碍交通处停妥等待电力恢复。后来，随着电车数量和其他用电负荷（主要是电灯）的增加，上海华商有轨电车又在南车站路设置了一座发电厂，并让该厂所发的电力专门供给有轨电车使用。

　　1937 年 8 月 13 日，"八·一三"事变爆发。当时上海市的华界范围内城市生产生活均被打乱，上海华商有轨电车也因此停运。其原本拥有的设备、接触网及钢轨等大多毁坏或流散，有轨电车车辆则分别为当时的北京有轨电车和天津有轨电车所得。自此，上海华商有轨电车宣告消失，并且最终未再复业，相关车辆也留在了北京有轨电车和天津有轨电车两处。

　　在上海华商有轨电车运营之初，使用的是 12 辆四轮机车，车号分布于 1 至 12；在 1918 年至 1919 年间，分别购入了 12 辆八轮机车和 12 辆四轮机车，前者的车号分布于 27 至 38，后者的车号分布于 39 至 50；第三次购车则是在 1923 年，当年购入了 6 辆四轮机车，车号分布于 21 至 26；最后一次购车是在 1933 年，这一年，上海华商电车分别购入了两批四轮机车，前者车号分布于 13 至 20，后者车号分布于 51 至 54。

　　此外，在 1913 年至 1935 年间，上海华商有轨电车还陆续制造了 27 辆拖车，这些拖车的车号分布于 55 至 81。

　　可以看到，虽然上海华商有轨电车使用车辆的车号为顺次排列，但其购入时间并不严格顺序，也无型号一说，只是各类车辆的特征在车辆的车号里产生了明显的聚集现象，即某一连续号段的车辆具备相同的特征。因此，这里不妨也按北京有轨电车的分型规则（见 2.3 节）予以分型。这样一来，车号分布于 13 至 17 的 5 辆车就可以被认为是同一型号。若以首辆车为型号名，则可称为上海华商有轨电车 13 型机车。这种有轨电车机车是上海华商电车为应对日益增长的客流而购入的大载客量有轨电车机车。虽然它是一种四轮机车，但其长度同比其他四轮机车来说明显更长（甚至几乎相当于八轮机车的长度），更有利于应对拥挤的局面。

与北京有轨电车使用的车辆类似，上海华商有轨电车同样采用了从国外购入车盘 / 转向架及电气部件，在国内制造车身并最终装拢的方式，具体到上海华商有轨电车 13 型机车来说，就是其车盘购自美国 J.G.Brill 公司，电气部件及控制器购自美国 GE 公司，车身则是由当时上海的远大铁工厂制造。为了与当时的上海法商有轨电车共线运行，上海华商有轨电车 13 型机车的规格与上海法商有轨电车机车有一定的相似之处。

3.7.2 上海华商有轨电车 13 型机车的主要技术数据

上海华商有轨电车 13 型机车为木制车体、单层车顶，车辆全长 9880 mm，宽 2000 mm，高 3200 mm，在不载客的情况下，包含车体和电气设备等的总质量为 10000 kg。这种有轨电车机车的车体端部完全敞开，仅在客室两端各设置一个用于乘降的带车顶的平台，控制器及制动手柄等直接安装于该平台上。平台在车辆的前进方向设有半人高的隔板和用于支撑车顶的两根立柱（立柱位于隔板两侧），隔板在中间偏上的位置安装有前照灯，前照灯下方为缓冲梁，缓冲梁下方则安装有排障器和挽车钩，因为平台上方的车顶有一定厚度（即幕板宽度很大），因此方向幕可以嵌入车顶端面的正中位置，方向幕两侧为后部标识灯。

平台两侧的登车踏板位置在刚出厂时不设任何防护设备。后来，出于安全考虑，全部 5 辆上海华商有轨电车 13 型机车在不晚于 1929 年 8 月之前均在登车踏板位置设置了铁栅门。延至北京有轨电车获得这 5 辆车时，车上的铁栅门依然保留。

客室位于车体中部。在这一区域，车体侧墙向下逐渐收窄。客室在两侧各有 9 扇车窗。车窗为两层式结构，两层车窗都可以手动打开。下层车窗在打开时窗扇可以向下滑入车体侧墙内部，而上层车窗则是向内翻转打开。上海华商有轨电车 13 型机车的客室有一等座和二等座的分别，且车体的一等座区域和二等座区域以隔板加以分隔，隔板会隔开座椅而不隔开过道，即两区域在物理上依旧保持连通，两个区域的乘客平时分别从各自一侧端部的平台乘降，不会串用。从面积上看，一等座区域和二等座区域的面积之比大致为 1 : 2，即一等座区域对应 3 扇车窗，而二等座区域对应 6 扇车窗。

总的来看，如果以字母 "V" 表示平台上的登车位置，以数字表示车窗数量，则上海华商有轨电车 13 型机车的门窗布局可以表示为 "V9V"。

上海华商有轨电车 13 型机车的车顶不设检修爬梯和检修走廊，在车顶两端各安装一个通风器，车顶中部则安装一根集电杆。集电杆末端为滑轮结构，可以抵住接触网滚动而获取电力。集电杆基部可以转动，因此可以按车辆运行方向的不同将集电杆调整到相应位置，保证车辆运行时集电杆始终指向车辆运行方向的反方向。

在车盘方面，上海华商有轨电车 13 型机车使用的是美国 J.G.Brill 公司的 Brill Radiax 型车盘。这是一种较为特殊的径向车盘，它的轴箱并非通过导框限制在车盘横梁上使轮对只能上下移动，而是通过设置一系列机械结构，让轮对可以配合弯道的弧度，相对于车盘横梁做一定角度的转动，使轮对与弯道的贴合更紧密。所以这种车盘很善于通过半径很小的弯道，采用了这种车盘的四轮机车在保证弯道通过能力的前提下也可以将轴距做得更长。于是上海华商有轨电车 13 型机车轴距达到了 3030 mm，车轮直径则为 770 mm（轮径在四轮机车中并不算很大）。Brill Radiax 型车盘的一系悬挂为圆弹簧，二系悬挂同时使用板簧和圆弹簧。

上海华商有轨电车 13 型机车装用的是美国 GE 公司生产的 B18G 型控制器，每辆车两端各安装一台，这种控制器具有 8 个速度挡位和 6 个电阻制动挡位。在车盘的两根车轴上则各安装有一台同样为美国 GE 公司生产的直流电动机，每台电动机的功率为 26.099 kW（35HP）。电动机通过安装于自身轴上的齿轮和安装于车轴上的齿轮互相啮合来传导牵引力，其传动齿轮比为 73：16。

除控制器自带的电阻制动之外，上海华商有轨电车 13 型机车仅装备一套手制动机，此外不再设任何其他制动方式。其驾驶员为站姿驾驶，驾驶位置在客室两侧的乘降用平台上，与客室自然隔开。

北京有轨电车与上海华商有轨电车同为 1000 mm 轨距、接触网供电的城市有轨电车系统，且电流制式基本一致，因此将后者的车辆投入前者的运营工作中所需的改动并不会很大。这对当时物资相对短缺、技术能力有限而又缺乏车辆的北京有轨电车来说，不失为一个缓解用车紧张的权宜之计。但是上海华商有轨电车 13 型机车的车体结构导致它的驾驶员是在完全敞开的环境下驾驶有轨电车的，这在晴朗天气尚可接受，可一旦遭遇雨雪天气，驾驶员的工作环境就会严重恶化。此外，北京有轨电车获得的这些上海华商有轨电车的车辆全都处于破损严重、部件缺失而完全无法运行的状态，具体到该型有轨电车机车的车况也自然谈不上乐观。因此对于北京有轨电车来说，驾驶员的工作环境差和车辆破损严重就成了这些四轮机车上最需要予以解决的两个问题。

3.7.3 上海华商有轨电车 13 型机车的抵京暨北京有轨电车 700 型机车的拼造

对于 1942 年的北京有轨电车而言，虽然此前已经陆续购入了 16 辆完整的有轨电车，并且自行拼造了 2 辆有轨电车机车和 6 辆有轨电车拖车，但北京有轨电车扩充的这些车辆还是无法跟上此时仍在快速增长的客运压力。在这种境地下，北京有轨电车不得不开始尽最大的努力四处搜罗具有投入运营可能性的车辆，于是已经停业并处于闲置状态的上海华商有轨电车便很快引起了北京有轨电车的注意。虽然这些有轨电车内部的电气部件多已破坏甚至尽数丢失，但此时车辆短缺而购车机会又不甚充裕的北京有轨电车也只能先勉强将其购入，再想办法尽量修复以抓紧充实运营车辆。于是经过多方交涉，最终北京有轨电车总计获得了包括有轨电车机车和拖车在内的总计 30 辆上海华商有轨电车车辆。

北京有轨电车购买这些有轨电车车辆的合同签订于 1942 年，包括 5 辆上海华商有轨电车 13 型机车在内的全数车辆则于 1943 年 1 月 27 日之前经由当时的华中运输公司陆续运抵北京电车修造厂。

此时的全部 5 辆上海华商有轨电车 13 型机车的控制器均处于缺失大量零件而无法使用的状态，且车内的其他电气部件和电缆导线等也大多遗失，完全无法开动。因此，北京电车修造厂对这些有轨电车展开的是一种同时具有修复和改装性质的拼造工作。

拼造工作首先致力于恢复这 5 辆有轨电车机车的控制器。具体来说，这些上海华商有轨电车 13 型机车中的第 13、14 和 15 号车控制器破损相对更重。因此，北京电车修造厂将厂内原本储存的用于其他有轨电车控制器的备用零件以及北京有轨电车 300 型机车改成拖车时拆下的相关零件，装进了这三辆车的控制器中。这一做法引入的其他规格的零件较多，改动幅度也相应更大，最终导致这三辆车的控制器在修复至可用状态之后，其结构与原本的 B18G 型控制器有了一定的出入（换句话来说，这三辆车的控制器呈现出一种"类 B18G 型控制器"的状态）。至于第 16 及 17 号车的控制器由于破损情况相对较轻，因此修复工作大体上依然基于原本控制器的结构展开，修复后的控制器结构也没有太大的变化，仍可以视为 B18G 型。

为了适应北京有轨电车的接触网构型，车顶上原本的集电杆被撤去，在相同位置改换成了一个英国 Dick Kerr 公司生产的 5 号弓形集电器（或仿制品），车内的电缆导线及其他缺失的电气部件等也在此过程中一并予以补齐（使用的同样为北京电车修造厂内的备用部件或是从北京有轨电车 300 型机车上拆下的部件），以构成完整电路。

上海华商有轨电车 13 型机车的车盘和电动机并没有受到致命破坏，因此只是略加修理维护之后便继续留用，但车盘上轮对的踏面有所加宽，因为上海华商有轨电车使用的钢轨规格与北京有轨电车不同，所以上海华商有轨电车 13 型机车的轮对踏面更窄，这对北京有轨电车的轨道并不适宜。

在车体结构方面，由于北京有轨电车在这一时期已取消座席等级，因此上海华商有轨电车 13 型机车原本用于区分一等座区域和二等座区域的隔板被拆除。并且拆除了约一半的座席，最终使其座席设置为 16 个，吊席设置为 34 个，立席设置为 20 个，额定载客人数增加为 70 人。

不过由于急于投入运营且天气尚暖的缘故，这次拼造工作暂时没有改动客室两侧完全敞开的乘降用平台和平台上的铁栅门，只是在前照灯左上方增设了为拖车内照明灯供电的插头，在前照灯右侧安装了用以悬挂水牌的挂钩，并修补了车体的破损部位。至于涂装方面，采取的自然也是同一时期北京有轨电车的统一涂装，即以车窗下沿为界，上部为米黄色，下部为深绿色，车顶为深灰色。

拼造工作在 1943 年 4 月至 6 月间陆续完成。在所有工作均实施妥当之后，北京有轨电车将上海华商有轨电车 13 型机车 13 号车改为 701 号车，14 号车改为 702 号车，15 号车改为 703 号车，16 号车改为 704 号车，17 号车改为 705 号车。自此，北京有轨电车 700 型机车正式出现并随即投入到北京有轨电车的运营工作中。

虽然上海华商有轨电车 13 型机车不论运营模式、轨距还是供电方式几乎都与北京有轨电车一致，但在北京获得这 5 辆有轨电车机车的时候，其车况明显不佳。而且囿于当时北京电车修造厂的技术条件、材料供应、工艺水平和工时等诸多限制，拼造完成的北京有轨电车 700 型机车在这一时期的各项性能只能称得上差强人意，处于在维护工作跟随开展的情况下能够支持使用的状态。

3.7.4　北京有轨电车 700 型机车的在京运用

北京有轨电车 700 型机车改装完成之后，最初也均投入当时北京的 3 路有轨电车运营（见 3.5.4 节，不过 1943 年时北京的 3 路有轨电车相比于 1940 年时可能有车站的增减）。这一时期，全部 5 辆车在收车后均停放于西直门内大街 61 号（马相胡同）的电车存车北厂中，并在这里做简单的维护保养工作，只有在需要大修时才会返回北京电车修造厂。

在投入运营的最初 3 到 5 个月内（视不同车辆改装完工日期不同），北京有轨电车 700 型机车的外观大体上还维持在上海华商有轨电车时期的敞开端部和铁栅门结构。但在 1943 年 9 月后，由于天气逐渐转冷，北京电车修造厂为全部 5 辆车的乘降用平台添设立柱并由此安装了三扇端面车窗，同时将原本的铁栅门改装为一个驾驶席侧窗和一个手动车门。自此以后，北京有轨电车 700 型机车的端面即彻底封闭并与客室在外观上融合为一体。如果以字母“D”表示车门，以数字表示车窗数量，则北京有轨电车 700 型机车的门窗布局自此变更为“1D9D1”。

1944 年，由于局势变化的影响，用于北京有轨电车开展维护保养工作的物资的供应趋于紧张，因失修而故障停用的车辆也相应地开始增多。在北京有轨电车调配尚可使用的车辆维持各条线路的运营不至彻底中断的过程中（当然这并不能在实质上阻止 1944 年后一些有轨电车线路因缺车而事实上停运），北京有轨电车 700 型机车也开始逐步分散于北京有轨电车的各条线路，并从此不再固定于某条线路上使用。

从本质上来说，北京有轨电车 700 型机车是由上海华商有轨电车的破损车辆经过修理恢复而成的，而且修复过程也并没有使用和原车型号规格完全一致的各种部件。因此，该型有轨电车机车虽然在修复后达到了可以投入运营的程度，但整体的技术状态依然不甚理想，相比于北京有轨电车的其他车辆要更依赖后续的维护保养工作。不过问题在于这一时期的北京有轨电车显然无力对其采取充分的维护保养手段。因此在 1944 年至 1945 年间，虽然距离北京有轨电车 700 型机车的投入运营仅仅过去了两年左右，但是这 5 辆有轨电车机车的车况发生了很大的恶化，而且很快就出现了因故障或部件损坏而脱离正常运营的情况。

这种车况的恶化在 1945 年还酿成了一起行车事故。这一年的 7 月 1 日上午 11 时左右，北京有轨电车 700 型机车 705 号车正在承担 1 路有轨电车的运营任务，在行至西四以北的石老娘胡同（即今天的西四北五条）东口时，由于部件老化破损，其行进方向相反一侧的控制器短路并起火。受到这一突发情况惊吓的乘客争相拥挤跳车逃生。这次事故最终造成乘客杨钟氏双膝盖错位，左臂手肘擦伤，乘客傅荣耀臀部和左臂手肘摔伤，二人均被当时车上的稽查员常志和张鸿建送医，705 号车也在发生事故后拖回厂内因材料缺乏无力修复而陷于停用。

1945 年 8 月，5 辆北京有轨电车 700 型机车已全部因不同程度的故障和损坏而无法运营，处于停用状态。由于车况实在不容乐观，在 1946 年北京有轨电车对所属车辆的大修工作中，这些有轨电车机车并未被列入修复对象，依然处于停用闲置的状态，也自然未获得大修后车辆通常会被赋予的命名。

由于北京有轨电车 700 型机车的来源为原上海华商有轨电车的车辆，在 1947 年 11 月 3 日，原上海华商电气公司的相关人员曾为恢复上海华商有轨电车的目的向北京有轨电车来函索要。但北京有轨电车认为这些有轨电车机车为购置而来，而且在修复过程中使用了北京有轨电车的大量部件，加上后期维护保养的部件更换，如今无法再明确区分车上哪些部分属于上海华商有轨电车、哪些部分属于北京有轨电车。北京有轨电车为应对日后城市客运需要，更不可能削减车辆的数量，因此予以拒绝。后来双方对这些车辆又有过一些拉扯来往，但这件事最终随着上海华商有轨电车的复业申请被拒绝而不了了之。

自此之后，从 1947 年年底至 1949 年年初，全部 5 辆北京有轨电车 700 型机车又在北京电车修造厂内以故障停用的状态闲置了约 1 年的时间。

1949 年 3 月中旬，北京电车修造厂开始在第一次"百辆车运动"中尝试修复北京有轨电车 700 型机车。但是，这项工作因同年 4 月 25 日北京电车修造厂发生的火灾而一度受挫。直至后续的第二次"百辆车运动"于 1949 年 10 月 25 日取得圆满成功之后，北京有轨电车 700 型机车才基本恢复成了可以开动并参与日常运营的状态。其涂装方案也在此过程中改为以车窗下沿为界，上部为米黄色，下部为椰褐色。由于这一时期北京有轨电车 700 型机车的电动机还是处于应急修复后即投入使用的状态，因此在 1951 年重做电动机绕组并彻底整修更换部件（见 5.3.3 节）之前，北京有轨电车 700 型机车的电动机故障率依然偏高。

由于北京有轨电车 700 型机车为木制车体，本身结构强度有限，而且经过战争破坏和拆改已趋于老化，因此在 1950 年到 1951 年间，出于改善车况、便于维护并延长使用寿命的考虑，北京有轨电车借车辆大修的时机，基于北京有轨电车 700 型机车的车盘和原有车体底架，为其重新制作了 5 个结构为木制立柱外包薄铁板的木骨铁皮制新车体。这项工作也导致 1951 年后北京有轨电车 700 型机车的外观发生了很大的变化。

新车体与北京有轨电车 100 型机车 61 至 66 号车的车体在 1950 年后（见

3.1.4 节）的结构、外观、门窗布局和涂装几乎完全一致，只是北京有轨电车700 型机车新车体端面三扇车窗的中间车窗要更宽，几乎呈正方形，而受此影响的左右两扇端面车窗则有所收窄。

自此开始，北京有轨电车700 型机车的门窗布局即变为"1D8D1"，而整车的长度和宽度分别增加为10080 mm 和2100 mm。其车内的吊席（拉环扶手）被取消，座席增加为30 个，立席增加为31 个，但额定载客人数因吊席的取消而降至61 人。

此外，虽然北京有轨电车700 型机车是一种四轮机车，但在1949 年后它们也和八轮机车一样，在运营时一律不加挂拖车。

全部5 辆北京有轨电车700 型机车中，除701 号车因为确实已经不堪修理而在不晚于1956 年之前停用报废之外，考虑到更换旧电气部件改善车况及尽可能统一各部件以便于管理的需求，剩余4 辆车在不晚于1958 年时已将车上原本使用的美国GE 公司生产的B18G 型控制器替换为北京电车修造厂生产的仿DB1-K4 型控制器，使其与北京有轨电车100 型机车电气部件的规格型号基本统一，但电动机依然维持原样仅做整修翻新处理，不过将齿轮比调整为81：18。

1959 年3 月9 日，北京内城有轨电车系统停运拆除之后，由于剩余的北京外城有轨电车系统只使用北京有轨电车五二式机车运营，因此全部4 辆车即转入停用封存状态，其车上尚可使用的部件，也开始被逐渐拆下，以供还在运营的车辆使用。

在1959 年至1962 年间，703 号车和704 号车相继解体消失，至1962 年时，剩余的702 号车和705 号车的电动机也已经被拆下而无法再开动，最终这两辆车在不晚于1966 年之前解体。自此，北京有轨电车700 型机车正式宣告消失，全部5 辆车未再以完整形态运营或存在过。

自1942 年运抵北京开始计算，至1959 年停用封存为止，北京有轨电车700 型机车在北京运行了17 年。

而自1933 年上海华商有轨电车13 型机车投入运营开始计算，至1962 年最后两辆北京有轨电车700 型机车以封存状态被目击为止，北京有轨电车700 型机车／上海华商有轨电车13 型机车总计存在29 年。

3.8 北京有轨电车706 型机车

北京有轨电车706 型机车是1942 年北京有轨电车获得的原上海华商有轨电

车 18 型机车。该型机车总计运抵北京 9 辆，但仅有 8 辆被修复并投入运营，其车号位于 706 至 713。

这种四轮机车也是北京有轨电车获得并投入使用的第二种属于原上海华商有轨电车的四轮机车。

3.8.1 上海华商有轨电车 18 型机车概述

上海华商有轨电车 18 型机车与上海有轨电车 13 型机车一样，均为上海华商电车于 1933 年购买的四轮机车，其轨距为 1000 mm，使用的是接触网提供的 550 V 直流电。在上海时，其车号位于 18 至 26。虽然上海华商有轨电车并未明确其型号名称，但考虑到它与上海华商有轨电车其他车辆的差异性，这里也不妨采用对北京有轨电车各车辆的分型方式（见 2.3 节），将其以首辆车的车号称呼为 18 型。上海华商有轨电车 18 型机车的车体外观与上海华商有轨电车 13 型机车大体类似，仅个别区域有所不同，并且也采取了与后者相同的制造手段，即从国外购入车盘、电动机及其他电气设备，在国内挑选厂家制造车体并最终装拢成一辆完整的有轨电车机车。

其控制器同样选择美国 GE 公司的产品，但电动机选择的是德国西门子公司生产的与上海华商有轨电车 13 型机车功率相同的电动机，因此在一些文件中也将其称为西门子式四轮机车。

上海华商有轨电车 18 型机车的车体为上海远大铁工厂制造。为了与当时上海的法商有轨电车共线运行，上海华商有轨电车 18 型机车的规格同样与法商有轨电车的四轮机车有一定的相似之处。

3.8.2 上海华商有轨电车 18 型机车的主要技术数据

上海华商有轨电车 18 型机车全长 9600 mm，宽 2000 mm，高 3200 mm，采用木制车体和单层车顶，在不载客的情况下，车体和电气设备等的总质量为 10000 kg。与上海华商有轨电车的其他四轮机车一样，上海华商有轨电车 18 型机车同样采用完全敞开的车体端部，即在客室两端设置乘降用的带车顶平台，控制器及制动手柄等直接安装于该平台上。平台在车辆的前进方向设有半人高的隔板和用于支撑车顶的两根立柱（立柱位于隔板两侧），隔板在中间偏上的位置安装有前照灯，前照灯下方为缓冲梁，缓冲梁下方则安装有排障器和挽车钩。

但与同一时期上海华商有轨电车的其他四轮机车不同的是，上海华商有轨电车 18 型机车车顶的流线型设计并不明显，所以其平台上方车顶的幕板宽度要更大一些。除了方向幕和一盏与方向幕同为矩形但小一些的顶灯相邻嵌入该位置，还有两盏后部标识灯分别安装于方向幕及顶灯上方左右两侧靠近边缘的位置。

在上海华商有轨电车 18 型机车的车顶两端各安装有一个通风器，车顶中部安装一根集电杆，除此之外，不设检修走廊和爬梯。集电杆末端为滑轮结构，可以抵住接触网滚动而获取电力，集电杆基部可以转动。因此，可以按车辆运行方向的不同将集电杆调整到相应位置，保证车辆运行时集电杆始终指向车辆运行方向的反方向。

刚出厂时，上海华商有轨电车 18 型机车乘降用平台两侧的登车踏板位置不设任何防护设备。后来，出于安全考虑，9 辆车同样在不晚于 1929 年 8 月之前在登车踏板位置设置了铁栅门。延至北京有轨电车获得这 9 辆车时，车上的铁栅门依然保留。

上海华商有轨电车 18 型机车的客室位于车体中部，这一区域的车体侧墙向下逐渐收窄，客室两侧各有 8 扇车窗，车窗为两层式结构，下层车窗在打开时窗扇可以向下滑入车体侧墙内部，上层车窗则可向内翻转打开。

与同一时期上海华商有轨电车的其他四轮机车一样，上海华商有轨电车 18 型机车的客室也有一等座和二等座的区别，车体的一等座区域和二等座区域以隔板加以分隔。隔板仅隔开座椅，使得两区域在物理上依旧保持连通，两个区域的乘客平时分别从各自一侧端部的平台乘降，不会串用。一等座区域和二等座区域的面积之比大致为 1∶2。如果将其与车窗对应起来，则一等座区域对应 3 扇车窗，二等座区域对应 5 扇车窗。

总的来看，如果以字母"V"表示平台上的登车位置，以数字表示车窗数量，则上海华商有轨电车 18 型机车的门窗布局可以表示为"V8V"。

上海华商有轨电车 18 型机车使用的是美国 J.G.Brill 公司的 Brill 21E 型车盘。车盘以两侧的边梁承载车体底架进而支撑整个车体，一系悬挂为圆弹簧，二系悬挂为板簧，轴距为 2200 mm，车轮直径为 780 mm。车盘的两根车轴上各安装有一台德国西门子公司生产的直流电动机，每台电动机的功率为 26.099 kW（35HP），电动机通过安装于自身轴上的齿轮和安装于车轴上的齿轮互相啮合来传导牵引力，其传动齿轮比为 93∶15。

在控制器方面，上海华商有轨电车 18 型机车使用的是美国 GE 公司生产的 B18G 型控制器，这种控制器具有 8 个速度挡位和 6 个电阻制动挡位。而除去控制器自带的电阻制动之外，车上用于制动的还有一套手制动机。驾驶员为站姿驾驶，驾驶位置在客室两侧的乘降用平台上，与客室自然隔开。

作为同属于上海华商有轨电车的车辆，上海华商有轨电车 18 型机车既有和北京有轨电车轨距一致、接触网直流供电且电压一致的适宜方面，也有端部敞开（驾驶环境差）、集电装置不同和轮对踏面窄等不适宜方面。而且上海华商有轨电车 18 型机车在运抵北京时和其他同一时期运抵的上海华商有轨电车车辆一样处于破损严重、部件缺失的状态。因此对北京有轨电车而言，获得这些有轨电车机车之后，除了需要解决上述那些不适宜北京有轨电车运营环境的问题，也需要解决驾驶员工作环境差和车况不佳这两个问题。

3.8.3　上海华商有轨电车 18 型机车的抵京暨北京有轨电车 706 型机车的拼造

1942 年，为缓解日益增加的乘客数量对本就数量不足的有轨电车车辆造成的客运压力，在订购新车或购买现成车辆的机会难以寻获，而自行拼造车辆的工程又碍于材料与各种部件的短缺而无法大量实行的局面下，经过多方联络与交涉，最终北京有轨电车得以购入了一批闲置的上海华商有轨电车车辆，其中就包括 9 辆上海华商有轨电车 18 型机车。虽然这些车辆当时普遍损坏严重，丢失了很多电气部件以至于无法开动，但是迫于难以购车的无奈，北京有轨电车还是在 1942 年签订了相应的购车合同。

等到这些车辆在不晚于 1943 年 1 月 27 日前经由当时的华中运输公司陆续运抵北京电车修造厂之后，将其修复并使其适应在北京有轨电车使用环境下运营的工程即宣告开始。值得注意的是，由于涉及车体结构的变动和大量缺失部件的补全，因此北京电车修造厂展开的不是一种修复性质的工程，而是一种拼造性质的工程。

为了尽快将这些四轮机车投入运营，加之当时北京电车修造厂可用于车体改装的材料并不充裕，因此针对上海华商有轨电车 18 型机车的拼造工作暂时没有改动客室两侧完全敞开的乘降用平台和平台上的铁栅门，仅简单修补了车体的破损部位，补齐了电缆、导线和一些电气部件。考虑到除 26 号车缺失半个电动机外壳和一个电枢以外，其他 8 辆车电动机的损坏状况较轻，因此北京电车修造厂在暂时搁置 26 号车的同时留用了这 8 辆车原本的电动机，仅做了一些简单的修理。同样，由于这些上海华商有轨电车 18 型机车的 B18G 型控制器相比同时期购入的其他车来说没有什么致命损坏或严重的部件缺失，经过修理还是可以使用的，因此原本的控制器也在设法修复之后继续留用。

接下来，原本位于车顶的集电杆被撤去，在相同位置改换成了一个英国 Dick Kerr 公司生产的 5 号弓形集电器（或仿制品）以适应北京有轨电车的接触网，同时原本车盘上的轮对踏面也被加宽，用以匹配北京有轨电车的轨道系统。

1943 年时，北京有轨电车早已不设座位等级，因此车内原本分隔一等座区域和二等座区域的隔板被拆除，二者的座位差别同时取消。同时车内的一半座席也被一并拆除，最终使得车内的座席数量为 16 个，吊席（拉环扶手）数量为 30 个，立席数量为 16 个，由此载客人数便确定为 62 人。

涂装方面采取的是同一时期北京有轨电车的统一涂装，即以车窗下沿为界，上部为米黄色，下部为深绿色，车顶为深灰色。

相关的拼造工作在 1943 年 1 月至 9 月间陆续完成，并最终在不晚于 9 月 16 日之前全部结束。在这一过程中，北京有轨电车将上海华商有轨电车 18 型机车 18 号车改为 706 号车，19 号车改为 707 号车，20 号车改为 708 号车，21 号车改为 709 号车，22 号车改为 710 号车，23 号车改为 711 号车，24 号车改为 712 号车，25 号车改为 713 号车。至于 26 号车，北京电车修造厂在一开始曾考虑将其修复并一度给予过 714 号车的车号，但后来发现这辆车的电动机以当时厂内的条件实在无力修复，最终 26 号车被放弃并解体，车号 714 也一并取消。

自此，北京有轨电车 706 型机车正式出现并投入了北京有轨电车的运营工作中。不过需要指出的是，由于上海华商有轨电车 18 型机车在运抵时本身就带有不同程度的损坏，加之当时的北京电车修造厂为了尽快将其投入运营，在材料不易购得的情况下，进行了一些因陋就简甚至应付性质的施工，所以这 8 辆四轮机车即使再度得以开动并投入运营，其车况仍谈不上理想，也比北京有轨电车的旧有车辆更依赖维护保养。

3.8.4 北京有轨电车 706 型机车的在京运用

作为一种四轮机车，北京有轨电车 706 型机车与其他四轮机车一样，采用视线路客流情况分配于北京全城各条有轨电车线路中的方式，并在有需要时加挂拖车以扩充单车的运输能力（但加挂的拖车与之不构成固定搭配关系）。

1943 年 9 月以后，北京地区天气逐渐转冷，但北京有轨电车 706 型机车的乘降用平台仍然维持敞开状态，这使得驾驶员在这一型四轮机车上的工作环境趋于恶化。为此，北京电车修造厂开始逐步为其加装端面车窗和车门，其中端面车窗以乘降用平台原本的隔板为基础添设而成，为三扇单层车窗；加装的车门为手动木门，原有的铁栅门则被拆除。考虑到上海有轨电车 706 型机车的乘降用平台相对来说不宽敞，因此这种四轮机车在改装过程中并没有像北京有轨电车 700 型机车一样用缩减车门宽度的方式腾出驾驶席侧窗。

经此改装之后，北京有轨电车 706 型机车的门窗布局即变为"D8D"。

在投入运营之后的约 1 年时间里，由于局势变化的影响，北京有轨电车逐渐出现了因材料缺乏导致的车辆维护保养困难的问题。在这种情况下，相比其他型号的车辆更依赖维护保养的北京有轨电车 700 型、706 型和 800 型机车也很快出现了大量因故障停运的情况。延至 1945 年 8 月时，8 辆北京有轨电车 706 型机车已全部因故障和损坏而处于停运状态。

因为从一开始北京有轨电车 706 型机车就是以车况相对不理想的状态投入运营的，所以想要将其全部修复自然是一件需要投入更多成本和工时的事情。而对于 1945 年下半年至 1946 年间的北京有轨电车来说，如此程度的开销一时间是难以承担的。其结果就是在 1945 年 12 月至 1946 年 9 月北京有轨电车对所属车辆开展大修期间，这 8 辆车并未被列入修复对象，依然处于停用状态，也自然未获得大修后车辆通常会获得的命名。

不过即使如此，在 1947 年 11 月 3 日，原上海华商电气公司的相关人员为恢复上海华商有轨电车而向北京有轨电车来函索要包括北京有轨电车 706 型机车在内的原上海华商有轨电车车辆时，北京有轨电车仍然明确地予以拒绝。理由是从资产和车辆的角度看，北京有轨电车曾确实出资购买了这些车辆（因此不能无偿归还），且在维修过程中大量使用了北京电车修造厂自身购置或保有的部件，因此这些车已经不能单纯地看作是原上海华商有轨电车的车辆。而从运营的角度来看，北京有轨电车在 1946 年虽然有所恢复，但是总体上仍然处于车辆不足的状态，所以更不能再平白无故减少车辆的保有数。后来双方对这些车辆又有过一些拉扯来往，不过这件事最终随着上海华商有轨电车的复业申请被拒绝而不了了之。

在此之后，为尽量再增加一些可以投入运营的有轨电车来缓解运输能力不足的窘况，北京电车修造厂一度将 706、709 和 710 号车等用其他车辆拆换下但尚可使用的旧料和旧部件修复至可用状态勉强投入运营。然而由于同一时期多种不利因素的共同干扰，至 1948 年年底时，北京有轨电车的运营工作已经处于几乎中断的状态，这些北京有轨电车 706 型机车也再度陷入停用。

1949 年 2 月后，北京电车修造厂开始着手修复损坏的有轨电车以恢复城市运营，北京有轨电车 706 型机车也自然在列。但由于该型有轨电车机车的车况本身即不甚理想，加上同年 4 月 25 日北京电车修造厂火灾的干扰，虽然经过努力修复之后得以恢复运营，其电动机的故障率在 1951 年之前同比其他有轨电车机车仍然偏高。1951 年后，随着北京电车修造厂为北京有轨电车 706 型机车重做电动机绕组并彻底整修及更换了部件，这一问题才终于得以妥善解决。然而较为可惜的是，在这一过程中，北京有轨电车 706 型机车第 713 号车由于自身损坏较重和火灾影响已经实在不堪修理，最终只得报废解体，相应的车籍也在不晚于 1954 年时撤销。

在修复过程中，考虑到北京有轨电车 706 型机车本身的木制车体结构强度有限而且损坏已经较为严重，因此北京电车修造厂基于该型有轨电车机车原本的车盘和电气设备，为其重新制作了木制立柱外包薄铁板的木骨铁皮制新车体和至少一个（用于 706 号车）半钢制车体，这项工作也导致北京有轨电车 706 型机车后来的外观发生了很大的变化。

这两种车体之中，简易半钢制车体的结构与北京有轨电车 100 型机车 61—66 号车的车体在 1950 年后（见 3.1.4 节）的结构、外观、门窗布局和涂装几乎完全一致，只是北京有轨电车 706 型机车车体端面三扇车窗的中间车窗要更宽，几乎呈正方形。

而北京有轨电车 706 型机车采用的半钢制车体的结构则与北京有轨电车 100 型机车在 1950 年至 1951 年专门装成的一个半钢制车体结构相同（同样见 3.1.4 节）。这个车体相比于北京有轨电车 100 型机车原本的车体封堵了上层车窗，进而在这一区域形成了幕板，并将车门改为内嵌单扇手动拉门。

经过这次车体重制之后，北京有轨电车 706 型机车的门窗布局变为"1D8D1"，涂装变为以车窗下沿为界，上部涂刷米黄色，下部涂刷椰褐色。不过外形尺寸并没有发生什么变化，仅宽度由原来的 2000 mm 增加为 2100 mm。

在电动机和电气设备方面，北京有轨电车 706 型机车在修复完成投入运营之初仍然使用的是原本的 26.099 kW（35HP）电动机和相应的电气设备，不过北京电车修造厂重做了电动机的绕组以提升电动机的耐用性，并将传动齿轮比调整为 83：16。而且在此后的运营过程中，北京有轨电车 706 型机车也一直都是处于单机运行而不加挂拖车的状态。

　　到 1956 年之后，为了便于维修管理及进一步改善车况，北京有轨电车 706 型机车上原本使用的美国 GE 公司生产的 B18G 型控制器被替换为北京电车修造厂生产的仿 DB1–K4 型控制器，使其与北京有轨电车 100 型机车电气部件的规格型号实现了基本统一。但是需要注意的是，此时北京有轨电车 706 型机车的电动机除上文提到的重做了绕组之外，大体还在继续沿用原本的 26.099 kW 电动机，不过将齿轮比调整为 93 : 16。

　　随着 1959 年 3 月 9 日北京内城有轨电车系统停运拆除，最后的 7 辆北京有轨电车 700 型机车也因此停用封存（剩余的外城有轨电车系统仅使用北京有轨电车五二式机车运营）。在封存之后，这 7 辆车上的可用部件被逐步拆下并装用于还在运行的有轨电车机车上，而拆空的车体也逐步报废解体。截至 1962 年统计北京有轨电车的封存情况时，北京有轨电车 706 型机车仅剩 709 号车尚在，而且该车的电动机也已经被拆走而无法开动。709 号车最终在不晚于 1966 年以前解体。自此，北京有轨电车 706 型机车正式宣告消失，且至今不再有任何遗存。

　　自 1942 年运抵北京开始计算，至 1959 年停用封存为止，北京有轨电车 706 型机车在北京运行了 17 年。

　　而自 1933 年上海华商有轨电车 13 型机车投入运营开始计算，至 1962 年 709 号车以封存状态被目击为止，北京有轨电车 706 型机车 / 上海华商有轨电车 18 型机车总计存在 29 年。

3.9　北京有轨电车 800 型机车

　　北京有轨电车 800 型机车是 1942 年北京有轨电车获得的原上海华商有轨电车 27 型机车。该型机车总计运抵北京 5 辆，其中完成修复并投入运营的有 4 辆，车号位于 801 至 804。这种八轮机车也是北京有轨电车获得的上海华商有轨电车机车中唯一的一种八轮机车。

3.9.1　上海华商有轨电车 27 型机车概述

　　1917 年 11 月间，连接老西门和高昌庙的上海华商有轨电车 4 路的轨道已然大体铺筑成形，很快就可以通车，而作为一条新修成的线路，自然也需要添设与之对应的有轨电车机车来投入日后的运营工作。在这种情况下，上海华商有轨电车便于同年向美国的通用电气公司（General Electric Company）购置了 6 辆份的八轮机车转向架、制动机和电气部件，包括控制器、调速电阻、断路器和集电器等。与此同时，上海华商有轨电车还委托了当时的上海求新制造厂生产这些八轮机车的车身，并在随后将前面提到的转向架和电气部件与之一并装拢成完整的八轮机车。为了能够让这些八轮机车与新线路的通车相配合，上海华商有轨电车甚至因此在 1918 年购买的部件运抵上海之后便先行赶造了两辆。

最终这 6 辆车于 1918 年至 1919 年间全部完工并投入运营，后来其车号位于 27 至 32，因此可以称之为上海华商有轨电车 27 型机车。这种有轨电车机车的轨距为上海华商有轨电车通用的 1000 mm，使用 550 V 直流电，也是上海华商有轨电车获得并使用的第一种八轮机车。

由于工期、设计、备料及其他相关原因，上海华商有轨电车 27 型机车在不同车辆之间有一些外观上的差异。不过整体来看，这些车辆的关键尺寸大体相同，使用的电气部件型号也基本一致，因此仍然可以认为是同一个型号。

3.9.2 上海华商有轨电车 27 型机车的主要技术数据

考虑到上海华商有轨电车 27 型机车不同车辆之间的差异性，这里仅详细介绍北京有轨电车最终获得并投入运营的车辆，即第 27、28、29 和 30 号车的情况。

这 4 辆上海华商有轨电车 27 型机车的车辆全长为 10800 mm，宽 2000 mm，高 3200 mm，车体为半钢制结构，采用单层车顶。在不载客的情况下，车体和电气设备等的总质量为 13000 kg。

与同一时期上海华商有轨电车的其他机车一样，上海华商有轨电车 27 型机车采用敞开式的车体端部，也就是在封闭的客室两端设置乘降用的带车顶平台，控制器及制动手柄等安装于该平台上。平台在车辆的前进方向设有半人高的隔板和用于支撑车顶的两根立柱（立柱位于隔板两侧），隔板在中间偏上的位置安装有前照灯，前照灯下方为缓冲梁，缓冲梁下方则安装有排障器和挽车钩（不过这种八轮机车通常不加挂拖车），平台的登车梯在一开始不设任何防护措施。后来为确保安全，所有的上海华商有轨电车 27 型机车均在不晚于 1929 年 8 月时装设了铁栅门。

至于平台上方车顶的结构则有两种样式：27 号车和 28 号车此处的车顶没有幕板，这使得此处车顶整体较薄，方向幕以类似灯箱的形式安装于车顶上面；29 号车和 30 号车在此处的车顶则安装有类似于上海华商有轨电车 18 型机车（见 3.8.2 节）的较宽幕板，这显得此处车顶整体较厚，方向幕和一盏与方向幕同为矩形但小一些的顶灯相邻嵌在端面的幕板上，同时两盏后部标识灯分别安装于方向幕及顶灯上方左右两侧靠近边缘的位置。这也是这 4 辆车互相之间在外观上最大的差异。

上海华商有轨电车 27 型机车的车顶两端各安装有一个通风器，车顶中部安装一根集电杆，不设检修走廊，车体侧面也不设置通往车顶的爬梯。集电杆末端为滑轮结构，可以抵住接触网滚动而获取电力，基部则可以转动，因此能按车辆运行方向的不同将集电杆调整到相应位置，保证车辆运行时集电杆始终指向车辆运行方向的反方向。

客室的车体侧墙向下逐渐收窄，在客室两侧各有 9 扇车窗。车窗为两层式结构，下层车窗在打开时窗扇可以向下滑入车体侧墙内部，上层车窗可向内翻转打开。客室内部分为一等座区域和二等座区域，二者的座椅以隔板分隔，不过空间上仍连通，两个区域的乘客平时分别从各自一侧端部的平台乘降，不会串用。一等座区域与二等座区域的面积比为 1∶2，对应在车体上就是一等座区域对应 3 扇车窗，二等座区域对应 6 扇车窗。

总的来看，如果以字母"V"表示平台上的登车位置，以数字表示车窗数量，则上海华商有轨电车 27 型机车的门窗布局可以表示为"V9V"。

上海华商有轨电车 27 型机车的车下安装有两台美国 J.G.Brill 公司的 Brill 39E2 型二轴转向架，一系悬挂为圆弹簧，二系悬挂为板簧，摇枕通过心盘和中心销与车体连接。这种转向架采用了一种偏心式结构，即转向架上的两个轮对直径是不一致的，直径较小的轮对靠近车体端部，便于降低乘降平台离地高度；直径较大的轮对靠近车体中部，用于提供牵引力。这一型八轮机车使用的 Brill 39E 型转向架固定轴距为 1500 mm，大轮直径为 863.6 mm（34 英寸），小轮直径为 584.2 mm（23 英寸）。每台转向架的大轮的轴上安装有一台美国 GE 公司生产的直流电动机，电动机的功率为 26.099 kW（35HP），电动机通过安装于自身轴上的齿轮和安装于车轴上的齿轮互相啮合来传导牵引力，其传动齿轮比为 73∶16。

控制器使用的是美国 GE 公司生产的 B18G 型，这种控制器具有 8 个速度挡位和 6 个电阻制动挡位。除去控制器自带的电阻制动之外，车上用于制动的主要是一套手制动机。驾驶员为站姿驾驶，驾驶位置在客室两侧的乘降用平台上，与客室自然隔开。

除此之外，为了防止运营过程中有杂物或人员意外卷入车下，上海华商有轨电车 27 型机车在车体下部还设有防护用的金属丝网。

总的来看，上海华商有轨电车 27 型机车和北京有轨电车各车辆的轨距、供电方式和电流制式一致，电压基本接近。但是集电装置不同，轮对踏面更窄一些。由于端部敞开，驾驶环境差，无法适应北京地区的气候，加之上海华商有轨电车 27 型机车在运抵北京时破损严重，大量部件缺失，根本无法开动，因此对北京有轨电车而言，整理修复这 4 辆八轮机车并使其投入运营必然会成为一件相对困难的事情。

3.9.3 上海华商有轨电车 27 型机车抵京暨北京有轨电车 800 型机车的拼造

在北京有轨电车为扩充运输能力而购入的上海华商有轨电车中，上海华商有轨电车 27 型机车是仅有的一种八轮机车，其运输能力也相对更强。所以北京有轨电车在已经知晓这些车辆破损严重的前提下，依然对其给予了更多的注意力，并且决定先行整理修复这 4 辆车。

北京有轨电车购买这些有轨电车车辆的合同签订于 1942 年，包括这 4 辆上海华商有轨电车 27 型机车在内的全数车辆则于 1943 年 1 月 27 日之前经由当时的华中运输公司陆续运抵北京电车修造厂。

从该型八轮机车出厂投入北京有轨电车运营之后的状态来看，北京有轨电车实际上对上海华商有轨电车采取了一系列和重新拼造无异的工程，因为一是车辆的损坏状况实在严重，二是原本的车辆还有一些不适用于北京有轨电车轨道及供电系统的地方。

相关工程首先是将车顶的集电杆被撤去，在相同位置改换成了一个英国 Dick Kerr 公司生产的 5 号弓形集电器（或仿制品），然后将车内的电缆导线及除控制器以外其他缺失的电气部件等一并予以补齐。至于控制器，由于这 4 辆车原本的控制器在运到时已经处于彻底失去功能的状态，而北京电车修造厂一时也没有将其修复的能力。因此，后者将厂内存放的北京有轨电车 300 型机车在改成拖车时拆下的控制器及北京有轨电车 500 型机车备用的控制器，安装在这 4 辆上海华商有轨电车 27 型机车上，这使得该型八轮机车虽然只有 4 辆，但是使用了 3 种型号的控制器，即日本三菱生产的 KR-8 型、英国 Dick Kerr 公司生产的 DB1-G 型（这两种来自北京有轨电车 300 型机车）和日本日立制作所生产的 DR 型 C-44 式（这种来自北京有轨电车 500 型机车）。

为适应北京有轨电车的轨道系统，北京电车修造厂加宽了上海华商有轨电车 27 型机车的轮对踏面，而转向架本身，以及牵引电动机由于受损情况不严重，于是只经过简单修理之后继续在车上留用。

考虑到上海华商有轨电车使用的端部敞开式设计并不适合北京有轨电车的运营环境，因此北京电车修造厂在上海华商有轨电车 27 型机车的乘降平台上增设了角柱并予以封闭化改装，原本登车梯位置的铁栅门改为手动木门，同时将登车梯的宽度缩窄，用一部分原登车梯占用的空间挤出了一扇驾驶席侧窗。由于这 4 辆车平台上方的车顶有一些结构上的差异，因此端面的改装方式也相应地有两种。

（1）对于 27 号车和 28 号车，由于这两辆车没有幕板，因此北京电车修造厂基于乘降平台原有的隔板为其安装了三扇上小下大的两层式端面车窗。这三扇车窗的下层窗可以向下手动打开，而上层窗无法打开，整体结构与北京有轨电车 100 型机车的端面车窗较为相似。

（2）对于 29 号车和 30 号车，由于这两辆车安装了具有一定厚度的幕板，因此北京电车修造厂在其端面安装的是基于乘降平台原有隔板的三扇单层车窗。这三扇车窗都可以向下手动打开，整体结构与北京有轨电车 700 型和 706 型机车的端面车窗较为相似。

当然，如果以字母"D"表示车门，以数字表示车窗数量，则这些八轮机车经过改装之后的门窗布局也就变成了"1D9D1"。

由于北京有轨电车早已取消了座位等级的划分，因此车内用于分隔一等座区域和二等座区域的隔板随之拆除。另外，为了腾出空间装载更多的乘客，原本客室内的座椅被拆除了一半，这使得整辆车的座席最终设置为 18 个，吊席（拉环扶手）设置为 40 个，立席设置为 24 个，载客人数也因此被确定为 82 人。

北京电车修造厂还在这 4 辆八轮机车的端面安装了悬挂水牌的挂钩。由于北京有轨电车的八轮机车并不会加挂拖车运营，不必向拖车供电，因此并没有在端面装设插头。

涂装方面采用的是同一时期北京有轨电车的统一涂装，即以车窗下沿为界，上部为米黄色，下部为深绿色，车顶为深灰色。

在拼造工作完成之后，北京有轨电车将原上海华商有轨电车 27 型机车 27 号车改为 801 号车，28 号车改为 802 号车，29 号车改为 803 号车，30 号车改为 804 号车，自此之后，北京有轨电车 800 型机车正式宣告出现。

整体来看，相比于同一时期购入的其他上海华商有轨电车车辆，北京有轨电车对上海华商有轨电车 27 型 / 北京有轨电车 800 型这种八轮机车的重视程度明显更高一些。但是在拼造过程中因为各种条件限制，因陋就简的成分依然很大，加之该型八轮机车原本的车况也算不上理想，所以在投入运营之后，北京有轨电车 800 型机车的表现只达到了尚可接受的程度。

3.9.4 北京有轨电车 800 型机车的在京运用

北京有轨电车 800 型机车 801 至 804 号车在 1943 年 2 月至 5 月间分别完工出厂（每月一辆）并投入运营，但是在 801 号车和 802 号车完工试车的时候，负责试车的驾驶员即反映这种八轮机车制动机手感发硬，如果不使用"电闸"（即控制器自带的电阻制动挡位，通常只作为紧急制动用），则无法在预定位置准确停住。后经过分析发现，北京有轨电车 800 型机车使用的手制动机制动力不足，无法在和北京有轨电车 100 型机车一样的较短制动距离内将车辆彻底停住。但北京电车修造厂一时间也无法找到改进方案或是换装制动力更强的制动机，因此只能告知驾驶员在驾驶该型八轮机车时注意提前断开电动机电源开始制动。

和其他八轮机车一样，北京有轨电车 800 型机车也配属于当时的 3 路有轨电车。在运营过程中，由于该型八轮机车制动机的缺陷，很多驾驶员为缩短制动距离，并未遵循提前断电的要求，而是继续同时使用手制动机和电阻制动，更有甚者选择在不彻底解除制动的情况下抱闸行车。这导致北京有轨电车 800 型机车的电动机绕组和调速电阻往往因此大量发热或是出现过电流（这会严重折损电动机和调速电阻的技术状况和使用寿命）。加之这种八轮机车在拼造修复的时候掺杂使用了很多种规格型号的部件，而且部件新旧不一，质量参差不齐，不仅使得维护保养的难度相对更高，而且部件之间有时也不甚协调。因此在使用过程中，北京有轨电车 800 型机车的故障率一直明显偏高。

同一时期，即 1943 年以后，随着局势的变化，北京有轨电车用于车辆维护保养的材料的供应也出现了问题。这使得相当依赖维护保养的北京有轨电车 800 型机车的车况更加趋于恶化，全部 4 辆车也逐步由于部件损坏且无法维修而停用。最终在 1945 年 8 月，北京有轨电车 800 型机车彻底处于无法运行的状态，并搁置于北京电车修造厂内。

由于车况实在不堪修理，北京电车修造厂在 1945 年 12 月至 1946 年 9 月间对有轨电车开展大修工作时，北京有轨电车 800 型机车并未列入修复对象。虽然此时这种八轮机车在名义上仍在北京有轨电车的运营序列中，但是实际上几乎已处于报废状态。

1947 年 11 月 3 日，原上海华商电气公司的相关人员曾为恢复上海华商有轨电车的目的向北京有轨电车来函索要原属于上海华商有轨电车的车辆。此时虽然北京有轨电车 800 型机车已经无法运行，但北京有轨电车仍以修复过程中采用了大量北京有轨电车购买的部件及日后为应对城市客运的增长不可能减少有轨电车车辆的理由予以拒绝，此事后来也随着上海华商有轨电车的复业申请被拒绝而不了了之。

此后，北京有轨电车 800 型机车继续以几乎报废的状态搁置在北京电车修造厂内，至 1949 年北京有轨电车开展"百辆车运动"修复各型损坏车辆时，也未被列入修复对象。这时北京有轨电车在统计运营车辆时已经不再计入这 4 辆八轮机车，因此北京有轨电车 800 型机车也就此在事实和名义上彻底报废消失。

值得一提的是，北京电车修造厂在 1952 年制造出 10 辆北京有轨电车仿 100 型机车时，曾经短暂地再度启用"800"这一号段来安置这 10 辆四轮机车。但是很快（不晚于 1953 年）这些四轮机车就被重新划回了北京有轨电车 100 型机车的号段。自此之后，北京有轨电车直至 1966 年彻底停止运营也再未启用"800 型"这一型号名。

自 1942 年运抵北京开始计算，至 1945 年停用搁置为止，北京有轨电车 800 型机车在北京总计运行了 3 年。

3.10　北京有轨电车仿 100 型机车

北京有轨电车仿 100 型机车是北京有轨电车比照旧有的 100 型机车在 1950 年后的状态，于 1951 年至 1952 年仿制而成的一种四轮机车，总计有 23 辆，其车号理论上分布于 67 至 89。后来一些车号较为靠前的北京有轨电车 100 型机车因损坏和老化而停用消失，为填补这些较小车号的空缺，北京有轨电车仿 100 型机车在运营过程中产生了一些车号移动或顶替。加之北京有轨电车 101 型机车在 1955 年后被并入北京有轨电车 100 型机车的序列，成为第 86 号和第 87 号车，导致 1959 年北京有轨电车 100 型机车停用时，其最大车号仅为 85。

3.10.1　北京有轨电车仿 100 型机车的仿制缘由

在整个 1949 年至 1950 年间，北京有轨电车一直都在忙于恢复运营和整修因此前的故障和北京电车修造厂火灾而损坏的有轨电车。到了 1951 年之后，北京电车修造厂终于将损坏车辆基本整修完毕，但很快发现，即使修复了很多之前损坏的车辆并将其投入运营，客流量增长和车辆短缺的矛盾仍然没能得到很好的解决。

这在很大程度上与当时北京的环境背景有关。自 1949 年后，北京开始了一系列的城市建设工作并很快进入了高速发展的状态，其城区面积明显扩张，各类机关部门与生产生活单位也纷纷出现，这些行动必然导致北京出现了人口的大量涌入和城市交通需求的不断增长。可是在这一时期，北京有轨电车能够调动的仍然只是 1924 年前后购置，以及 1939 年至 1943 年间断断续续购入的有轨电车。在 1951 年时，10 辆北京有轨电车 300 型机车（1940 年后改为拖车）和 4 辆北京有轨电车 800 型机车均已因为破损老化严重以致不堪使用而停用报废，因此这一时期北京有轨电车拥有的车辆数目反而减少了一些。

在这种情况下，考虑到当时的经济状况和国内外局势也不太可能允许北京有轨电车直接从别处购买车辆，因此北京电车修造厂决定自行制造一些有轨电车机车以满足运营的需要。

北京有轨电车在此之前的确有过拼造有轨电车机车的经历（如在 1941 年时拼造北京有轨电车 101 型机车）和经验，但从部件开始制造有轨电车还是第一次。因此北京电车修造厂最终还是选择了从仿制现有有轨电车机车开始，而仿制的对象也就自然选定为当时数量最多、驾驶员最熟悉的北京有轨电车 100 型机车。

在决定仿制北京有轨电车 100 型机车时，北京电车修造厂处于一无图纸，二缺材料与工具的不利局面。因此仿制工作先通过逆向测绘当时的北京有轨电车 100 型机车获得车体及各部件的结构尺寸，然后调动当时的一切可用材料，并自制相关的专门工具等，完成仿制车的制造。在这个过程中，北京电车修造厂还主动摸索出了一些制造工艺及方法，特别是在制造电动机外壳时自行摸索的球墨铸铁技术，不仅为仿制北京有轨电车 100 型机车扫清了一大障碍，也为日后北京电车修造厂设计制造北京有轨电车五二式机车提供了电动机外壳的制造工艺。

全部 23 辆北京有轨电车仿 100 型机车总计分两批制造，1951 年的第一批有 13 辆，1952 年的第二批有 10 辆。1951 年仿制的第一批车的车号基于北京有轨电车 100 型机车的车号顺排而成，1952 年仿制的第二批车则在完工的同一年一度短暂重启了 800 这个号段，并将车号定在 801 至 810，但很快这 10 辆车的车号就又被改回为北京有轨电车 100 型机车的号段，并顺排在第一批车的车号后面。

3.10.2 北京有轨电车仿 100 型机车的主要技术数据

仿制的北京有轨电车 100 型机车全长 9420 mm，宽 2100 mm，高 3170 mm，在不载客的情况下，包含车体与电气设备等的总质量为 10800 kg。这些仿制车均采用单层车顶，涂装方案也与同一时期的北京有轨电车 100 型机车保持一致。但由于备料和批次的差异，仿制车的车体有两种样式：一种是木制立柱外包薄铁板的木骨铁皮制车体；一种是钢制侧墙的半钢制车体。

承载车体的是一个仿 Brill 21E 型车盘，车盘以两侧的边梁承载车体底架进而支撑整个车体，一系悬挂为圆弹簧，二系悬挂为板簧和圆弹簧共同承担。车盘轴距为 2591 mm，车轮直径为 900 mm，车盘的两根车轴上各安装有一台功率为 22.371 kW（30HP）的仿 DK29 型直流电动机，因而整车的总功率为 44.742 kW（60HP）。每台电动机通过安装于自身轴上的齿轮和安装于车轴上的齿轮互相啮合来传导牵引力，它们的传动齿轮比为 83∶15，安装位置为车轴靠近车体中心线的一侧。

控制器采用的是北京电车修造厂生产的仿 DB1-K4 型，每辆车在两端各安装一台，驾驶员为站姿驾驶。仿制而成的控制器同样有 8 个速度挡位和 7 个电阻制动挡位，即支持电阻制动，不过通常情况下的制动是由一套手制动机实现的。其他的各电气部件也是由北京电车修造厂模仿北京有轨电车 100 型机车的对应部件而制造成的。

与同一时期的北京有轨电车 100 型机车一样，北京有轨电车仿 100 型机车设纵向布置的座席 30 个、立席 31 个，额定载客数 61 人。

至于北京有轨电车仿 100 型机车的车体，使用木骨铁皮制结构的经过细分还可以分为两种。第一种车体样式与北京有轨电车 100 型机车 1 至 60 号车在 1949 年后车体的样式相同。在这种车体的端面，安装了三扇封堵上层窗、仅余下层窗而成的"单层车窗"。每扇车窗均可手动向下打开，打开后车窗可滑入下方车体内部的对应容纳空间。为保证驾驶员视野，在端面的三扇车窗中，中间车窗要比两侧车窗略宽。车体两端各有一个内嵌式单扇手动拉门，打开时门扇可滑入相邻客室车窗位置的侧墙内部，这里专门设置有容纳车门的夹层空间。在两个门洞之间的是八扇客室车窗。这些客室车窗采用"田"字形窗框，同样为两层式结构的手动车窗（但与车门相邻的两扇车窗的上层窗被封堵取消，仅剩下层窗）。打开时，下层车窗可以向下滑入车体侧墙内部，上层窗则可向内翻转打开。如果以字母"D"表示车门，以数字表示车窗数量，则这种北京有轨电车仿 100 型机车车体的门窗布局可以表示为"D8D"。

第二种木骨铁皮制结构车体的样式则与北京有轨电车 100 型机车 61 至 66 号车在 1949 年后车体的样式相同。相比于前一种车体样式，这种样式的车体在车门与车体角柱之间挤出了一扇驾驶席侧窗，其余结构一致。如果以字母"D"

表示车门，以数字表示车窗数量，则这种北京有轨电车仿100型机车车体的门窗布局可以表示为"1D8D1"。

半钢制车体的北京有轨电车仿100型机车将端面车窗和客室车窗的上层窗全部取消，因此所有车窗都是单层窗，原上层窗的位置则变为幕板。其门窗布局与第二种木骨铁皮制结构车体相同，也有驾驶席侧窗和八扇客室车窗，但客室车窗使用的是口字型窗框。如果以字母"D"表示车门，以数字表示车窗数量，这种半钢制车体的北京有轨电车仿100型机车的门窗布局同样可以表示为"1D8D1"。

北京有轨电车仿100型机车的出现，标志着北京电车修造厂自此开始正式具备了生产（而非只能使用现成部件组装）有轨电车机车的能力。

3.10.3 北京有轨电车仿100型机车的运用及后续去向

北京有轨电车仿100型机车在投入运营之后是作为北京有轨电车100型机车的同型车来调度分配的，因此使用方式也与后者相同，即按具体客运量的不同分散配置在全城的有轨电车线路中，并在必要时加挂一辆任意型号的拖车（北京有轨电车200型/仿200型/350型/五三式拖车）以扩充单车的运输能力。也就是说，虽然两批北京有轨电车仿100型机车是与对应数量的北京有轨电车仿200型拖车同时出厂投入运营的，但是二者在运营时并不存在严格的固定搭配关系。

值得一提的是，在1952年12月23日，哈尔滨有轨电车向北京有轨电车派去办事人员，希望可以订购15辆北京有轨电车五二式机车（当时仍称为500型机车）并希望于1953年交付。考虑到当时的北京电车修造厂一时无法腾出足够的产能来满足相关要求，在1953年内至多只能向哈尔滨有轨电车提供5辆北京有轨电车五二式机车，于是北京有轨电车复信表示可以将1952年生产的第二批10辆北京有轨电车仿100型机车拨出5辆作为替代交付哈尔滨有轨电车。但哈尔滨有轨电车最终没有决定从北京有轨电车处购车，转而向大连有轨电车订购了一些DL1000型有轨电车作为替代用车（由于哈尔滨有轨电车同样为1000 mm轨距，因此这些DL1000型电车的轨距做了相应调整，且缩短了车身）。这10辆1952年生产的北京有轨电车仿100型机车也继续按原计划留在北京使用。

此外，为了解决驾驶员操作手制动机时较为费力的问题，北京电车修造厂还试验性地将北京有轨电车仿100型机车67号车和76号车的制动机电动化。但是这些电动制动机最终并没有全面推行开，直到1958年时仍然只有这两辆车配备。而且由于北京有轨电车仿100型机车的车况良好，在1955年北京电车修造厂改制五五式机车（见 5.4 节）时，并没有北京有轨电车仿 100 型机车被选中。

在投入使用 6 年后的 1958 年，为配合天安门广场改造工程所需大体积沉重物料物件的运输，北京电车修造厂将北京有轨电车仿 100 型机车 74 号车和 88 号车改装为货运有轨电车机车，分配于西便门—宣武门临时线路和永定门城墙豁口—永定门临时线路上使用。改装工作于当年 10 月至 11 月间进行。在天安门广场改造工程完成之后，虽然两条临时线路随之拆除，但是这两辆车依然维持货运有轨电车机车的状态没有恢复。

1959 年 3 月 9 日，北京内城有轨电车系统停止运营，由于外城有轨电车系统已经确定将全部使用北京有轨电车五二式机车，因此北京有轨电车其余的车辆除工程用车外，全部封存并逐步开始报废解体。至 1962 年，除改装为货运有轨电车机车的 74 号车和 88 号车以外，剩余的北京有轨电车仿 100 型机车还有 4 辆，即 68、76、78 和 80 号车。这时车上的很多尚可使用的部件均已拆走作为运营中车辆的备件使用。因此，这 4 辆车此时已全部处于部件甚至车体结构不全而无法开动的状态（见 6.1.2 节），随后在 1966 年以前解体消失，至今不再有任何遗存。

自 1951 年首辆车出厂开始计算，至 1959 年停用封存为止，北京有轨电车仿 100 型机车在北京运行了 8 年。

3.11 北京有轨电车五二式机车

北京有轨电车五二式机车是一种由北京电车修造厂于 1952 年设计并由同年开始生产的八轮机车，这种有轨电车机车前后总计被生产了 57 辆，车号位于 507 至 563。

这种有轨电车机车是北京电车修造厂通过对比研究北京有轨电车 500 型机车和北京有轨电车 506 型机车的设计与各部件性能，并以二者为主体，兼以北京有轨电车 100 型机车的一些部件与设计，结合北京有轨电车的运营环境与自身特点综合设计而成的，也是北京有轨电车唯一的一种完全自行设计生产的八轮机车。

3.11.1 北京有轨电车五二式机车的设计缘由与设计思路

1950 年后，随着北京的城市建设与经济发展的高速推进，各类生产及生活活动对城市交通的需求日益增加。此时依然还是北京内城及外城客运主力的北京有轨电车，再一次面对客运量大幅增长的局面。而且显而易见的是，这种客运量增长的势头必定还会持续相当长的时间。所以，从满足社会需求和自身经营需要两方面来考虑，扩充北京有轨电车的运营规模，特别是确保拥有（以及能够及时添置）足够数量的有轨电车是一件板上钉钉的重要事项。

不过与这种需求不相称的是，1950 年至 1952 年间，北京有轨电车拥有的车辆状况并不乐观。截至 1952 年，北京电车修造厂已经先后分两批仿造了总计 23 辆北京有轨电车仿 100 型机车和与之配套的 23 辆北京有轨电车仿 200 型拖车，以补充进北京有轨电车的运营序列，但一来仿造并非长久之计，二来这一时期占据北京有轨电车运营车辆主力地位的依然还是 1949 年以前留存下来的旧型有轨电车机车和拖车。这些车辆中最老的已经运行了 28 年。虽然经过 1950 年后的大规模翻修，继续维持使用不成太大问题，但是这些车辆的状况毕竟由于使用时间较长已经不甚理想，而且数量也只能维持现有的线路运营和行车密度，不论是想增加既有线路的行车密度还是新开线路，都显得捉襟见肘。

因此，北京有轨电车需要用一种新的有轨电车机车扩充自身的运输能力和运营规模，以取代一些已经不堪使用的旧车。这种新的有轨电车机车的设计工作，在 1951 年，由时任北京电车修造厂工程师的黄伯金领导相关设计人员展开。考虑到北京有轨电车的实际情况，这种新车必须要满足以下要求：首先，适应北京有轨电车的运营环境和条件，载客量要足够大，运行方式也要足够灵活，以便应对接下来客运压力的快速增长和随之而来的更快节奏运营及调度要求。其次，要在设计层面上解决或至少避免北京有轨电车各型旧车在之前运营过程中暴露的缺陷和问题。再次，技术水平相比旧车要有进步，不仅要提升电车各部件的可靠性以增强行车性能，还要改善司乘人员及乘客的乘坐体验。最后，在满足上述要求的同时，做到外形美观。

于是这种新车便被初步定位为一种单机运行，无须加挂拖车（也因此无须在行至终点站时消耗时间为机车摘挂拖车）即可保证较大载客量的八轮机车。但这时的北京电车修造厂只曾利用损坏的上海华商有轨电车 27 型机车拼造过北京有轨电车 800 型机车，并无真正造八轮机车的经验与方案。且对北京有轨电车 800 型机车的拼造，也只是利用现有部件的拼凑应付至可将电车运行载客而已，于设计新车意义不大。因此若想设计出这种新式八轮机车，还是需要结合上述要求对北京有轨电车拥有的八轮机车进行分析才可实现。

　　此时北京有轨电车的八轮机车中，车况较好且技术同比之下较为先进的八轮机车只有北京有轨电车 500 型机车和北京有轨电车 506 型机车两种。所以，对于新式八轮机车的设计工作即围绕对这两种八轮机车的对比和研究展开。

　　在车身方面，北京有轨电车 500 型机车自出厂即为钢制侧墙和半钢结构车体，而北京有轨电车 506 型机车的车体最初为木制结构，后来才改为半钢结构，显然在结构上前者更胜。加之北京有轨电车 500 型机车方正车体单层车顶的设计被认为更美观，因此新式八轮机车除增加车窗高度及增设车门便于乘客上下车之外，基本遵循了北京有轨电车 500 型机车的车体结构及外观设计。但北京有轨电车 506 型机车的车身更长，对应的载客量更大，因此新式八轮机车的底架（决定车身长度）还是遵循北京有轨电车 506 型机车的设计。

　　对于走行部，由于北京有轨电车的运营一直受到切轴这一故障的困扰，因此在新式八轮机车的设计过程中即着重考虑如何避免这一问题。经过对比，北京有轨电车 500 型机车使用的转向架出现过此类故障，而北京有轨电车 506 型机车使用的转向架出现此类故障的次数同比之下更少。因此，新式八轮机车的转向架在总体结构上模仿了北京有轨电车 500 型机车转向架设计的同时，其轴箱、轴承等部位则模仿了北京有轨电车 506 型机车的设计。

　　在电气系统方面，北京有轨电车 500 型机车和北京有轨电车 506 型机车装用的都是两台功率为 26.099 kW（35HP）的直流电动机，因而新式八轮机车的电动机选择了同样的功率等级，也为 26.099 kW（35HP）并同样使用直流电。不过北京有轨电车 500 型机车的控制器不设电阻制动挡位，即无此功能。北京有轨电车 506 型机车的控制器虽然有电阻制动挡位，但北京有轨电车机车中使用这种控制器的车辆并不多，且两种八轮机车总计只有 6 辆。考虑到部件兼容性及相关功能的需要，新式八轮机车的控制器依然选择模仿北京有轨电车 100 型机车的控制器制成。这种控制器在北京有轨电车 100 型机车的仿造过程中已经有过制造经验，且在北京有轨电车各型车辆使用的控制器中占据多数，其部件可以互相通用。

　　北京有轨电车使用的车辆大多为站姿驾驶及需要较大力气才可扳动的手制动，由此引发的疲劳和制动手柄回弹伤人的安全隐患一直为有轨电车驾驶员所诟病，加之女性有轨电车驾驶员已然出现在北京有轨电车驾驶员的队伍中，解决这两个问题便更为必要。而北京有轨电车 500 型机车和 506 型机车均为坐姿驾驶和空气制动，这两处设计无疑可以大幅改善驾驶员的驾驶体验，因而被设计人员采纳到新式八轮机车的设计方案中。

在基本确定上述思路后，北京电车修造厂的相关人员随即便开始对两种八轮机车各自的相关部位进行解体测绘，并一边试制部件一边对发现的问题进行攻关改进。例如，按照原先的计划，新式八轮机车车轴将采用滚动轴承，车体立柱采用木制立柱，但后来车轴改为铜制滑动轴承，且为了节省木材将原本计划的木制立柱改为铁制立柱。而在之前仿造电动机的过程中，北京电车修造厂为生产电动机外壳等部件自行摸索出的一套球墨铸铁技术也被成功应用在了这种新式八轮机车的电动机制造过程中，一举实现了有轨电车电动机的自主生产（这些球墨铸铁部件可以替代当时北京电车修造厂还无法制造的可锻铸钢部件并具有同等的性能）。

由于当时技术条件及人员工时的限制，这种新式八轮机车的设计制造采取了一种较为特殊的方式：第一步，如上所述，根据测绘北京有轨电车 500 型及 506 型机车所得的各项参数制造出新式八轮机车的车体及所需的各种部件，然后将这些部件装成一辆样车进行后续的一系列试验与调试。在此过程中，不断改进优化各处细节。待样车调试并改进妥当之后，再将样车解体并测绘样车的各部件，最终形成这种新式八轮机车的设计图纸并投入量产。

在立项之初，这种新式八轮机车的设计是以"新造五〇〇型机车"的名义展开的，其车号也接续北京有轨电车 506 型机车的车号（506 号，仅此一辆）之后自 507 号开始排列。但随后不久，该"新造五〇〇型机车"的名称即被取消，取而代之的是以首辆车出厂的年份——1952 年——作为型号名，成为"1952 年式机车"，即北京有轨电车五二式机车。而车号则依然维持自 507 号开始排列不变。

3.11.2　北京有轨电车五二式机车的主要技术数据

北京有轨电车五二式机车是一种钢制侧墙、半钢结构车体及单层车顶的有轨电车机车。其车辆全长 12000 mm，宽 2148 mm，高 3245 mm。在不载客的情况下，包含车体与电气设备等的总质量为 15440 kg。在车体端面安装有三扇单层车窗，车窗上方中部为后部标识灯，同样的后部标识灯也安装于缓冲梁前面的右侧。北京有轨电车五二式机车前照灯与北京有轨电车 100 型机车前照灯的安装位置相似，位于端面中间偏下的位置，紧贴缓冲梁上沿。在前照灯左侧的上方有可以用来悬挂水牌的挂钩，在缓冲梁的下方安装有一个排障器。

北京有轨电车五二式机车的车体结构与北京有轨电车 500 型机车的车体结构类似，也在车体侧面的两端各安装有一扇驾驶席侧窗和一道单扇车门，车门为手动式。打开时，门扇可向端部方向滑入驾驶席侧窗位置的侧墙内部。除此之外，北京有轨电车五二式机车还在车体侧面的中部安装有一道中门，这是一道比两侧车门更大的手动对开双扇车门。打开时，两个门扇可以分别向两边滑入侧墙内部。由于这道中门的存在，北京有轨电车五二式机车的客室车窗以之为界分左右两组，每组五扇。两组车窗均为单层窗，且每组车窗除与中门相邻的那一扇由于门扇滑动的原因和驾驶席侧窗一样无法打开之外，其余的四扇车窗均可手动打开并向下滑入车体侧墙内部的相应空间中。

在端面的三扇车窗中，左右两扇能够和客室车窗一样向下打开，而位于中间的车窗的玻璃分为上下两个部分，上小下大，下方的部分能够和客室车窗一样向下打开，上方的部分则可以由下往上地向外翻开一定角度，用于通风和防止有轨电车驾驶员被日光炫目（上方的部分通常处理成不透明或半透明状态）。

在每组客室车窗外还钉有三条平行的护栏，这三条护栏只横跨这一组车窗中不与中门相邻的四扇，用于防止车内人员掉出窗外。并且为了防止异物或人员卷入车下，北京有轨电车五二式机车除设置裙板之外，在车体下方转向架的对应位置上还安装有金属护网。

总的来看，如果以字母"D"表示车门，以数字表示车窗数量，则北京有轨电车五二式机车的门窗布局可以表示为"1D5D5D1"。

与北京有轨电车 500 型机车类似，大多数北京有轨电车五二式机车在车顶同样安装有贯通整个车顶的两条检修走道，两条走道中间是 6 个以一定间隔纵向排列的方形通风器，在车顶两端以中心对称的形式各设置一架用于登上车顶的爬梯（爬梯安装于与端部一侧单扇车门相邻的客室车窗上方，并在这一单扇车门与车窗之间的位置设有攀登用的抓手）。但是对少数早期生产的北京有轨电车五二式机车而言，它们的检修走道长度约占整车长度的 1/2，并且只安装于车顶中部。因此爬梯也相应地设置在中门上方附近，抓手则位于中门右侧。

用于获取电力的一个弓形集电器安装于车顶中部，这个弓形集电器与北京有轨电车 100 型机车使用的英国 Dick Kerr 公司生产的 5 号弓形集电器基本一致，可认为是仿制后者而成。

北京有轨电车五二式机车每辆车使用两台北京电车修造厂生产的二轴转向架，该转向架大体类似于日本车辆制造株式会社生产的 C-12 型转向架，但一些细节则类似于美国 J.G.Brill 公司生产的 Brill 76E-1 型转向架。其一系悬挂为圆弹簧，二系悬挂为板簧，摇枕通过心盘和中心销与车体连接。转向架上的车轮直径为 690 mm，固定轴距为 1372 mm，转向架中心距为 5600 mm。

　　每辆车使用两台电动机驱动，即每个转向架只在靠近车体中心一侧的车轴上安装电动机。北京有轨电车五二式机车安装的是北京电车修造厂生产的功率为 26.099 kW（35HP）的五二型直流电动机，总功率 52.199 kW（70HP），其性能曲线如图 3-1 所示。这种电动机为综合对比北京有轨电车 500 型机车和北京有轨电车 506 型机车的电动机结构之后取二者的优点设计而成，电动机外壳采用北京电车修造厂自研的球墨铸铁工艺制造。每台电动机通过安装于自身轴上的齿轮和安装于车轴上的齿轮互相啮合来传导牵引力，其传动齿轮比为 61：14。

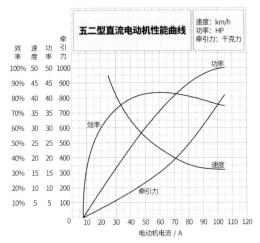

注：为保证简洁与分度值均匀，本图在描述电动机牵引力和功率时仍使用非公制单位，对于这些非公制单位，有1HP≈735W，1千克力≈9.8N。

图 3-1　五二型直流电动机性能曲线

　　北京有轨电车五二式机车的控制器为北京电车修造厂生产的五二式电缸（官方称呼与控制器顶板铭文原文即如此），在车内两端各安装一台。五二式电缸在本质上可以视为仿制英国 Dick Kerr 公司生产的 DB1-K4 型控制器并略有改动而成，二者具有基本一致的机械结构、完全相同的接线方式，且都具有 8 个速度挡位和 7 个电阻制动挡位。

　　调速电阻、空气压缩机、总风缸和制动风缸安装于车下，并被车体两侧设置的裙板遮挡。对于北京有轨电车五二式机车而言，每辆车配备的制动方式同样有两种，即电阻制动和空气制动。其中电阻制动为控制器自带，而空气制动使用的制动机综合参考了北京有轨电车 500 型机车和北京有轨电车 506 型机车使用的空气制动机的设计。

　　北京有轨电车五二式机车的车内设座席 28 个、吊席（拉环扶手）40 个、立席 32 个，额定载客数 100 人。车内所有座椅均为纵向布置，驾驶员为坐姿驾驶，驾驶席背后有隔板。车内照明由安装于车顶的 5 组白炽灯承担。而其警示行人及其他车辆的手段也同样为风笛。

　　绝大多数的北京有轨电车五二式机车采用的是以车窗下沿为界，下部为枣红色，上部为米黄色的涂装方案。但其中也有例外——至少有一辆车（510 号车）和北京有轨电车 500 型机车 501 号车一样，采用的是以车窗下沿为界，下部为天蓝色，上部为米黄色的涂装方案。至于最为广泛的枣红色涂装方案则一直沿用至 1966 年北京有轨电车五二式机车彻底终止使用而未再有任何变动。

3.11.3　北京有轨电车五二式机车的运用及后续去向

　　北京有轨电车五二式机车于 1952 年开始制造，当年总计制造 10 辆（包含样车在内），是为首批车，车号位于 507 至 516。这 10 辆车在当年的生产计划中又被分为了两期工程，每期工程 5 辆，一期工程的 5 辆车（车号 507 至 511）完工之后，二期工程的 5 辆车（车号 512 至 516）随即开始制造，至年底全部完成。而自 1952 年首批车完成之后，从 1953 年至 1955 年的 3 年间，北京有轨电车五二式机车总计被制造了 45 辆。截至 1955 年，北京有轨电车五二式机车已有 55 辆，其车号也已经自 507 号车开始顺序排至 561 号车。而到 1962 年，北京有轨电车五二式机车的数量最终达到了 57 辆之多，车号也排至 563 号车。自此，这种八轮机车正式成为北京有轨电车历史上数量最多的八轮机车及数量第二多的有轨电车机车［排名首位的是北京有轨电车 100 型机车（不含仿制车，总计 66 辆）］。

　　完工后的北京有轨电车五二式机车并非所有车辆均投入同一线路或某一区域运营，而是根据各线路客流情况投入北京内城及外城的各条有轨电车线路运营中，其踪迹遍及全城。

　　但 1952 年第一季度制造的 10 辆北京有轨电车五二式机车在最初投入运营的时候，它们的表现其实并不稳定，往往由于车辆故障而在 10 辆车中有六七辆可供运营。究其影响因素，主要有两个方面：其一是北京有轨电车五二式机车的设计制造方式——这种解体样车测绘部件再形成生产图纸的方法虽然是当时北京有轨电车唯一可行的选择，但它很容易造成测绘制图和实际工程之间节奏不协调，即出现已开工的工程停摆等局面。其二则是如上文所说的施工之后的返工问题——北京有轨电车五二式机车是北京有轨电车第一次真正意义上自行制造八轮机车，由于缺乏相关经验，在一些工程完成之后，可能会被发现并不适宜或并不符合图纸要求，于是返工重做，这也会加重这10辆车制造过程中的一些工序紊乱，进而影响其质量与实际功效。

为了解决这一问题，1952年至1953年间，北京电车修造厂一方面制订了更有条理的制造计划，加强技术管理，并落实了责任制；另一方面对北京有轨电车五二式机车的生产图纸和相关工艺要求做了更细致的修订和整理。同时，在开展后续车辆制造工作时，对已经制造出来的10辆车加以品质上的保固提升。自此以后，上述问题得到了妥善解决，北京有轨电车五二式机车也得以稳定地显示出了其性能与随之而来的优势。

根据后来的使用反馈，司乘人员普遍认为北京有轨电车五二式机车行驶平稳、故障率低，加之在设计时添设了中门，并适当降低了登车踏步的高度，乘客的乘降也更为便利。总的来说，它完全满足了最初的设计要求。由于这些八轮机车是新造的有轨电车机车，技术相对先进且车况良好，所有部件完全可以由国内厂商生产或提供生产所需的材料，因此可以认为，北京有轨电车五二式机车很有可能成为北京有轨电车后续运营的主力车型——在1952年后，北京有轨电车的运营情况也证明了这一点。

正如3.11.1节及3.11.2节所说，北京有轨电车五二式机车为坐姿驾驶空气制动的有轨电车机车，其驾驶体验更好。因而自北京第一批女性有轨电车驾驶员之后，后续的女性有轨电车驾驶员也就基本安排为驾驶北京有轨电车五二式机车。这种情况在1959年北京内城的有轨电车线路终止运营后，依然在外城的有轨电车线路存在，直至1966年北京有轨电车彻底终止运营，所有有轨电车驾驶员转为无轨电车驾驶员或其他岗位的工作人员为止。

由于北京有轨电车五二式机车完全由北京电车修造厂自行制造，且制造年份最新，因此对于北京有轨电车而言，其技术最为成熟和先进，对这一型号有轨电车机车各部件的制造、性能和修理等诸多方面的把握也最好。加之其保有量很大，为便于维护和统一部件，北京有轨电车五二式机车包括轮对及电动机在内的部件，在不晚于1955年时，便逐步反向替换了原本北京有轨电车500型机车和北京有轨电车506型机车的相应部件。此外，1955年及之后，当北京电车修造厂改制一些北京有轨电车100型机车时，北京有轨电车五二式机车的车体外观和空气制动机也被借鉴使用于这些改装车上。

北京有轨电车五二式机车的制造和投入运营有效缓解了北京有轨电车的客

运压力，并为新线路的开通提供了车辆方面的保障。除开设环形路及增加既有各线路的行车密度之外，北京有轨电车还在 1955 年再次开设了一条自天桥（后从天桥延长至永定门乃至永定门火车站，即今天的北京南站）出发，沿天坛路经一巷东口、金鱼池、天坛北门至红桥转向北，使用一部分北京电车修造厂的进出厂轨道抵达磁器口，再使用当时的 6 路有轨电车的轨道及车站最终抵达崇文门的有轨电车线路。其首发式即由 4 辆北京有轨电车五二式机车承担，且日后北京有轨电车五二式机车也承担了该线路的运营工作。

　　自 1924 年北京有轨电车开始运营以来，由于种种原因，始终未能形成一套用于车辆维护的完整技术规范，有轨电车机车及拖车随坏随修缺乏计划的问题一直存在。特别是自 1939 年后车辆型号开始增加，不同车辆的部件往往互有差异，难以统筹通用，使得北京有轨电车机车及拖车的维护保养问题愈发严重。因此在 1949 年后，北京有轨电车从混乱状态恢复不久，相关部门随即从吸纳合理化建议开始，逐渐总结推广各种工作方法，进而开始了技术规范的制定工作。由于北京有轨电车五二式机车数量多、车龄新、技术相对先进且为自行制造，此项工作的八轮机车部分即以这种八轮机车为基础展开并延伸到北京有轨电车 500 型和 506 型机车之上（这时北京有轨电车 800 型机车已全部终止使用并报废，所以不再计入北京有轨电车序列）。至 1956 年，相关的技术规范已经完全覆盖了全部 57 辆北京有轨电车五二式机车及 6 辆北京有轨电车 500 型和 506 型机车。

　　1959 年 3 月 9 日，北京内城的有轨电车系统终止运行。虽然转移至外城继续运行的有轨电车已经确定全部为北京有轨电车五二式机车，但此时北京有轨电车的线路里程已经大幅度减少，实际转移至外城继续使用的北京有轨电车五二式机车只有 27 辆，而其余的北京有轨电车五二式机车之中，有 13 辆拆除可用部件后报废解体，另外 17 辆（车号为 520、523、525、528、530、532、533、534、535、538、540、541、542、552、558、560 和 563）转入封存状态并且也逐步作为备件车将自身尚且可以使用的零件拆装于还在运行的车辆上。延至 1962 年 6 月 4 日，全部 17 辆封存的北京有轨电车五二式机车均已经无法运行，电气系统和空气制动机全部拆走，只剩车体和转向架。

　　一年后的 1963 年，出于改装自身的老旧有轨电车及增加新的有轨电车以扩充运力的需要，长春有轨电车向北京市提出了接手北京一些有轨电车车辆的请求并获得了同意，于是封存的 17 辆北京有轨电车五二式机车中有 11 辆于当年无偿移交给长春有轨电车。在移交时，这 11 辆车实际上依然还是空车体，没有恢复至可运行状态。而长春有轨电车在获得这些空车体之后也并未直接将其修复，而是将其拆散为部件，结合自身已有的有轨电车拼造出了长春有轨电车500型机车投入使用。

同一年，山西省煤矿管理局西山矿务局接收了另外6辆封存的北京有轨电车五二式机车空车体，修整后在其管辖的杜儿坪煤矿内，作为通勤车使用，以参与矿山的生产及通勤工作。

1963年年底，北京外城的7路有轨电车正式停止运营。此时的外城仅剩下连接永定门火车站（今北京南站）及北京体育馆的5路有轨电车这一条线路。5路有轨电车通常每天只使用7辆有轨电车机车，最多也不过13辆。因此在第二年，也就是1964年9月之后，又有10辆北京有轨电车五二式机车以能够正常运行的完好状态转入封存，还在运行的北京有轨电车五二式机车再一次减少至17辆。

最终，1966年5月6日，伴随着5路有轨电车的终止运行，北京不再拥有有轨电车线路，全部27辆北京有轨电车五二式机车转入封存，并在同一年12月再一次无偿移交给了长春有轨电车。虽然名义上27辆北京有轨电车五二式机车全部移交长春有轨电车，但实际上长春有轨电车只收下了其中的25辆，另有2辆车在6年后的1972年交付河南省济沁地方铁路，并在当年8月被改装为两节由机车牵引的窄轨（762 mm轨距）客车，承担客运任务。

第二批移交长春有轨电车的北京有轨电车五二式机车与第一批一样，在运抵长春后不以完整形态改装运行，同样被拆散后拼造成长春有轨电车500型机车。这些有轨电车的部件作为替换修理的备件也散落于长春其他的有轨电车机车上，其中至少有一个五二式电缸被装用到了一辆长春有轨电车200型机车上，并至少被使用到1999年8月。

自1952年第一辆北京有轨电车五二式机车出厂开始计算，至1966年最后一批还在使用的北京有轨电车五二式机车转配长春有轨电车后解体拆散，北京有轨电车五二式机车总计存在14年。如果以其部件被使用的时间计算，则北京有轨电车五二式机车的痕迹自1952年开始至少持续了47年。

| 第 4 章 |
拖车分型

4.1 北京有轨电车 200 型拖车

北京有轨电车 200 型拖车是北京有轨电车投入运营最早、使用时间最长的有轨电车拖车，在 1923 年至 1924 年间总计被制造了 30 辆，车号位于 201 至 230。

这种四轮拖车最初加挂于北京有轨电车 100 型机车后方，以扩充这些四轮机车在客流高峰时期或繁忙线路上的载客能力。而当北京有轨电车开始引入其他型号的四轮机车之后，这些后引入的四轮机车在有需要时也会加挂这种有轨电车拖车。

4.1.1 北京有轨电车 200 型拖车概述及主要技术数据

对于世界各地的近代有轨电车系统来说，为有轨电车机车加挂拖车是一个相当常见的提升载客能力的手段。北京有轨电车也不例外，在 1923 年前后购置用于运营的车辆时，除 60 辆北京有轨电车 100 型机车之外，也包含了 30 辆北京有轨电车 200 型拖车。这些有轨电车拖车不安装任何电动机及控制器，仅安装一套制动机，并通过车下的挽车钩与前方的有轨电车机车连接。有轨电车拖车在运行时完全由有轨电车机车拖动，在制动时则会参与进来并起到辅助性质的制动作用。

与北京有轨电车 100 型机车类似，北京有轨电车 200 型拖车的走行部各部件由法国电气制造公司负责生产或购置，车体由裕信营造厂负责生产。这两个部分分别运抵北京电车修造厂并在厂内装拢之后，北京有轨电车 200 型拖车即宣告完工，可以投入运营了。

北京有轨电车 200 型拖车为木制车体，单层车顶，车顶四角各安装一个通风器。此外，不设任何其他设施或设备。车辆全长 8000 mm，宽 1980 mm，高 2900 mm，在不载客的情况下，车体和走行部的总质量为 8000 kg。其车体端面安装有三扇单层车窗，每个车窗以横梁分为上下两部分：上部较小（约占整个车窗面积的 1/3），下部较大（约占整个车窗面积的 2/3）。但在结构上，两个部分仍为一个整体。三扇车窗均可手动向下打开。打开后，车窗可滑入下方车体内部的对应容纳空间。车窗上方左侧有一盏后部标识灯，整个端面仅在车窗下方设置用于获取照明及后部标识灯电力的插头（左右各一，位置为端面左右两扇车窗下方略靠近中心的位置）。不设前照灯及悬挂水牌的挂钩，但在端面下方设有缓冲梁。缓冲梁下方是挽车钩，用以和四轮机车连接。为防止人员及异物卷入车下，北京有轨电车 200 型拖车在车体下部同样设置了金属护网。

车体侧面的中部安装有一道手动对开车门。打开时，两个门扇可各自向相反方向滑入相邻客室车窗位置的侧墙内部（这里的侧墙设置有一个专门用于容纳车门的夹层空间）。两个门扇上各有一个无法打开的门窗，门窗以横梁分为上下两个面积相同的部分。在车门两侧则各有三扇手动客室车窗，与端面车窗一样，客室车窗也以横梁分为上下两部分，两部分的面积比同样为 1∶2，并在实质上同样连为一个整体。车窗打开时，可向下滑入车体侧墙内部的相应空间中（但与车门相邻的客室车窗由于门扇滑动的需要无法打开）。北京有轨电车 200 型拖车在车窗外侧不设护栏，但所有车窗（包括端面车窗）在车内一侧设置有遮光帘，在夏季或光线刺目时可放下以遮挡光线。

总的来看，如果以字母 "D" 表示车门，以数字表示车窗数量，则北京有轨电车 200 型拖车的门窗布局可以表示为 "3D3"。

北京有轨电车 200 型拖车的车轮直径为 640 mm，固定轴距则为 2286 mm，安装有一套手制动机作为前方有轨电车机车的辅助制动手段。

车内设座席 32 个、立席 30 个，额定载客数 62 人。

北京有轨电车 200 型拖车为单色涂装，仅采用桐油涂刷车体，并受到构成车体的木材本身的颜色影响，因此整个车体呈现一种棕褐色。其缓冲梁虽为金属材料制作，但同样涂刷棕褐色油漆，以便与车体在颜色观感上保持基本一致。

4.1.2　北京有轨电车 200 型拖车的运用

北京有轨电车自 1924 年 12 月 18 日正式运营以来，与同一时期出现在北京的各类近代城市设施一样，经历了一个由市民生疏到逐步接受的过程。1924 年年末至 1925 年年初的这段时间里，市民大多还对有轨电车持观望态度，导致客运量偏少。因此，虽然北京有轨电车 200 型拖车在此时大多已经装配完成，但全城已开通的有轨电车线路暂时并不加挂拖车，直到 1925 年下半年以后，在高峰期及繁忙线路上才开始在有轨电车机车之后加挂拖车。

截至 1925 年 9 月，尚未装配完成的北京有轨电车 200 型拖车也已经全部完工，其车辆数自此定格为 30 辆不再变化。而此时北京城内每日运行的北京有轨电车 100 型机车和 200 型拖车总计已经达到 60 余辆，占到这两种车辆总数的 2/3 有余。在这段时期，北京有轨电车 200 型拖车并不会将车辆固定配属到某条线路，也并不与有轨电车机车固定编组运行，而是按照各个有轨电车线路的实际需要加挂或摘下。

总体来说，北京有轨电车 200 型拖车的设计较为合理，运行相对平顺。但在投入运营四年有余之后，1929 年 10 月 22 日，北平人力车夫打砸有轨电车事件的发生让北京有轨电车 200 型拖车遭受了一次比较大的破坏。全部 30 辆车中有 20 辆在此次事件中不同程度受损，受损车辆大多木制侧墙损毁，构成侧墙的木条被拆走丢弃，车窗玻璃被砸碎，车辆的座椅等内饰也大多破坏殆尽，而其中较为严重者（如 223 号车）甚至被推翻倾覆于路边。

由于北京有轨电车 200 型拖车的走行部为金属结构，所以在事件中几乎没有受到大的损害，而后续的修理恢复工作也主要集中在车体上。这些修理工作在不晚于 1930 年 2 月中旬之前完成。出于挽回损失的考虑，用于修复车体的材料基本是尚可使用的旧木料或是当时易于购得的现成地板条木料，因此 1930 年之后至 1931 年间，北京有轨电车 200 型拖车呈现出一种由于选用木料不同（主要是美国松和菲律宾松混杂）而纹理驳杂的外观，相较于最初投入运营时的状态，其美观性大打折扣。另外自 1930 年开始，北京有轨电车 200 型拖车开始逐渐在车体立柱上加钉钢条，用以增加车体强度，使结构更稳固。

1931 年后，北京有轨电车 200 型拖车车体混用木料的情况开始趋于改善。从 1935 年 1 月开始至 1936 年 5 月，北京有轨电车用于涂刷车体的涂料也由原本的桐油逐步改为瓷漆，以图整洁美观。不过改刷瓷漆之后，北京有轨电车 200 型拖车的涂装配色并未发生变化，仍为棕褐色单色涂装。

1940 年后，北京有轨电车 200 型拖车在车体结构没有大幅改动的前提下，将涂装从原本的棕褐色单色涂装更改为以车窗下沿为界、上部为米黄色、下部为深绿色的状态。而在 1942 年之后，伴随着北京有轨电车 700 型机车和北京有轨电车 706 型机车的投入运营，这些后加入的四轮机车在必要时也会加挂北京有轨电车 200 型拖车。不过，这一时期北京有轨电车的机车和拖车同样不存在固定编组的关系。

从 1943 年开始，随着局势的变化，北京有轨电车的各项物资供应逐渐变得困难，这也导致相关的车辆维护工作变得难以有序开展。加之同一时期客流量的下降，北京有轨电车 200 型拖车开始逐步减少出动次数并出现了损坏的情况，其中的 210、212 和 217 号车更是由于结构上的老化及损坏严重而陷于停用。

1945 年 8 月后，经过近 4 个月的维持与整顿，为尽快恢复运营，北京有轨电车从 1945 年 12 月开始，对自身拥有的各型车辆实施了一次大修工作。这次大修工作的主要内容是修复有轨电车的车体，拆换不堪使用的车体旧料并重新涂刷油漆（即"大拆、换柱、重油"），并且对一些修复完成的车辆予以命名。而具体到北京有轨电车 200 型拖车，在 1946 年 5 月至 9 月间，总计有 11 辆车接受了大修，并且其中有两辆车接受了命名，分别为 206 号车（5 月完工，命名为"张莘夫"）和 229 号车（7 月，命名为"阎海文"）。这些经过大修的北京有轨电车 200 型（具体车号及完工时间见 1.5 节）将涂装更换为深绿色的单色涂装，而其他未经大修的车辆则依然维持着 1940 年后更换的双色涂装。

值得注意的是，这一时期经过大修并命名的还有一些北京有轨电车 100 型机车。其中，14 号车同样于 1946 年 5 月完工并被命名为"张莘夫"，18 号车也同样于 1946 年 7 月完工并被命名为"阎海文"。这一时期，这些经过命名的 200 型拖车与 100 型机车呈现出了一种固定编组的趋向，并且运行了一段时间。但这种模式并没有持续太久，而且相应的命名也在 1949 年后自动废止，此后即不再有任何对该型有轨电车拖车的命名。

此外，北京有轨电车 350 型拖车自 1943 年投入运营之后便逐步暴露出了走行部结构强度差的问题。这种拖车为全钢制车体，单就车体而言较为坚固，而且延至 1946 年时其技术状况也尚且较好，总体来看，仍然有相当程度的使用价值。因此，在同一时期对北京有轨电车 350 型拖车展开的大修工作中（见 4.3.2 节），北京电车修造厂将一些老化相对严重的北京有轨电车 200 型拖车的车体落地，它们的走行部则被拆下并安装在北京有轨电车 350 型拖车的车体上，以维持这些钢制有轨电车拖车的继续使用。

在 1947 年至 1949 年年初，约 2 年的时间里，受种种不利因素的共同干扰，北京有轨电车的运营工作被再度打乱。北京有轨电车 200 型拖车在这段时间内的使用频率也因此迅速走低，闲置车和故障车的数量很快增加，最终在 1948 年年底时，30 辆北京有轨电车 200 型拖车几乎完全停止了使用。

　　1949 年 2 月后，随着北京城市交通的逐渐恢复，尚可使用的北京有轨电车 200 型拖车也开始重新挂出运营。同年 3 月中旬，北京电车修造厂开展了第一次"百辆车运动"。截至 1949 年 4 月 19 日第一次"百辆车运动"完成，一些原本已停用的北京有轨电车 200 型拖车也得到了修缮并恢复为较好的状态。但随后在 4 月 25 日发生的北京电车修造厂火灾使得一些原本已经修复的北京有轨电车 200 型拖车被再度破坏，最终使得对北京有轨电车 200 型拖车的修复工作直至 1949 年 10 月 25 日第二次"百辆车运动"完成时才基本妥当。此时的 30 辆北京有轨电车 200 型拖车多数（可能包括一些原本落地的）已修复为可以投入运营的良好状态，少数因为损坏过重无法修复的也由后来的北京有轨电车仿 200 型拖车填补车号（见 4.4 节），并随着北京城市客运量的回升而逐渐恢复使用。不过由于 1949 年后北京有轨电车 700 型机车和 706 型机车不再加挂拖车，北京有轨电车 200 型拖车的使用范围在客观上有所缩小。

　　作为一种木制车体的车辆，北京有轨电车 200 型拖车的车体强度本身即具有劣势，加之使用时间最长，至 1949 年，全部尚在使用中的同型车均已存在车体木料老化严重的问题。因此，出于增加车体强度、延长使用寿命及减少维护成本的考虑，北京有轨电车在 1949 年修复被火灾烧毁的车辆的同时，针对北京有轨电车 200 型拖车展开了一项改造工作。

　　这项改造工作将原本的木制车体改为木制立柱外包薄铁板的木骨铁皮制结构，并且收窄车窗面积，使得车门两侧由原来的各有 3 扇车窗变为各有 4 扇车窗，即门窗布局变为"4D4"。经过改造后，北京有轨电车 200 型拖车的车体宽度增加为 2100 mm，高度增加为 3060 mm，而整车质量则降为 5800 kg。此外，车窗也换装为带有"田"字形窗框的窗扇以期更加稳固。在改造工作进展的同时，北京有轨电车 200 型拖车的涂装也逐步统一更改为以车窗下沿为界、上部为米黄色、下部为椰褐色的状态，并就此之后不再改变。

　　除此之外，这些改造工作也使得北京有轨电车除 350 型拖车及五三式拖车之外的有轨电车拖车（此时北京有轨电车 300 型机车已全部停用报废，因此不计）具有了相似甚至趋于一致的特征。因此在 1955 年之后，北京有轨电车 231 型拖车和仿 200 型拖车也被一并视为北京有轨电车 200 型拖车（不过在这里为便于描述，这些车型仍然分开）。

　　虽然改造工作取得了明显的效果，但由于北京有轨电车 200 型拖车的使用时间毕竟太长，加之北京有轨电车五三式拖车逐渐投入运营缓解了运输压力，一些车况实在不堪使用的北京有轨电车200型拖车也在1955年至1957年间停用报废。延至1958年，北京有轨电车200型拖车中的203、204、205、207、211、219、220和221号总计8辆车即已消失，仍在使用者仅剩22辆。

最终，在1959年3月9日北京内城有轨电车系统停运之后，北京有轨电车即不再使用任何客运四轮机车，因此剩余的北京有轨电车200型拖车即全部停用，所有车辆除调出的均在不晚于1962年之前报废解体，至今不再有任何遗存。

自1924年于北京电车修造厂内全部装成并投入运营开始计算，至1959年停用封存为止，北京有轨电车200型拖车在北京总计运行了35年。

4.2 北京有轨电车231型拖车

北京有轨电车231型拖车是北京电车修造厂为缓解客运压力，于1941年拼造而成的一种四轮拖车。北京有轨电车231型拖车总计被拼造了6辆，车号位于231至236。

该型拖车也是北京有轨电车自1924年之后首次专门添置的有轨电车拖车。而且与同时期其他有轨电车拖车不同的是，北京有轨电车231型拖车首次采用了半钢制车体结构。

4.2.1 北京有轨电车231型拖车概述及主要技术数据

进入20世纪30年代末期，随着市面上人员流动趋于频繁和城市规模逐渐加大，北京有轨电车的客运压力逐渐增大，之前就已长期存在的车辆缺乏问题也因此更加紧迫。同一时期直接收购现成车辆以资运营使用的工作也进展得并不顺利，全年仅购得了一辆京王电气轨道23型电车（北京有轨电车506型机车第506号）和一个常南电气铁道5号车的残留车盘（后改为四轮拖车）。在这种局面下，北京有轨电车不得不考虑搜罗材料自行拼造一些有轨电车车辆聊以应急。

这项自行拼造车辆的工程的产物便是2辆四轮机车（北京有轨电车101型机车，见3.2节）和6辆有轨电车拖车。

6辆有轨电车拖车先后于1941年8月至11月间完工出厂，其车体用料主要由北京电车修造厂使用本厂存料和京津两地采购而来，边梁和轮心等金属件由当时在北京地区活动的三江商会向中国青岛和日本本土等地订购。至于车号则顺延北京有轨电车 200 型拖车的车号，从第 231 号车起排，因此可称为北京有轨电车 231 型拖车。

北京有轨电车 231 型拖车长 8210 mm，宽 2100 mm，高 3060 mm，在不载客的情况下，车体和走行部总质量为 6500 kg。除了侧墙由于采用半钢制车体的原因并没有木条拼钉的结构，由于正常运营过程中不会被顶推使用，所以不安装前照灯。

至于走行部方面，为了获得更好的曲线通过能力（也就是能够较为轻松地转过急弯），北京有轨电车 231 型拖车的固定轴距仅为 1829 mm，与北京有轨电车 300 型机车 / 拖车相当（见 3.3 节），其轮径为 640 mm。该型四轮拖车同样不设控制器和电动机等设备，但安装有一套手制动机，用以在前方的有轨电车机车制动时辅助制动。

北京有轨电车 231 型拖车在车内设座席 27 个、吊席（拉环扶手）26 个、立席 8 个，额定载客数为 61 人。

该型有轨电车拖车的涂装方案则与同一时期北京其他有轨电车车辆的涂装方案相同，即以车窗下沿为界，上部为米黄色，下部为深绿色，车顶为深灰色。

4.2.2　北京有轨电车 231 型拖车的运用

北京有轨电车 231 型拖车的使用方式与北京有轨电车 200 型拖车的使用方式完全一致，既不固定搭配编组，也不固定线路使用，而是视情况酌情加挂于四轮机车后方以扩充四轮机车的运输能力，并且在使用过程中，往往与后者视为同一种拖车加以调配。

这六辆有轨电车拖车及同一时期有轨电车机车在投入运营之后，虽然确实增加了北京有轨电车的车辆保有数，也确实可以持续稳定地承担客运工作，但是从总体来看，1942 年年初至 1943 年年末，北京有轨电车的车辆缺口实在太大，这些增长只是杯水车薪，巨大的客运压力并没有得到有效的缓解。即使在 1942 年再度补充了来自原上海华商有轨电车的旧车之后，情况仍不容乐观。

1943 年后，随着局势的变化，北京地区的客流量虽然客观上有所回落，但对于北京有轨电车而言，可以用于维护保养车辆的材料的供应也跟着一并发生了短缺，一些品质低下、因陋就简的粗糙部件不得不逐渐占据了一定的比重。

在这种无法得到有效维护和品质可靠的部件的情况下，北京有轨电车 231 型拖车的故障率与同一时期北京有轨电车其他车辆的故障率一道开始攀升。最终在 1945 年上半年，231、235 和 236 号车因车体老化和故障已处于无法开动的状态，尚能继续运营的北京有轨电车 231 型拖车仅剩 3 辆。

1945 年 8 月之后，经过将近半年的维持和整顿，为尽快增加可用车辆的数量并恢复运营，从 1945 年 12 月开始，北京有轨电车开始了一项针对有轨电车机车和拖车的大修工作。此次大修同时也为很多修复完成的车辆做了命名。这些被选中为大修对象的有轨电车车辆中就有全部 6 辆北京有轨电车 231 型拖车，其中 231、232 和 235 号车在 1946 年 4 月大修完成，并分别被命名为"高志航""民有"和"民选"；233、234 和 236 号车在 1946 年 5 月大修完成，并分别被命名为"张自忠""佟凌阁（原文如此）"和"赵登禹"。需要注意的是，虽然这两个月也有一些北京有轨电车 100 型机车经过大修之后被赋予了和这些北京有轨电车 231 型拖车一样的命名，但这不代表二者之间存在长期存续的固定搭配。除此之外，在经过大修之后，这 6 辆车的涂装方案也和其他经过大修的车辆一样，变为单一的深绿色。

在经历了 1946 年的短暂平静之后，北京有轨电车的日常运营和维护保养工作很快在 1947 年被再度扰乱，材料短缺和车辆故障高发的问题也很快再度出现。1948 年年底，在多种不利因素的共同作用下，北京有轨电车的运营几乎陷于中断的境地，全部 6 辆北京有轨电车 231 型拖车也因此进入停用状态。

自 1949 年 2 月开始，为尽快恢复城市的正常运转，北京有轨电车一方面积极恢复各线路的出车运营，另一方面也开始计划对原本车况较差或是无法使用的有轨电车车辆予以修复，以便尽可能增加出车数量。在这种趋势下，北京电车修造厂于 1949 年 3 月中旬发起了第一次"百辆车运动"，计划在当年 5 月 1 日前将北京有轨电车的可投入运营的车辆数增加到 100 辆，全部工作于 4 月 19 日完工。但随后的 4 月 25 日，北京电车修造厂发生火灾，有 59 辆车被烧毁，一些北京有轨电车 231 型拖车也在被波及之列。

火灾发生之后，北京电车修造厂果断顶住挫折，很快开始了第二次"百辆车运动"，将烧毁车辆和其他损坏车辆再度修复，并于 1949 年 10 月 25 日将可投入运营的车辆数重新恢复到 100 辆以上，使第二次"百辆车运动"圆满完成。也正是在第二次"百辆车运动"及随后跟进的车辆大修工程中，北京电车修造厂对北京有轨电车 231 型拖车实施了一些改装。

改装工作将北京有轨电车 231 型拖车的轴距由原来的 1829 mm 加长为 2286 mm，座席由原来的 27 个减少为 24 个，吊席被取消，立席则由原来的 8 个增加为 37 个。因此，额定载客人数依然保持不变，车体则被更换为与同一时期北京有轨电车 200 型拖车基本一致的新车体。涂装也再度被更改为以车窗下沿为界，上部为米黄色，下部为椰褐色，车顶为深灰色。而且这个涂装方案此后即不再改变。

经过这一番改装之后，北京有轨电车 231 型拖车从车体结构来看即彻底与北京有轨电车 200 型拖车混同，二者本质上已经不再是两个独立型号。在 1951 年北京有轨电车开始仿造北京有轨电车 200 型拖车时，仿制车的车号也是从 237 起排的。很快地，北京有轨电车 231 型拖车在不久之后也被正式划归了北京有轨电车 200 型拖车的范畴，不再作为单独的一个型号出现。

1949 年后的北京有轨电车对北京有轨电车 231 型 /200 型拖车的使用方法与之前一致。由于北京有轨电车 700 型 /706 型机车在 1949 年后的运营工作中被要求不得拖带任何拖车。因此，北京有轨电车 231 型 /200 型拖车也就改为仅由北京有轨电车 100 型 / 仿 100 型 / 五五式机车拖带。

除 235 号车因车况老化，实在不堪修理而在不晚于 1956 年时报废解体之外，其余 5 辆北京有轨电车 231 型 /200 型拖车均被使用到 1959 年 3 月 9 日北京内城有轨电车停运。由于外城有轨电车全部由北京有轨电车五二式机车承担运营工作，因此这 5 辆车也就随即停用转入封存，最终在不晚于 1962 年以前报废解体，至今不再有任何遗存。

自 1941 年于北京电车修造厂内全部装成并投入运营开始计算，至 1959 年停用封存为止，北京有轨电车 231 型拖车在北京总计运行了 18 年。

4.3　北京有轨电车 350 型拖车

北京有轨电车 350 型拖车是 1942 年北京有轨电车获得的原上海华商有轨电车 76 型拖车。该型拖车总计运抵北京 6 辆并且全部被修复进而投入运营，其车号位于 351 至 356。

这种有轨电车拖车是北京有轨电车获得并使用的第一种钢制车体的客运用有轨电车车辆，其结构也对 1951 年前后北京有轨电车其他车辆的改造工作产生了一定影响。

4.3.1　北京有轨电车 350 型拖车概述及主要技术数据

北京有轨电车 350 型拖车原本为上海华商有轨电车所拥有的车号位于 76 至 81 的 6 辆有轨电车拖车。这里为便于描述起见，使用对北京有轨电车机车和拖车的分型规则（见 2.3 节），将其称呼为上海华商有轨电车 76 型拖车。这些拖车在 1934 年至 1935 年间陆续于上海远大铁工厂完工并投入运营，其中 1934 年完工 4 辆，1935 年完工 2 辆。它们也是上海华商有轨电车在 1937 年 8 月 13 日终止运营之前购入的最后一种有轨电车拖车。上海华商有轨电车 76 型拖车在上海的使用方式与北京有轨电车的拖车使用方式基本一致，均为视情况加挂于四轮机车后方以扩充四轮机车的运输能力，并且四轮机车与拖车之间不存在固定编组的关系，随用随取。

上海华商有轨电车 76 型拖车为钢制车体，单层车顶，车辆全长 8150 mm，宽 2000 mm，高 3120 mm，在不载客的情况下，车体和走行部的总质量为 4000 kg。其车体端面安装有三扇单层车窗，这三扇端面车窗均可手动向下打开，打开后车窗可滑入下方车体内部的对应容纳空间。在端面的左侧车窗上方有一个较小的方向幕，不过这个方向幕主要用来显示该车正处于的线路的路号。与同一时期上海华商有轨电车的其他拖车一样，该型拖车的端面不设前照灯，但在端面下方设有缓冲梁，缓冲梁下方是挽车钩，用以和四轮机车连接。

车顶在运行方向的左右两侧各安装有三个以一定间隔纵向排列的通风器，此外不设任何其他设施或设备。车体侧面的中部仅有一个门洞，门洞以手动推拉打开的铁栅门阻隔，不设任何门扇。在门洞两侧各有三扇客室车窗，车窗为单层窗，窗扇带有"日"字形窗框且同样为手动打开方式，打开时可向下滑入车体侧墙内部的相应空间中。此外，为了防止人员及异物卷入，上海华商有轨电车 76 型拖车在车体侧面的下方还设置了金属护网。

总的来看，如果以字母"V"表示门洞，以数字表示车窗数量，则上海有轨电车 76 型拖车的门窗布局可以表示为"3V3"。

上海华商有轨电车 76 型拖车的车轮直径为 640 mm，固定轴距为 2800 mm，车上不设任何动力或制动装置，完全依靠前方的有轨电车机车拖带或制动。

在上海运营时期，车内设座席 36 个、立席 40 个，不设吊席（拉环扶手），额定载客数 76 人。

1937 年 8 月 13 日，上海华商有轨电车终止运营，此后包括上海华商有轨电车 76 型拖车在内的各型上海华商有轨电车车辆即处于闲置状态，直至 1942

年。由于当时的北京有轨电车正处于客运压力大而车辆短缺的状态，因此一部分闲置车辆即被北京有轨电车购入，以便扩充其自身的运营车辆，这 6 辆有轨电车拖车也在其中。

获得上海华商有轨电车 76 型拖车之后，北京电车修造厂拆除了这些有轨电车拖车原本的铁栅门，为其安装了真正意义上的手动车门，并在端面车窗下方添设了用于从有轨电车机车处获取照明电力的插头，而车上原本的方向幕和金属护网则由于在北京运营时实际意义不大而被取消。除此之外，由于使用钢轨规格的不同，虽然轨距与北京有轨电车的轨距一致，但上海华商有轨电车使用车辆的轮对踏面较窄，相较于北京的轨道系统不太适宜，因此在改装工作中，这些有轨电车拖车还被适当加宽了轮对踏面。

经过这些改动之后，如果以字母"D"表示车门，这些有轨电车拖车的门窗布局即变为"3D3"。值得注意的是，在车门安装上之后，临近车门的两扇车窗的正常开闭未受阻碍。

车内的座席和立席在改装过程中均减为 20 个，但增加了 24 个吊席（拉环扶手），定员也减为 64 人。

在改装工作完成之后，北京有轨电车将这些原上海华商有轨电车 76 型拖车的车号依次改为 351 至 356，并将其涂装改为以车窗下沿为界、上部为米黄色、下部为深绿色的标准涂装。自此，北京有轨电车 350 型拖车即正式出现。

4.3.2 北京有轨电车 350 型拖车的运用及后续去向

北京有轨电车 350 型拖车中，351 至 353 号车完工于 1943 年 4 月，354 至 356 号车则完工于 1943 年 5 月，每辆车在完工后即投入正式运营工作。

这些有轨电车拖车的使用方式与北京有轨电车 200 型拖车的使用方式相同（见 4.1.2 节），既不固定搭配编组，也不固定线路使用，而是视情况酌情加挂于四轮机车后方以扩充四轮机车的运输能力。

虽然北京有轨电车 350 型拖车为钢制车体的车辆，单从车体来说，耐用性良好，但在使用了一段时间之后，这些有轨电车拖车却逐渐暴露出了走行部结构强度差（主要原因是走行部中作为主要承重结构的边梁、减震弹簧和轮箍过于单薄）的问题。加之自 1943 年开始，随着局势的变化和用于维护保养车辆的材料的短缺，北京有轨电车已无力再组织专门的改装或是针对性的维修工作。因此，北京有轨电车 350 型拖车自 1944 年开始便逐步因故障退出运营转为闲置，并在 1945 年时彻底停用。

至 1945 年 8 月后，经过近 4 个月的维持和整顿，出于尽快恢复运营的考虑，北京有轨电车于 1945 年 12 月至 1946 年 9 月间开始了一项针对车辆的大修工作。全部 6 辆北京有轨电车 350 型拖车由于车体较坚固，修复价值较大，因此也被包含在了此次工作之中。对于这些车的整修工作主要是修补车体破损锈蚀的部位并重新涂刷油漆。由于原本的走行部已经被确认结构强度不足，北京有轨电车索性将一些车况较差的北京有轨电车 200 型拖车的走行部拆下，然后用这些走行部替换了北京有轨电车 350 型拖车原本的走行部，这使得自 1946 年之后，北京有轨电车 350 型拖车的轴距变为和北京有轨电车 200 型拖车一致的 2286 mm。

在全部 6 辆车中，355、353、356 和 351 号车均开始整修于 1945 年 12 月或以前一些时候，完成于 1946 年 1 月。完成整修的 4 辆车也按上文给出的顺序被顺次命名为"和平""建国""胜利"和"复兴"，与同一时期整修完成的北京有轨电车 100 型机车第 1、4、31 和 46 号车同名（这些四轮机车的命名同样按此顺序）。在这些车辆完工出厂时，还按同名有轨电车机、拖车搭配的方式，在 1946 年 1 月 1 日上午 10 时的天安门一带举行了一个庆祝发车的活动，活动中 4 组车以"制成新车四套"的名义亮相（实际上很显然是大修车）。

此后，354 号车和 352 号车也于 1946 年 2 月整修完工并被顺次命名为"民族"和"民生"，这两辆车也与同时期整修完工的北京有轨电车 100 型机车第 24 和 49 号车同名（同样按此顺序，24 号车为"民族"，49 号车为"民生"）。而全部 6 辆北京有轨电车 350 型拖车在经过整修，车体涂装也由原来的涂装方案更换为深绿色的单色涂装。

这一时期，这些同名的有轨电车机车与拖车呈现出了一些固定编组的趋向，也的确这样运行了一段时间，但这种关系很快即被打破，即北京有轨电车 350 型拖车又恢复到在投入运营之初时的使用方式。由于这次的整修工作在实质上仍有不尽如人意的地方（材料质量差且依赖进口），截至 1946 年 11 月，原本于当年 1 月和 2 月整修完毕的 354、355 和 356 号车再度因为故障被除名，这三辆车也就此停用至 1950 年左右才再度被修复并投入运营。

值得一提的是，由于北京有轨电车 350 型拖车原本为上海华商有轨电车 76 型拖车，因此在 1947 年时，原上海华商电气公司的相关人员曾来函索要这些车辆以备上海华商有轨电车的恢复工作。但北京有轨电车以这些有轨电车拖车为己方出资购买、车上已加装北京有轨电车之各种配件和城市交通趋于繁忙以致不可能削减车辆等理由拒绝。这项争议最终也随着上海华商有轨电车的复业申请被拒绝而不了了之。当然，这一时期北京有轨电车的运营状况也同样谈不上乐观。自 1947 年开始，北京城市交通的运作很快被再度打乱。特别是到了 1948 年年底，在种种不利因素的影响下，北京有轨电车的运营已处于几乎中断的状态，此时尚可使用的北京有轨电车 350 型拖车也就此陷于停用。

1949 年 2 月后，北京有轨电车 350 型拖车与北京的其他多数有轨电车拖车一样，接受了为修复车辆、恢复城市交通而在 3 月 18 日至 4 月 19 日间开展的第一次"百辆车运动"的整修。虽然后来在 4 月 25 日发生的北京电车修造厂火灾造成了一些波折，不过作为一种钢制车体的有轨电车拖车，北京有轨电车 350 型拖车几乎没有受到火灾的影响，在经过清理和简单修复之后，很快就再度投入了运营。此时这 6 辆车在 1946 年时获得的命名已被自动取消，并且自 1950 年后其涂装也被改为了以车窗下沿为界、上部为米黄色、下部为椰褐色的模式。

北京有轨电车 350 型拖车的使用模式在 1949 年后还有一个小变化。由于北京有轨电车 700 型机车和 706 型机车在这一年后不再在运营时加挂任何拖车，因此北京有轨电车 350 型拖车的使用范围在客观上有所缩小。

值得一提的是，在北京电车修造厂于 1950 年至 1951 年间改装或重做北京有轨电车 100 型、700 型和 706 型机车车体，以及仿制 100 型机车时，在一定程度上也参考了北京有轨电车 350 型拖车的车体结构，并计划将这些有轨电车机车的车体也改为钢制（或半钢制）以求坚固。但这个计划最终由于材料和工时的限制未能在全部车辆上实现，只有为数不多的一些北京有轨电车 100 型机车和仿 100 型机车最终使用了钢制或半钢制车体，其余大多数车辆还是改为木制立柱外包薄铁板的木骨铁皮制车体作为权宜选择。

全部 6 辆北京有轨电车 350 型拖车均使用到 1959 年 3 月 9 日北京内城有轨电车系统停运拆除为止，随后即转入封存状态，其中除 353 号车以外的 5 辆车均于 1959 年至 1962 年间陆续报废解体，最终消失。延至 1964 年 10 月 28 日，剩余的 353 号车也被无偿移交给了当时的北京市交通运输技工学校作为临时传达室使用，并在该校正式的传达室落成之后停用解体，至今不再有任何遗存。

自 1942 年运抵北京开始计算，至 1959 年停用封存为止，北京有轨电车 350 型拖车在北京运行了 17 年。

而自 1934 年上海华商有轨电车 76 型拖车投入运营开始计算，至 1964 年最后一辆北京有轨电车 350 型拖车被移交给其他单位为止，北京有轨电车 350 型机车 / 上海华商有轨电车 76 型机车总计存在 30 年。

4.4 北京有轨电车仿 200 型拖车

北京有轨电车仿 200 型拖车是北京有轨电车比照旧有的 200 型拖车 1950 年后的状态，在 1951 年至 1952 年间仿制而成的一种四轮拖车，总计有 23 辆，其车号理论上应分布于 237 至 259。但实际上，由于一些车号较为靠前的北京有轨电车 200 型拖车因损坏和老化而停用消失，为填补这些较小车号的空缺，部分北京有轨电车仿 200 型拖车的车号被改小，在 1959 年北京有轨电车停用全部拖车时，其最大车号仅为 256。

4.4.1 北京有轨电车仿 200 型拖车概述及主要技术数据

1949 年至 1950 年间，北京有轨电车的工作重点主要还是尽快恢复正常运营并修复因为北京电车修造厂火灾而烧毁的车辆。而自 1951 年之后，随着北京城市建设和发展工作的高速推进，北京有轨电车再度面临了客流量增长而车辆缺乏的问题。

由于社会环境和经济条件使然，这一时期的北京有轨电车基本无法从外界购入车辆或是接收其他城市的车辆填补自身需要，因此只剩下了自行制造车辆这一个办法。

北京有轨电车此前已经有了一定的制造有轨电车拖车的经验（即北京有轨电车 231 型拖车，见 4.2 节），不过出于方便统一管理和维护的考虑，自行制造的有轨电车还是选择以北京有轨电车 200 型机车为样本仿制而成。

北京有轨电车仿 200 型拖车的形态与北京有轨电车 200 型拖车经过 1950 年至 1951 年大修重做车体之后的形态一致，车体为木制立柱外包薄铁板的木骨铁皮制结构，单层车顶，车顶四角各安装一个通风器，此外不设任何其他设施或设备。车辆全长 8000 mm，宽 2100 mm，高 3060 mm，在不载客的情况下，车体和走行部的总质量为 5800 kg。其车体端面安装有三扇单层车窗，窗扇带有"田"字形窗框。三扇车窗均可手动向下打开，打开后车窗可滑入下方车体内部的对应容纳空间。车窗上方左右两侧各有一盏后部标识灯，不设前照灯及悬挂水牌的挂钩，但在端面下方设有缓冲梁，缓冲梁下方是挽车钩，用以和四轮机车连接。为防止人员及异物卷入车下，北京有轨电车仿 200 型拖车在车体下部同样设置了金属护网。

车体侧面的中部安装有一道对开手动车门，打开时两个门扇可各自向相反方向滑入相邻客室车窗位置的侧墙内部（这里的侧墙设置有一个专门用于容纳车门的夹层空间），两个门扇上各有一个无法打开的门窗。在车门两侧则各有四扇客室车窗，与端面车窗一样，客室车窗的窗扇同样带有"田"字形窗框，车窗打开时，可向下滑入车体侧墙内部的相应空间中（但与车门相邻的客室车窗由于门扇滑动的需要无法打开）。

总的来看，如果以字母"D"表示车门，以数字表示车窗数量，则北京有轨电车仿 200 型拖车的门窗布局可以表示为"4D4"。

北京有轨电车仿 200 型拖车的车轮直径为 640 mm，固定轴距为 2286 mm，安装有一套手制动机作为前方有轨电车机车的辅助制动手段。车内设座席 24 个、立席 37 个，不设吊席（拉环扶手），额定载客数 61 人。

与同一时期的北京有轨电车 200 型拖车一样，北京有轨电车仿 200 型拖车采用以车窗下沿为界、上部涂刷米黄色、下部涂刷椰褐色的涂装方案。

4.4.2　北京有轨电车仿 200 型拖车的运用

北京有轨电车仿 200 型拖车分别完工于 1951 年（13 辆）和 1952 年（10 辆），这些拖车的运用方式与 1949 年后的北京有轨电车 200 型拖车完全一致，即视情况加挂于除北京有轨电车 700 型机车和 706 型机车以外的四轮机车后方，以增加四轮机车的运输能力。值得一提的是，虽然这些北京有轨电车仿 200 型拖车在数量乃至于出厂时间上是与同一时期的北京有轨电车仿 100 型机车（见 3.10 节）对应的，但是在实际运用过程中，二者不存在固定搭配编组的关系。

在运营过程中，北京有轨电车仿 200 型拖车与北京有轨电车 200 型拖车完全混同，二者在使用及维护保养时被视为同一个群体。在 1959 年北京内城有轨电车系统停运拆除之后，由于后续在北京外城的有轨电车系统中仅使用北京有轨电车五二式机车，不使用其他任何客运四轮机车，因此全部 23 辆北京有轨电车仿 200 型拖车均在 1959 年被停用，并最终在 1962 年以前全部被报废解体，至今不再有任何遗存。

自 1951 年于北京电车修造厂内装成第一辆车并投入运营开始计算，至 1959 年停用封存为止，北京有轨电车仿 200 型拖车在北京总计运行了 8 年。

4.5 北京有轨电车五三式拖车

北京有轨电车五三式拖车是北京电车修造厂于1953年开始自行设计并制造的一种适配于北京有轨电车使用的四轮机车的拖车。和北京有轨电车五二式机车一样，因这种拖车的首批14辆车于1953年出厂并投入运营，因此被命名为北京有轨电车五三式拖车。

北京有轨电车五三式拖车在1953年至1957年间总计被生产了43辆，车号位于357至399。它也是1949年后北京电车修造厂自行设计制造的唯一一种有轨电车拖车。

4.5.1 北京有轨电车五三式拖车概述及主要技术数据

北京有轨电车五三式拖车的设计与制造包含三个方面的目的。其一是扩充北京有轨电车的客运能力，特别是扩充四轮机车的客运能力。其二是替换一些已经实在不堪使用的北京有轨电车200型拖车——如果不计1951年及1952年的仿制车，该型拖车在1924年就已经投入运营。虽然已经在1950年前后经历了一次车体的大修和改装，但延至1953年，整体来说，该型有轨电车拖车的车况已经不容乐观。其三则是改善乘客的乘坐体验。

整体来看，北京有轨电车五三式拖车基本承袭了北京有轨电车500型机车和北京有轨电车五二式机车的外观与车内设计，在门窗布局上则沿用了北京有轨电车200型拖车车门居中的模式，但其规格尺寸要比北京有轨电车200型拖车有所放大，甚至也略大于北京有轨电车350型拖车。因此，北京有轨电车五三式拖车也可以视为北京有轨电车使用过的尺寸最大的有轨电车拖车。

北京有轨电车五三式拖车为钢制侧墙，半钢结构（车顶材质非钢制），单层车顶，车辆全长8240 mm，宽2100 mm，高3112 mm。在不载客的情况下，车体和走行部的总质量为6420 kg（357号车至389号车）或5650 kg（390号车至399号车）。其车体端面安装有三扇单层车窗，三扇车窗均可手动向下打开，打开后车窗可滑入下方车体内部的对应容纳空间。车窗上方左侧有一盏后部标识灯，这盏后部标识灯的形制与北京有轨电车500型机车的基本一致。端面不设前照灯及悬挂水牌的挂钩，但在端面下方设有缓冲梁，缓冲梁下方是挽车钩，用以和四轮机车连接。与北京有轨电车五二式机车一样，北京有轨电车五三式拖车车体侧面的下方，也就是轴箱外侧设置了防止人员及异物卷入车下的金属护网。

车体侧面的中部安装有一道对开手动车门，打开时，两个门扇可各自向相反方向滑入相邻客室车窗位置的侧墙内部（这里的侧墙设置有一个专门用于容纳车门的夹层空间）。在车门两侧，各有四扇客室车窗。车窗为单层窗且同样为手动，打开时可向下滑入车体侧墙内部的相应空间中（但与车门相邻的客室车窗由于门扇滑动的需要无法打开）。在可打开的客室车窗外钉有三条护栏，护栏横跨全部三扇可打开的客室车窗，用以防止车内人员掉出窗外发生危险。

总的来看，如果以字母"D"表示车门，以数字表示车窗数量，则北京有轨电车五三式拖车的门窗布局可以表示为"4D4"。

车顶安装有三个以一定间隔纵向排列的"十"字形通风器，此外不设任何其他设施或设备。

北京有轨电车五三式拖车的车轮直径为 640 mm（357 号车至 389 号车）或 700 mm（390 号车至 399 号车），其固定轴距则为 2600 mm。

在出厂时，车内设座席 28 个、吊席（拉环扶手）24 个、立席 8 个，额定载客数 60 人，不过延至 1957 年前后时额定载客数降为 54 人，座席个数不变。

北京有轨电车五三式拖车的整体涂装采用以车窗下沿为界，上部为米黄色，下部为椰褐色的方案。与同一时期北京有轨电车的其他车辆基本保持一致。

4.5.2　北京有轨电车五三式拖车的运用

北京有轨电车五三式拖车的车号接续于北京有轨电车 350 型拖车之后，总计分 5 批制造完成。首批车为 357 号车至 370 号车，总计 14 辆，完工于 1953年。第二批车为 371 号车至 376 号车，总计 6 辆，完工于 1954 年。第三批车为 377 号车至 384 号车，总计 8 辆，完工于 1955 年。第四批车为 385 号车至 389号车，总计 5 辆，完工于 1956 年。最后一批车为 390 号车至 399 号车，总计 10 辆，完工于 1957 年。

由于北京有轨电车五三式拖车与北京有轨电车 200 型拖车同为四轮拖车，因此其运用方式也基本一致，即视情况酌情加挂于北京有轨电车使用的四轮机车（除北京有轨电车 700 型和 706 型这两种在 1949 年后不挂拖车的四轮机车）。后方作为扩充客运能力的用途，并且两者的搭配并不固定，不存在某辆有轨电车拖车特定加挂于某辆有轨电车机车之后的情况。

根据运营反馈来看，北京有轨电车五三式拖车具有载客量大、乘坐相对舒适及车内空间大的特点，可以配合四轮机车在高峰时段应对各站的较大客流量。

总体来说，它基本达到了最初的设计目的。由于该型有轨电车拖车相对很新，因此车况很好，行驶也更为平顺。

至 1959 年北京内城有轨电车系统拆除之后，由于外城有轨电车系统全部采用北京有轨电车五二式机车运营，因此北京有轨电车五三式拖车也随之停用，全部 43 辆车均转入封存状态，并于接下来的两年间陆续报废解体（除调出的）。延至 1962 年，北京已无该型有轨电车拖车存在，并且至今已无任何遗存。

自 1953 年第一辆北京有轨电车五三式拖车出厂开始计算，至 1961 年左右最后一辆北京有轨电车五三式拖车解体，北京有轨电车五三式拖车总计存在约 8 年。

| 第 5 章 |
其他车辆、运营维护及改装工作

5.1 北京有轨电车的其他车辆及未成车辆

北京有轨电车所使用的车辆除第 3 章所述的有轨电车机车及第 4 章所述的有轨电车拖车之外，还有一些零散而不单独成为型号的车辆，以及一些虽然购入但最终未以任何形式投入运营的车辆。以下即介绍这些车辆的具体情况及这些车辆的相关经历。

5.1.1 北京有轨电车的电动洒水车

北京有轨电车曾保有一辆电动洒水车，这辆洒水车由法国电气制造公司制造，没有车号，宽泛来说可以认为是一辆四轮机车。不同于载客的四轮机车，电动洒水车为钢制车体，全长 8180 mm，并没有真正意义上的侧墙，取而代之的是每侧支撑车顶的五根铁立柱，车辆中部则安装一个矩形水箱，车体两侧上下车的位置以铁栅门作为车门。车盘采用的是和北京有轨电车 100 型机车一致的 Brill 21E 型（轮径、轴距均相同），电动机、控制器和其他电气设备的型号也与北京有轨电车 100 型机车保持一致（见 3.1.2 节）。该车端面在前照灯下方的左右两侧各设置一个洒水喷头。为防止洒水时有水溅上车窗干扰视野，端面车窗采用了外飘式结构，这使得它的外观呈半流线型，看起来相当特殊。

在电动洒水车的使用过程中，首先会在北新桥以南道路东侧（今东四北大街在交道口东街与张自忠路之间的某处）的专用自来水龙头处将水箱加满，然后按照既定的洒水路线泼洒路面，洒水路线及洒水日程的规划会视具体情况而制定或调整。后来由于加水位置交通繁忙，每当电动洒水车加水时即多有妨碍车辆通行，还产生过一些试图挪移加水位置的交涉，但最终亦无甚明确结果。

1941 年时，为了拼造北京有轨电车 101 型机车以应对当时的客运压力，这辆电动洒水车的车盘被拆下并挪用给了这种四轮机车，因此在这一年中，电动洒水车因为没有车盘暂时停止或减少了洒水作业。1942 年之后，北京有轨电车再度添置了一个四轮机车的车盘，并将这个车盘装拢在了电动洒水车的车身上，恢复了它的独立运行能力并再度投入正常的洒水作业中。

考虑到 1942 年北京有轨电车获得了洞爷湖电气铁道的两辆デハ型电车，并且其中一辆车的车盘连同电动机后来被成功装用于北京有轨电车 400 型机车 401 号车上，那么这个添置车盘的来历就有了两种可能：其一，这可能是一个专门从其他地方购置，或作为相关备用品随此前购置的车辆一同购入的 Brill 21E 型或相似型号的车盘，并且和北京有轨电车 100 型机车使用的车盘具有大体一致的规格尺寸；其二，这个车盘可能是其中一辆洞爷湖电气铁道デハ型电车装用过的 S0 型车盘。不过不论如何，换装新车盘后的电动洒水车使用的还是原本的 DB1-K4 型控制器。

对于北京有轨电车的这辆电动洒水车，可以确认其存在的最后记载出现于 1946 年 11 月，此后即罕见对这辆车使用情况的记录。不过在 1962 年调查显示，北京外城有轨电车系统中仍有一辆 402 号车在使用，而这辆仍在使用的有轨电车机车除了可能是创造号机车（见 5.1.3 节），也同样可能是这辆电动洒水车。

5.1.2　北京有轨电车无号拖车及其他无动力车辆

北京有轨电车在 1940 年购入京王电气轨道 23 型电车第 56 号车（即后来的北京有轨电车 506 型机车第 506 号车）的同时，为了给它配置合适的电动机（该车原本的电动机外壳过大，无法在缩小轨距之后顺利安装），还单独购买了一个日本车辆制造株式会社生产的 S 型车盘，并在随后将这个车盘上安装的两台电动机（奥村电机株式会社生产的 107A 型）拆换到了那辆京王电气轨道 23 型电车上。

这个安装了两台电动机的车盘正是 1928 年因驾驶不当导致超速而脱轨颠覆的常南电气铁道木造电车 5 号车残余部分。该车最初由蒲田车辆制造株式会社在 1926 年 10 月制造而成。在脱轨颠覆之后，车体由于损坏过重而报废，但车盘保留下来并在保留车籍的前提下长期闲置。1938 年常南电气铁道停运废弃之后，这个车盘被再次售予了峡西电气铁道（后来的山梨交通电车线，于 1962 年 7 月 1 日停运废弃）并在名义上成了モハ 111 号车。不过峡西电气铁道最终也没有将这个车盘恢复为一辆完整电车，而是在 1940 年将它再度售予了小岛荣次郎工业所，并最终为北京有轨电车所购得。

将这个车盘上的电动机拆换给北京有轨电车 506 型机车之后，北京电车修造厂为这个空车盘重新制造了一个车体，并将它作为一辆有轨电车拖车使用。不同于其他有轨电车拖车，该车车身上并不涂刷车号，也没有被规定车号，当然使用方法则是与同时期的其他有轨电车拖车完全相同的。

目前已知的关于这辆无号拖车的记载仅在 1941 年出现了一次，而在综合考虑 1941 年以降北京有轨电车官方文件中体现出的各型车辆的演变情况之后，这里不妨提出一个推测，即这辆无号拖车一直被使用到 1946 年，随后在同年北京有轨电车对所属车辆开展的大修工作中被重新安装电气设备并恢复为一辆四轮机车，即北京有轨电车创造号机车。

除无号拖车之外，北京有轨电车还拥有过两辆载重 10 t 的二轴木制敞车。这两辆敞车均为日本铁道省初代卜 1 型敞车，车号分别为卜 2288 和卜 2289，于 1890 年在日本凑町工场制造。车辆全长 5512 mm，宽 2337 mm，高 1708 mm（其中侧墙高 610 mm），轴距 2692 mm，轮径 863 mm，轨距为 1067 mm，装备有一套手动的车侧制动机。两辆车在日本铁道省下辖的铁路线上运营 39 年后，于 1929 年被日本洞爷湖电气铁道购得并将车号改为卜 101 及卜 102，随即投入洞爷湖电气铁道的货物运输。在洞爷湖电气铁道于 1941 年终止运营之后，两辆敞车连同洞爷湖电气铁道的多数资产均被北京有轨电车购得。

北京有轨电车在获得这两辆敞车之后并未对其给予车号并投入运营，只是在 1946 年后，为清运城市垃圾，可能将这两辆敞车改装成了清运垃圾用的专用拖车投入了环境卫生清理工作。

自此之后，这两辆敞车即罕见有关记载。

5.1.3　北京有轨电车创造号机车

北京有轨电车创造号机车是在 1946 年 5 月由北京电车修造厂拼造而成的一辆半钢制车体的四轮机车，该车在最初并没有车号，而是只有"创造"这一命名。

创造号机车的拼造工作最早可以追溯到 1945 年 11 月到 12 月。这一时期，北京有轨电车计划拼造一辆工事用的四轮机车，以便搭载维护和检修工具随时出发，对在运营过程中发生一般性故障的有轨电车予以检修，或是对轨道方面的一般性故障予以处理。不过由于同一时期北京有轨电车也在忙于修理运营用的有轨电车机车和拖车，加之拼造过程中经历了一段将车体改换为半钢制结构的插曲，因此新车的拼造工作直到1946年5月才最终完工。和当时大修过的车辆往往获得命名一样，这辆新拼造的工事用四轮机车虽然没有获得车号，但自此之后也被命名为"创造号"。

拼造创造号机车使用的电动机、控制器、弓形集电器等基本来自北京有轨电车300型机车改成拖车时拆下的电气设备或是北京有轨电车其他机车的备用品。北京电车修造厂在拼造过程中还为其安装了一套空气制动机，因此创造号机车也成为1946年前后北京有轨电车中为数不多可以实施空气制动的四轮机车。

创造号机车自1946年完工之后一直作为工事车使用，而且也一直处于无车号状态。受1947年至1948年间北京有轨电车物资紧缺问题的干扰，这辆四轮机车在此期间也没能获得良好的维护。加之1949年北京电车修造厂火灾的影响，至1950年时，创造号机车已处于损坏而不能运行的状态。由于修复这辆四轮机车需要使用的槽铁暂时短缺，创造号机车直到1951年后才被修复并再次投入使用。这个时期的创造号机车依然没有获得车号，仍旧以"创造号"作为其名称。

自1951年后，北京有轨电车即罕见对于创造号机车的记载。不过在1962年时，北京外城有轨电车系统中仍有一辆402号车还在使用。除可能是北京有轨电车的电动洒水车之外，也不能排除是这辆创造号机车废除命名并获得车号的结果。

5.1.4 上海华商有轨电车拆碎车辆

由北京有轨电车购入的原上海华商有轨电车车辆，除成为北京有轨电车700型、706型、800型和350型的总计23辆车之外，另有7辆车也一并被购入。但这7辆车由于损坏太过严重或结构并不适合在北京有轨电车的轨道系统上运行，因此并未被修理改装投入运营。在上海华商有轨电车时期，这些车的车号为26、32、39、53、54、57，以及一辆无车号的工程车。

26号车属于上海华商有轨电车18型机车（即北京有轨电车706型机车），是一辆四轮机车。事实上在最初的时候，这辆车也已经被北京有轨电车赋予了714号的车号。但后来的验车检查工作发现，26号车的电动机缺少了半个外壳和一个电枢，在当时的环境下一时间也无法找到配件补齐，因此最后26号车未能修复并投入运营，而是拆散作为其他有轨电车车辆的备件使用。

　　32 号车属于上海华商有轨电车 27 型机车（即北京有轨电车 800 型机车），为八轮机车；39 号车属于上海华商有轨电车 39 型机车，为四轮机车。这两辆车运抵时车内的电气部件已经丢失或拆卸殆尽，只剩下一个空车体。经过验车检查认为这两辆车若想修复则需要补齐的配件很多，花费也很大，在当时的环境下难度相应较高，实际上已经没有修复价值。所以，两辆车随后直接拆散，作为其他有轨电车车辆的维护材料使用。

　　53、54 和 57 号车属于上海华商有轨电车 51 型机车，三者为四轮机车。其中，53 号车和 57 号车在运抵时，车内的电气部件同样已经丢失或拆卸殆尽，只剩下一个空车体，54 号车的车盘大梁在运抵时就已经折断而难以修复。除此之外，该型机车存在车体和车盘的固定轴距过长的问题，若在北京有轨电车的轨道系统上运行则难以通过弯道，因此并未投入运营（54 号车也并未被赋予北京有轨电车的车号）而被拆散作为其他有轨电车车辆的维护材料。

　　工程车同样因损坏严重且并无在北京有轨电车使用的必要而未做修复，其车体同样被拆散作为维护材料。

5.2　北京有轨电车的其他营业供用与适应性改装

　　除了承担北京市内的城市公共交通，北京有轨电车因其运输能力较强（在很长时间内甚至是北京市内最强的）的特点，也会承担一些客运之外的大宗运输任务，其中影响较为深远的主要有两项，即协助清运城市垃圾和 1958 年天安门地区的改扩建工程的运输工作。

　　在这两项任务中，前者涉及了一些非客运有轨电车拖车的使用，而后者则涉及了一些原本用于客运的有轨电车机车的货运化改装。

5.2.1　协助清运城市垃圾

　　北京有轨电车作为 1946 年前后北京城内运输能力最强的交通工具，除可以承担城市客运工作之外，理论上也可以承担一些城市中大宗或笨重物体的搬运工作。因此，当时的北平市卫生局即开始考虑使用北京有轨电车的轨道系统和车辆清运城内每日产生的各类生活垃圾。当时北京城内尚缺乏现代的垃圾处理手段，生活垃圾的消纳方式主要还是用来平垫城内外的各凹陷不平处（如沟坎、塌陷、弹坑和旧战壕等），而当时北京电车修造厂厂区附近刚好有一些洼地有待平垫。因此双方于 1946 年 12 月 14 日达成一致，由当时的北平市卫生局拨款

200万元（当时货币）改装出两辆专门清运垃圾用的有轨电车拖车，并在太平仓东口（今北京太平仓胡同东口，北京市第四中学体育场西南角附近）设置用于装运垃圾的土站台一处。在每天早8时之前，由一辆有轨电车将这两辆专用拖车牵引到土站台边停妥，然后即开始装运垃圾，待装满后再由这辆机车牵引至北京电车修造厂厂区填埋于坑洼处，随后机车再牵引两辆拖车返回太平仓的装运处。每日随满随走，往返运输。

这两辆清运垃圾用的有轨电车拖车改装自北京有轨电车原有的旧车，取原车的走行部再另加一个新车体组合而成。考虑到北京有轨电车当时的拥车情况，用于改装的两组走行部除可能来自已不堪使用的四轮拖车以外，也可能来自两辆原本洞爷湖电气铁道的敞车，即原卜101及卜102号车，在北京有轨电车获得它们之后，其原本的车号即取消。至于牵引用的有轨电车机车则并无固定选择，而是视情况从可开动的四轮机车中抽调。

在清运垃圾时，由当时的北平市卫生局派出一名稽查员作为负责人，指导并监察工作，另派出12名装卸工人，负责将生活垃圾装车和卸车。北京有轨电车方面则派出一名驾驶员，负责驾驶有轨电车往返运行（每天至少运行两次）。

虽然待清运的垃圾装于两辆专门的有轨电车拖车上，但由于垃圾气味扩散浸染的缘故，位于前方牵引用的有轨电车机车在执行完相关的运行任务回厂之后也不免带有异味，因此执行完这类任务之后的有轨电车机车也往往需要进行一些清理工作，才能继续投入次日的载客运营。

北京有轨电车协助清运城市垃圾的工作持续了大约一年，最终在1948年年底随着同一时期北京有轨电车运营工作的几近中断而自然停止。延至1949年后，北京有轨电车也再未长期而有组织性地承担类似的工作，两辆原本作为清运垃圾用的有轨电车拖车则转为其他的用途。

5.2.2 北京有轨电车货运车辆的改装始末

自1958年开始，北京的天安门广场一带开始了一系列改扩建工程，这些工程都不可避免地需要运输大量的工程建设装备和建筑材料。在这种情况下，除了动用大量汽车，北京的有轨电车作为一种具有一定规模运输能力的城市交通设施，也参与进了物资的运输工作中。

由于北京有轨电车不论是车辆还是轨道系统都是以城市客运为导向的，因此为了适应天安门广场改扩建工程的需要，北京有轨电车铺设了两条临时轨道并改装成了一些货运车辆。

两条临时线路分别是西便门—宣武门临时线路，以及永定门城墙豁口—永定门临时线路。前者用以接应当时停靠西便门车站（该站现已拆除，位置大致在今北京西站以东不远处）的货运列车，后者用以接应当时停靠永定门车站（该站经拆除改建成为今天的北京南站）的货运列车，列车上的物资在卸下后即装上货运有轨电车送往天安门施工现场。

货运有轨电车也有机车和拖车的区分。货运机车为北京有轨电车仿 100 型机车改装而成，选中的车辆车号分别为原 74 号和 88 号，具体的改装工作如下：首先车体端部依然维持原样，即保留端面及端面车窗、两端的驾驶席、电气设备和相应的车门，接着彻底移除客室和客室部分的车体，使两端各形成一个驾驶楼，然后在原客室位置搭建出类似敞车的矮侧墙敞篷货位，集电器由原本固定在车顶上改为固定在一个安置于车体中部的四脚架上，最后将原本乘降用平台与客室的隔板改装成驾驶楼背后的侧墙。而为了适应不同物资的运输需求，货运拖车有敞车和平车两种（在当时分别被描述为槽形拖车和平板拖车），它们可能是由北京有轨电车 200 型拖车、仿 200 型拖车或是原洞爷湖电气铁道二轴敞车改装而成的，改装工作也基本上就是移除原本的车体，然后安装货运所需的侧墙和底架等。

这些货运车辆的改装工作开展于 1958 年 10 月至 11 月间，完工后即往返于工地及火车站运输建设物资。在天安门改扩建工作完工之后，这些货运有轨电车也未再恢复为原本的客运有轨电车，而是在 1959 年 3 月 9 日随着北京内城有轨电车系统的拆除而一并停用封存。其中，货运拖车在 1959 年至 1962 年间陆续解体消失，货运机车虽然在 1962 年时仍然留存，但是电动机已经拆走，不再具备运行能力，并且最终在不晚于 1965 年时解体消失。

5.3　北京有轨电车的技术改造

任何一种机械装备都很难在投入运营伊始即达到最适应工作环境的结构与状态，普遍会在使用过程中经历技术改造或技术升级。北京有轨电车的各种车辆作为为北京城市公共交通服务的机械装备，在其运营过程中，针对车辆暴露出的问题也同样实施过一系列的改造措施，这些措施已在前文介绍有轨电车型号时有所描述。因此，接下来重点讨论一下北京有轨电车使用的车辆上无法直观看到的、具有一定程度普及性的技术层面改造措施。

5.3.1 对有轨电车切轴故障的防治

北京有轨电车所使用的车辆基本采用滑动轴承，车轴的轴头与轴箱以各自的表面互相贴合、施以润滑剂并以此转动。这样的轴承虽然结构简单，但相比滚动轴承来说，施加给轴头和轴箱的摩擦力，以及车轴由此产生的应力更大。由于当时制造材料和加工工艺不良，北京有轨电车机车的车轴长期存在一种严重干扰运营的故障——切轴。

切轴，顾名思义即车轴如同被切削一样折断，其折断位置往往位于车轴和轮心的嵌合处附近。在 1949 年以前，北京有轨电车的维护保养中有很大一部分精力与开支都用在了整修由于发生切轴而无法运营的有轨电车机车上，但切轴故障仍然是干扰北京有轨电车运营的最重大问题。其中比较严重的情况发生在 1928 年 1 月至 9 月间，这段时间因切轴而不得不停驶维修的有轨电车机车一度达到 40 辆次之多，此后每年类似故障也时有发生。

北京有轨电车切轴故障的防治一直都是一件很困难的事情，因为这一故障的苗头往往出现在车轴内部，即车轴内部金属的疲劳、损伤和因此产生的裂缝。这些异常情况一开始从外观上是极难发现的，而在异常已经可以直观地用肉眼观察到的时候，再想提前采取措施就已经太迟了，车轴的折断此时已经紧随而至。

面对这种局面，北京有轨电车长期以来对切轴故障只能采取头痛医头脚痛医脚的办法。每当有轨电车机车的车轴因切轴故障折断后，便立即派车将其拖回北京电车修造厂更换车轴了事（通常来说，一次切轴故障往往导致 4 至 6 小时的运营中断）。而一旦遇到物资紧缺的情况（这种情况在 1949 年以前并不罕见），备件无法按时运抵，故障车就只能滞留在厂内，无法投入运营。这不仅严重干扰了北京有轨电车的正常运营，更影响了整个北京的城市交通运转。

直至 1954 年以后，北京有轨电车学习了中国铁道科学研究院的相关经验，在有轨电车的维护保养中引入了超声波探伤的相关设备，切轴故障的防治才真正意义上成为可能。作为一种可以窥见车轴内部情况的手段，用超声波探伤来定期检查并测量有轨电车车轴的相关情况便可以提前而直接地发现异常。与此同时，北京有轨电车还引入了计算车辆行驶里程的办法，以便能够更快速地定位并重点检查那些切轴发生可能性高的车辆，更进一步地节省时间和人工成本。

以这两种方法共同作用，即可在出现问题的车轴折断之前即将其发现并停车更换，有效地保证了有轨电车正常运营工作的有序进行。

5.3.2　对有轨电车电气部件溅水短路故障的防治

对北京有轨电车机车来说，其电动机、调速电阻及相应的导线均直接安装于车下，因此一旦遭遇阴雨天气特别是出现路面积水的时候，这些部件就会面临溅水短路的危险，这是一个自 1924 年北京有轨电车开始运营以来即逐步暴露的问题。自清朝末年以后，北京城内的排水系统就因为年久失修而缓慢退化，其排水能力自然也随之变差，这使得每逢夏季雨水充足的时候，城内即多发路面积水，其中积水较深的地方甚至可以达到 33 cm 以上（约一尺）。在最初开始运营时，北京有轨电车机车的调速电阻及导线只有一般性质的电气绝缘防护，除此之外则再无其他防护措施。这些部件直接暴露于大气环境中，空气的冷热干湿均可以直接对其产生影响。电动机则为了散热需要会在外壳上设计若干孔洞，当时电动机的绕组往往使用棉纱之类作为绝缘材料，而电刷和换向器由于自身工作性质无法设置绝缘材料。一旦有轨电车行至积水路段，积水往往浸泡或溅湿调速电阻及导线连接处造成短路并烧毁电阻，或是经电动机外壳上的孔洞进入电动机内部之后短接绕组或换向器，进而将电动机烧毁。除此之外，温差与水汽潮湿也会加速调速电阻的氧化和导线绝缘皮的老化开裂。

针对这一问题的第一次改造发生于 1933 年。当时采取的方法主要是将调速电阻的安装位置，改安置于车盘中部两台电动机之间，并在调速电阻下方设置挡水板尽量阻挡溅水，将车下的导线更换新线并加套铁管减缓老化，对电动机绕组外缠绕的棉纱绝缘材料进行真空干燥处理，并将其用绝缘油漆浸透，以期增强绝缘效果。此后，又视情况封堵减少了一些电动机外壳上容易进水的孔洞，以期减少进水的概率。

这些改造起到了一些作用，但考虑到当时北京城内排水状况不佳的局面，其成效还是很有限，最后只得采用在发现积水过深时断电停车的权宜之计，使得 1949 年以前每逢雨季北京有轨电车的运营即随雨势大小出现不同程度的错乱。其中比较严重的如 1933 年夏天，这一年北京城的降水量明显多于往年，自当年 5 月 13 日至 8 月 2 日期间，由于浸水或溅水而发生短路故障的有轨电车机车达到了 239 辆次，其中，不乏车辆接连出现了三到四次短路故障。而 1938 年夏秋之交的大雨使得北京电车修造厂一带积水严重，更是迫使北京有轨电车一连几天暂停运营。甚至在 1949 年 8 月 24 日，大雨产生的积水依然造成了 30 辆有轨电车机车的短路故障，一度使得当时城内仅有 20 辆有轨电车还可以投入运营（此时因电车厂火灾烧毁的很多有轨电车车辆仍未修复），而这起事件也促成了第二次技术改造的开始。

第二次技术改造的研究工作在 1949 年 8 月 24 日至 9 月 11 日期间展开，这次改造主要目的是改善有轨电车机车调速电阻的绝缘性能。北京有轨电车使用的调速电阻本质上是由许多电阻片有序排列并分组构成的若干个电阻器，由四根立柱悬挂于有轨电车机车车体下方。这些立柱虽然有绝缘设计，但是一旦遇到雨水下渗（如雨天上车的乘客带入车内的泥水或是车顶渗水）并浸湿立柱之后，就有可能出现闪络问题，因此这次的改装思路便是增加立柱的绝缘能力。具体来说，就是在原本的立柱外先套一层竹管，再在竹管外套一层玻璃管，同时在车体底架和调速电阻之间增设绝缘瓷管。经过这项处理之后，试改的调速电阻在 1949 年 9 月 11 日完工并做了 1000 V 高压试验。试验结果证明，改造后的调速电阻没有明显问题。于是在接下来的 1949 年 9 月 13 日，改造后的调速电阻装车试运行并做了浸水试验（将水泼到电阻器上测试绝缘性能），均表现良好，没有明显故障，由此这种改造方案获得了初步成功。

延至 1951 年，为更进一步解决电气部件溅水短路故障的发生，第三次改造于当年逐步展开，这次的改造工作主要集中在两方面：其一是改进调速电阻挡水板的结构，增强了挡水板的防水能力，使其可以应对较大深度的积水或强度更大的溅水；其二是进一步封堵了电动机上容易进水的孔洞——虽然此前的第一次改造已经封堵了一些容易进水的孔洞，但在 1951 年经过研究发现，电动机外壳上剩余的孔洞中依然有一个比较容易进水。而这个孔洞的存在导致了多数的电动机进水短路的发生，这次的改造即封堵了这个孔洞。经过这两方面的改装之后，实测发现有轨电车机车已可以在不深于 10 cm（3 寸）的积水路段正常运营，伴随同一时期北京城市排水系统的修复与发展，至 1951 年 7 月的连续几场大雨之后，北京有轨电车的运营仍未受到明显影响，自此这一故障才正式宣告防治完成。

5.3.3 对电动机和调速电阻的标准化改造

北京有轨电车在 1939 年至 1943 年间经历过一段多方购车的状态，虽然这一举动扩充了北京有轨电车的车辆数，却也使得北京有轨电车的车辆种类不断增加，配件型号繁杂，尺寸各异，技术状况有好有坏参差不齐。显然，这对车辆的维护保养造成了很大不便，也不利于对有轨电车的统一化管理。因此在 1951 年时，针对北京有轨电车电动机和其他电气部件的标准化改造即提上了日程。

　　首先便是明确现有电动机的各项部件规格。这项工作于 1951 年 2 月制订计划，预计将为北京有轨电车机车使用的电动机各项部件确定一套标准尺寸，以备日后维护保养时参考。但在 2 月中旬实际开始调查时发现，由于这些有轨电车机车在此之前长期处于不正常（主要是缺乏合理维护和超负荷）的使用状态，加之以前的维修工作由于物资缺乏使用了很多质量不一的替代品制造部件（如电动机的传动齿轮有用报废的车轴切齿改装者），这些电动机的电枢和轴承等部件不仅大多磨损严重，而且即使是同型号的电动机，同一部件的尺寸规格也各不相同。于是相关人员只得投入更多的精力去研究分析及尽量寻找技术资料，这造成了一定的阻碍和拖延，不过相关工作还是在 1951 年内完成。经过标准化改造之后的 DK29 型电动机的性能曲线如图 5-1 所示，这种电动机被装用于北京有轨电车 100 型 / 仿 100 型和 101 型机车上。

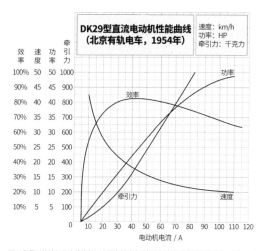

注：为保证简洁与分度值均匀，本图在描述电动机牵引力和功率时仍使用非公制单位，对于这些非公制单位，有 1HP≈735W，1 千克力 ≈9.8N。另外，由于使用过程中的多次修理改装，本图呈现的曲线仅代表 1954 年前后的性能，不可认为是全新时的性能。

图 5-1　经过标准化改造之后的 DK29 型直流电动机性能曲线

　　在同一年中还有针对北京有轨电车 500 型、506 型、700 型和 706 型机车（此时 800 型机车已报废）电动机结构的改造工作，北京有轨电车 500 型（见 3.5 节）和 506 型机车（见 3.6 节）均为从日本购入的八轮机车，其电动机形制与数量占大多数（此时北京有轨电车五二式机车尚未出现）的北京有轨电车 100 型机车（见 3.1 节）不同，且互相之间也有差异。北京有轨电车 700 型（见 3.7 节）和 706 型机车（见 3.8 节）为原上海华商有轨电车的四轮机车，运抵北京之后，其旧的电动机只经过简单修理即再次投入使用，因而状况较差。考虑到部件尽可能通用及提升电动机质量两方面的要求，北京电车修造厂于是使用一种方铜线（原文如此，观察同时期类似设备，似乎指矩形截面铜线），比照这四种有轨电车机车的电动机绕组规格为其重做了新绕组——而这种铜线同样也是北京有轨电车 100 型机车的电动机绕组使用的。

接下来是针对调速电阻的统一化工作。这项工作开始于 1951 年 3 月，目的在于统一北京有轨电车各型机车的调速电阻规格并测定阻值——同样由于车型繁杂及缺乏维护的原因，北京有轨电车机车的调速电阻虽然一开始的确有精确标准，但实际上在很长一段时间内，调速电阻的规格与阻值并不能严格统一。而且各有轨电车机车的调速电阻均有不同程度的老化，这项工作便是为了解决这一问题而开展的。不过统一规格后，最初制成的调速电阻阻值经过实际测定，发现比原先的精确标准规定的阻值要略低一些（相关记录将其描述为"原标准 1.8 一般在 1.3 左右"）。这一差值后来通过调整生产工艺和电阻原材料配比的方法得以解决，而这些经过统一规格的调速电阻在北京有轨电车接下来的运营中表现稳定。

5.3.4　对制动手柄回弹伤人事故的防治

制动手柄回弹是一种发生于安装手制动机并以其为主要制动手段的有轨电车机车上的事故。由于手制动机使用复位弹簧作为解除制动的复位部件，因此驾驶员不仅需要较大的力量才能扳动手制动机使有轨电车制动，而且需要一个棘爪来卡住手制动机保持制动力（这个棘爪在当时北京有轨电车的工人与驾驶员中间被俗称为"克碰"）。一旦在制动过程中棘爪被误触（主要是乘客因车上拥挤而误触）而放开，由于此时手制动机的复位弹簧处于张紧蓄能的状态，手柄会被复位弹簧大力拉动并突然回弹，极易使手柄击中驾驶员胸、腹部并造成伤害。一个较为严重的案例是 1939 年 12 月，一名驾驶员（张子元，1925 年 10 月入职为驾驶员，工号 163 号）被制动手柄击伤，并于两年后的 1941 年因该旧伤复发而不得不提前退休。

考虑到上述原因，避免乘客在手制动机处于制动状态时误触棘爪显然就成为防治此问题的关键。但北京有轨电车在 1949 年以前由于种种原因长期缺乏系统性的管理与提前发现并消除隐患的措施。这一问题自暴露出来以后就一直处于搁置状态，只以让驾驶员多加注意来应付，直至 1951 年北京有轨电车制定了系统的管理与技术规范之后方才得以解决。

解决方案是在棘爪上加设一个生铁盖作为防护部件，加设的盖子会在一定程度上挡住棘爪，防止它被乘客误触。由于需要进一步确认加设的盖子是否可以有效解决问题，以及是否会干扰棘爪的正常使用，这个改装在 1951 年 4 月上旬试验性地在几辆使用手制动机的有轨电车机车上进行。经过实际运营确认可行之后，所有使用手制动机的有轨电车机车在 1951 年 5 月以后都在手制动机上加设了盖子，自此这一事故才得到了有效的防治。

5.3.5 对集电器倾斜角度的调整

北京有轨电车采用接触网供电，有轨电车机车的集电器以一定角度抵住接触网滑动来获取电力，用以抵住接触网的力则由集电器基部的弹簧提供。通过分析弹簧的性质不难发现，集电器与车顶所成的角度越小，集电器抵住接触网的力量就越大，与接触网的贴合就越紧密。

只有当集电器与接触网紧密贴合时，有轨电车机车的受流才能处于良好状态。但贴合得越紧密，对接触网和集电器的磨损也就越严重，因此在减轻磨损与保证受流这两个存在条件互斥的事情上就需要有所权衡。

北京有轨电车自 1924 年开通以来，集电器与车顶所成的角度长期保持在 60 度。这个角度使得集电器抵住接触网的力度略微偏大，虽然能够保证较好的受流质量，但与此同时，对接触网和集电器的磨损速度也相应更快。

考虑到节约成本的要求，在 1951 年以后，通过听取当时苏联援华专家的相关意见，北京有轨电车将集电器与车顶所成的角度改为 72 度，比原来增加了 12 度。这一角度的调整在确保尽可能少地影响受流状态的同时，削减了集电器抵住接触网的力度，进而减缓了接触网和集电器的磨损。

不过由于这一变化，北京有轨电车用以调换集电器方向的接触网区间高度由原来的 5.7 m 相应下降为 5.6 m。

以上涉及集电器及接触网的工作在不晚于 1951 年 5 月时全部完成，其中对集电器的调整覆盖当时北京所有尚在运营的有轨电车机车及后续制造的有轨电车机车。

5.4 北京有轨电车五五式机车的改制

自 1955 年开始，陆续有 22 辆北京有轨电车 100 型机车经历了一次全面而彻底的翻新改制。这些北京有轨电车 100 型机车在改制后的形态和结构与改制前相比有了明显差异，因此北京有轨电车也将这些四轮机车按首批车改制的年份（1955 年）称呼为五五式机车。

全部的北京有轨电车五五式机车均为北京有轨电车 100 型机车的改制产物，其中并无新造车存在。因此严格来说，北京有轨电车五五式机车并不能视为一个独立型号。

5.4.1　选中改制的北京有轨电车 100 型机车

延至 1955 年，北京有轨电车 100 型机车已使用 30 年左右。虽然在 1951 年时将这些四轮机车的车体由木制结构改为了木制立柱外包薄铁板的木骨铁皮制结构，使得车体的强度有所加强，但实际上这种改修也只是 1951 年面对材料紧缺的状况的权宜之计，北京有轨电车更倾向于将这些已经老化的车体更换为更坚固的半钢制结构（如北京有轨电车 500 型机车）甚至全钢制结构（如北京有轨电车 351 型拖车）。

此外，北京有轨电车 100 型机车使用的是站姿驾驶和手制动模式，对驾驶员来说驾驶体验较差，而且操作制动机也较为费力。

在这两方面因素的作用下，北京有轨电车在 1955 年即开始针对已到大修周期或车况较差的北京有轨电车 100 型机车展开一项大幅度的翻新改制工作。

这次的改制工作基于当时可以自主制造、已经批量生产并取得良好反馈的北京有轨电车五二式机车展开，旨在将五二式机车上更优良的设计移植到北京有轨电车 100 型机车之上，使得这些机车在翻新改制之后不仅可以提升车况，更能改善司乘人员的体感。

总计有 22 辆车在 1955 年至 1956 年间被陆续加以改制，这些车为北京有轨电车 100 型机车第 2、4、5、7、8、9、12、15、21、22、27、30、32、39、45、47、50、51、53、54、55 和 56 号车。而自此之后，截至 1959 年北京内城有轨电车系统被拆除，北京有轨电车 100 型机车也不再有其他车辆被改制成北京有轨电车五五式机车。这些改制工作均以大修的规格和时间周期安排展开，不再单设名目，且改制之后原本的车号不变，依然与其他未改制的北京有轨电车 100 型机车保持连贯。

5.4.2　改制过程及改制后的技术数据变动

在将北京有轨电车 100 型机车改制为北京有轨电车五五式机车的过程中，原本的控制器、电动机、集电器和其他电气设备基本被保留，传动齿轮比保持不变，并且继续留用原本北京有轨电车 100 型机车的 Brill 21E 型车盘，有明显改动的主要有两个方面，即制动机和车体。

改制工作将北京有轨电车 100 型机车原本的手制动机撤去，更换为北京有轨电车五二式机车使用的空气制动机，也就是将原本的手制动改为空气制动，不过针对 Brill 21E 型车盘的自身结构限制，这套空气制动机也调整了一下相关的结构，大体上沿用了车盘上原本的闸瓦和相应的传动机构，只是将驱动装置由原本的制动手柄更换成了空气压缩机、气缸和相关的管路等设备。其余部分包括车盘、轴距和轮径等则继续保持原本北京有轨电车 100 型的状态不做改动。

至于针对车体的改动则比较大，而且也是全部改制工作中最为明显的一部分。北京有轨电车 100 型机车原本的车体在这一过程中基本被拆去，取而代之的是一个外观和部分结构与北京有轨电车五二式机车的车体基本一致的半钢制新车体（这里面的 4 号车较为特殊，该车改制于 1955 年 1 月，外观同比其他北京有轨电车五五式机车略有差异）。考虑到北京有轨电车 100 型机车是长度较短的四轮机车，新制的车体相比北京有轨电车五二式机车而言，只保留了端部的车门，取消了中门，客室车窗也削减到只有八扇，并且靠近车门的两扇车窗无法打开——相比北京有轨电车五二式机车的车体，用于改制北京有轨电车 100 型机车的新车体的驾驶台侧窗为适应车盘被缩窄。所以车门在打开时无法向驾驶席侧窗一侧滑动，只能和原本的北京有轨电车 100 型机车一样滑入与车门相邻的客室车窗一侧的对应容纳空间。另外值得一提的是，相比于北京有轨电车五二式机车，北京有轨电车五五式机车在车门上的窗户为纵向隔开的相邻两扇，并非前者的一扇。

为方便加挂拖车，北京有轨电车五五式机车的挽车钩被保留，并且在挽车钩上方的缓冲梁上额外增设了缓冲装置。

除此之外，北京有轨电车五五式机车的车内布置和装潢基本与北京有轨电车五二式机车保持一致。

在完成上述改制之后的北京有轨电车五五式机车与原本的北京有轨电车 100 型机车相比，其长度的增加为 9724 mm，宽度增加为 2160 mm，高度减少为 3133 mm（其中一个例外就是 4 号车，其高度反而增加为 3295 mm），整车质量增加为 11500 kg（4 号车则为 12000 kg），外观看起来如同一辆车体缩短、没有中门的北京有轨电车五二式机车。

总体而言，改制北京有轨电车五五式机车的工作基本翻新了这些北京有轨电车 100 型机车，并有效地解决了原本在这些有轨电车机车上存在的问题，也使得这些四轮机车在一定程度上向北京有轨电车五二式机车靠拢。

5.4.3 五五式改制车的运用及后续去向

经过改制后的北京有轨电车五五式机车依然还是一种四轮机车，因此，北京有轨电车依然将其与其他的北京有轨电车100型机车一并使用与调度。按各条线路的用车需要酌情分配于当时北京内城及外城的各条有轨电车线路上，并不统一分配于某条特定线路。在实际运营过程中，这些北京有轨电车五五式机车也会根据客流多少作单机运行或加挂拖车运行。

在以这样的模式与状态运行4年之后，伴随着1959年北京内城有轨电车系统的停运拆除，全部22辆被改装为北京有轨电车五五式机车的北京有轨电车100型机车也随之停用。由于外城剩余的有轨电车系统全部采用北京有轨电车五二式机车运营，因此所有的北京有轨电车五五式机车均转入封存，全部22辆车上的各类尚可使用的部件在随后的4年间逐步拆走挪用至其他尚在使用的有轨电车车辆上，且北京有轨电车五五式机车第7、9、22、32、45、47、53、54、55和56号车总计10辆车也在1959年至1962年间陆续解体。在不晚于1962年时，北京有轨电车五五式机车只剩2、4、5、8、12、15、21、27、30、39、50和51号车总计12辆车。而且剩余的12辆车也全都不甚完整，它们的空气制动机均被拆除或部分拆除，一些车的电动机和其他电气部件也已拆除（具体见6.1.2节）。

1963年，应长春有轨电车的请求，北京有轨电车将自身的一批封存车调往长春有轨电车以补充其客运能力。这些调往长春的封存有轨电车车辆中即包含全部12辆剩余的北京有轨电车五五式机车。这些车辆在调出时依然处于不完整的状态，而长春有轨电车在接收这些北京有轨电车五五式机车之后，除补齐缺失的各项配件，将其修复至可运营状态外，还将这些北京有轨电车五五式机车的车体有所加宽。待上述修复及改装工作完成之后，长春有轨电车将这12辆北京有轨电车五五式机车编为长春有轨电车30型机车投入运营（见6.1.7节），最终于1980年之后陆续停用并报废解体。

5.5 北京有轨电车600型未成机车

除了直接购置现成车辆，北京有轨电车还在1941年至1942年间向日本汽车制造株式会社订购了20辆八轮机车，这也是北京有轨电车唯一的一次向外界专门订购新型八轮机车的行动。但这种八轮机车由于种种原因，总计 20 辆车之中没有任何一辆最终得以完工交付。考虑到这种八轮机车并没有明确的型号名，而且北京有轨电车也没有车号以 "6" 开头的车辆，看起来可能是为了这种八轮机车而空设等待。因此在这里，非正式地以 "北京有轨电车 600 型机车" 对这种未能完工的有轨电车机车加以称呼，以便介绍其各项情况。

5.5.1　未成机车订购缘由

从当时的各种状况分析，促成这次订购车辆行动的主要原因是 1939 年至 1942 年间北京有轨电车面临的强大客运压力。当时北京市面上人员的流动相当频繁，而且城市规模也随着近代的发展而有所扩大，在 1924 年开始运营时及其后不久购置的 66 辆北京有轨电车 100 型机车和 30 辆北京有轨电车 200 型拖车早已尽数配属于各线路使用，运输能力趋于饱和，但此时的客流量仍有增长的趋势。为解决这一问题，当时的北京有轨电车已经多方求购添置了 10 辆北京有轨电车 300 型机车（后改拖车）和 5 辆北京有轨电车 500 型机车。但是这些购置的有轨电车机车不仅都是旧车，零件型号和规格不甚统一，维护不便，甚至即使是这样的旧车也并不是随购随有。因此在 1941 年时，北京有轨电车一方面继续四处求购其他可以购入的现成车辆，另一方面也开始着手定制新车以扩充自身的运输能力。

于是当时的北京有轨电车即开始与日本大仓商事株式会社接触并沟通购车事宜。在最初的计划中，北京有轨电车准备委托后者向日本本土的车辆制造厂商订购 20 辆八轮机车和两台备用的牵引电动机。接到北京有轨电车购车委托的大仓商事株式会社最终选定了日本汽车制造株式会社作为这 20 辆八轮机车的制造厂商，并于 1941 年 9 月给出了任务书。而汽车制造株式会社则在接到任务书之后，将具体的工程交给了汽车制造株式会社东京支店。

尽管随后由于种种条件限制，至 1942 年时，北京有轨电车一度将计划的购车数量减半，降为了 10 辆八轮机车和一台备用的牵引电动机，但很快就重新恢复为 20 辆八轮机车，并规定自 1942 年起每年交付 5 辆。

5.5.2　未成机车设计技术数据

从交付日本汽车制造株式会社的任务书来看，北京有轨电车 600 型机车设计全长 12000 mm，宽 2115 mm，高 3080 mm，是一种单层车顶、半钢制车体的八轮机车。与北京有轨电车其他八轮机车相同，这种八轮机车也在车顶设置通风装置，并在中部安装一个弓形集电器。

车辆的其他电气设备则均由日本东洋电机株式会社提供，包括一个 BR1 型 0 式避雷器、一套 RD50 型调速电阻和两个 DB1-K 型控制器（在车内两端各安装一个），控制器具有 8 个速度挡位并且支持电阻制动。

北京有轨电车 600 型机车计划采用的是日本车辆制造株式会社生产的 C 型转向架，转向架固定轴距为 1400 mm，采用的轮径为 660 mm，在转向架靠近车体中心线一侧的车轴上安装有一台同为东洋电机株式会社生产的 TDK-566 型直流牵引电动机。全车由两台电动机驱动，每台电动机的功率为 37.285 kW（50HP），通过安装于自身轴上的齿轮和安装于车轴上的齿轮互相啮合来传导牵引力，传动齿轮比为 63 : 15。按照设计指标，这种有轨电车机车的最高速度应为 40 km/h，持续速度应为 18 km/h，通过最小曲线半径为 22 m。

除控制器自带的电阻制动之外，车上还带有一套手制动机和一套日本エアーブレーキ株式会社生产的 SM-3 型空气制动机。

车内设座席 28 个、立席 44 个，整车的涂装方案采用当时日本电气协会规定的有轨电车标准涂装或是当时日本铁道省规定的标准涂装。

根据日本汽车制造株式会社的相关记载及有关人员的回忆，按照设计方案，这种八轮机车如果得以完工交付，将会是一种三车门有轨电车，并且其外观可能与横滨市有轨电车 1200 型机车（横浜市電 1200 形電車）有一定的相似之处。

在以上 20 辆八轮机车之外，两台备用电动机也同样为东洋电机株式会社的 TDK-566 型。

5.5.3 未成机车后续情况及相关推测

日本汽车制造株式会社接到大仓商事株式会社代为订购 20 辆八轮机车的订单之后，原本决定于 1942 年当年开始相关的材料准备工作，但由于当时日本本土的各项材料均趋于短缺，各工厂为了其他制造任务也几乎不再有空余工期可以安排，于是首批车不得不推迟到 1942 年以后才有开工制造的可能。随后由于日本的铁路运输系统货运压力出现暴增，因此用于制造轨道交通车辆的材料分配随之向着制造铁路货车的方向大幅度倾斜。在这种局面下，这 20 辆八轮机车的制造工程也就自然而然地由于材料短缺而进展缓慢，一直到 1943 年时才只有 3 到 4 个车体底架被制造出来，至于其他部分则依然无从谈起。而且后来随着航线的中断和原本能够运输这些电车的货轮被调离，这些八轮机车的交付渠道也随之彻底宣告断绝。在这两方面不利因素的共同作用之下，最终汽车制造株式会社不得不停止了这些八轮机车的制造工程。北京有轨电车 600 型机车也就止步在这种只有 3 到 4 个车体底架的状态，而且在此之后也再没能复工乃至交付北京有轨电车。

假设这 20 辆八轮机车最终得以交付，根据同一时期北京有轨电车 500 型机车和北京有轨电车 506 型机车这两种八轮机车的运营情况看，它们承担运营的有轨电车线路很有可能也是当时北京的 1、2 和 3 路有轨电车的线路。

在制造工程彻底停止之后，北京有轨电车 600 型机车已经成型的车体底架即闲置于厂内。经过一段时间之后，这些底架也最终报废解体（不过其中也可能有一到两个底架被挪用于制造其他电车）。自此，北京有轨电车的这种未成的八轮机车也就在正式交付之前便宣告消失，并且至今不再有任何遗存。

| 第 6 章 |
有轨电车系统的拆除及后续工作

6.1 内城有轨电车系统拆除与其后的车辆变动详解

北京内城的有轨电车系统于 1959 年 3 月 9 日拆除，原有电车线路也随之停运并改由无轨电车和公共汽车线路代替执行北京市内交通运输的职能。在此次内城有轨电车系统拆除之后，仅有北京有轨电车五二式机车和 400 型机车继续在外城的有轨电车系统运行，而其他型号的车辆均被报废解体或封存，其中相当一部分在以后一段时间内陆续调往其他单位或有轨电车系统使用。

6.1.1 内城有轨电车系统的拆除始末

早在 1946 年 1 月时，考虑到北京有轨电车由于历年的消耗毁损而导致线路质量和车辆质量均不佳，就已经有建议提出将北京有轨电车系统拆除并移至城外的市郊运行，城内改设无轨电车，相应的无轨电车系统建设方案亦有所规划，但随后由于种种因素的干扰，此事被搁置并最终不了了之。至 1949 年之后，考虑到生产生活恢复、经济建设及相关的城市建设资金等原因，北京有轨电车依然作为北京城市交通的主力发挥作用，并且其体量伴随城市的发展还有所扩大。

不过同一时期，北京有轨电车由于运营时间较长而出现的系统老化等问题的确客观存在。伴随着北京城市建设，有轨电车行驶引发的道路通行不便及钢轨逸散电流腐蚀地下金属管道与电缆的问题也越来越被引起注意。在 1955 年之后，北京即开始着手无轨电车的建设工作。至 1956 年 10 月 17 日，京一型无轨电车（后来的 BK540 型无轨电车）在阜成门—北池子北口区间试车成功。1957 年 2 月 26 日，北京第一条无轨电车线路——1 路无轨电车开始运营。也正是在同一年，拆除北京有轨电车并以无轨电车代替的提议被再度提出，并于 1958 年获得通过。

在计划中，考虑到尚有一些车况较好的北京有轨电车五二式机车，北京电车修造厂和有轨电车保养场等单位均在外城及永定门附近，而且 1949 年后新修而质量尚好的轨道也同样在外城，因此确定北京内城的有轨电车系统及外城较老的轨道均拆除而改行无轨电车或公共汽车，新修轨道上继续运行有轨电车并留至日后再用无轨电车或公共汽车代替。

作为北京内城有轨电车系统拆除的先期准备，停运工作随即于 1958 年展开。在这一年中，北京内城有轨电车系统中的西单—宣武门区间和东单—崇文门区间停止运营，但轨道暂时不动；外城有轨电车系统中的菜市口—蒜市口区间于年底之前停止运营，这个区间的部分轨道则伴随同一地段的下水道建设工程而拆除。

除此之外，1958 年 10 月，人民大会堂的开工建设也造成了这一地区有轨电车轨道的变动。由于人民大会堂的建筑区域将包含整条司法部街的路面，因此北京内城有轨电车系统里司法部街北口—前门区间的轨道于 1958 年 10 月 10日之前拆除，这也是北京内城有轨电车系统中第一段被拆除的轨道。

延至 1959 年 3 月 9 日，北京内城有轨电车系统在当天 20 时末班车之后即全部停止运营，自此北京内城的有轨电车宣告消失。西单—西直门区间的轨道随之拆除，施工队伍分三个班：一班负责西四—新街口区间轨道的拆除，二班负责新街口—西直门区间轨道的拆除，三班负责西单—西四区间轨道的拆除。轨道拆除之后随即开始架设无轨电车接触网，并于 1959 年 3 月 10 日凌晨 2 时之前架设完毕并试车。此段无轨电车区间后来即成为 5 路无轨电车（今 105 路无轨电车）线路的一部分。

自此之后，北京内城有轨电车系统剩余的轨道也逐步拆除并整平为普通城市道路路面。

6.1.2　内城有轨电车系统拆除后的车辆变动

在北京内城有轨电车系统拆除之后，确定转移至外城继续使用的有轨电车仅有北京有轨电车五二式机车和北京有轨电车 400 型机车两种，其他车辆一律停用。转移至外城的北京有轨电车五二式机车只有 27 辆，其他同型车也同样停用。

这些停用车辆中的一部分在随后的 1960 年及 1961 年间陆续解体或出售——特别是拖车，绝大多数拖车都在这两年中消失（包括北京有轨电车 200型、仿 200 型和五三式拖车）。而未解体车辆上的各种尚可使用的部件也大多被拆下作为维修保养用的备件提供给继续使用中的车辆。至 1962 年 6 月 4 日北京有轨电车统计车辆情况时，除使用中的车辆依然维持原状之外，尚存而没有解体的封存车辆呈现出如下的状态。

北京有轨电车 100 型机车及仿 100 型机车总计还剩 20 辆，其具体情况如下。

17、25 号车基本完好，可以运行；38 号车可以运行，但车窗和座椅已经拆掉；6、11、13、16、20、41、42、44、46 和 64 号车的电动机、车窗和座椅均已拆掉；3、26、48 和 76 号车的电动机、其他一些电气部件和车体外包的铁板均已拆掉；65、68 和 78 号车只剩车盘和车体底架，实际上已经与解体无异。

改装为五五式机车的北京有轨电车 100 型机车总计还剩 12 辆，其具体情况如下。

2、27 和 51 号车可以运行，空气制动机的一些部件已经拆掉；12、15、21 和 39 号车可以运行，空气制动机已经全部拆掉；4、5、8、30 和 50 号车的电动机、其他电气部件和空气制动机均已拆掉。

改装为货运有轨电车的北京有轨电车仿 100 型机车还剩 2 辆，其具体情况如下。

74、88 号车的电动机均已拆掉。

北京有轨电车 700 型机车总计还剩 2 辆，其具体情况如下。

702、705 号车的电动机均已拆掉。

北京有轨电车 706 型机车总计还剩 1 辆，其具体情况如下。

709 号车的电动机已经拆掉。

北京有轨电车 500 型机车全部 5 辆依然还在，其具体情况如下。

501、502、503、504 和 505 号车的电动机、其他电气部件和空气制动机均已拆掉。

北京有轨电车 506 型机车同样还在，其具体情况如下。

506 号车的电动机、其他电气部件和空气制动机均已拆掉。

北京有轨电车五二式机车的封存车还剩 17 辆，其具体情况如下。

520、523、525、528、530、532、533、534、535、538、540、541、542、552、558、560 和 563 号车的电动机、其他电气部件和空气制动机均已拆掉。

北京有轨电车 350 型拖车还剩 1 辆，其具体情况如下。

353 号车的车窗已经拆掉。

在 1962 年之后，对北京内城有轨电车系统拆除后封存车辆的报废解体工作依然在继续，封存车辆中的一部分在接下来的两到三年内解体消失。但与此同时，另一些封存车辆则开始移交至其他单位继续发挥作用，并因此拥有了更为复杂曲折的经历。

6.1.3　转售河南省漯舞、汤五地方铁路的北京有轨电车

漯舞地方铁路连接河南省漯河市南郊阎庄和河南省舞阳县铁山庙，于 1959 年 2 月 15 日开工，同年 12 月 10 日通车，是一条轨距为 762 mm 的单线窄轨非电气化铁路，全长 60.075 km，也是河南省修建的第一条"民办土铁路"（可以理解为由地方县市出资修建的轻便铁路，建成时多为窄轨）。

漯舞地方铁路在通车初期并无客运车辆，仅有由载重 6 t 的矿车改装而成的货运车辆。后为满足社会运输中的旅客运输需要，漯舞地方铁路于 1961 年从北京有轨电车的封存车辆中购买了 15 辆（也说 16 辆）有轨电车拖车①。原本计划将其改装后作为铁路客车使用，但漯舞地方铁路随后很快发现自身并不具备修改有轨电车拖车走行部轨距的能力，因此这 15 辆有轨电车拖车在购买到手之后只得随即进入闲置状态。

在这些有轨电车拖车闲置约两年后，为彻底解决车辆闲置的问题，充分发挥其运输能力，当时的河南省交通厅出面与石家庄动力机械厂取得联系，按每辆车 4000 元（包括改制费和运输费）的价格，由后者承担全部 15 辆车的轨距修改工作。因此产生的总计 60000 元开支则被计入了同一时期开工的汤五地方铁路的投资之中。在石家庄动力机械厂完成轨距修改工作后，其中的 7 辆有轨电车拖车也将被转配给汤五地方铁路使用。

汤五地方铁路连接河南省安阳市汤阴县县城南郊（即京广铁路汤阴站附近，此处有京广铁路与汤五地方铁路的换装线）和河南省安阳市汤阴县五陵镇，是一条全长 25 km 的单线窄轨非电气化铁路，轨距为 762 mm。汤五地方铁路于 1962 年 10 月开工，1963 年 9 月通车。

由漯舞地方铁路转配而来的 7 辆北京有轨电车拖车经改装而成的铁路客车，一度成为汤五地方铁路的全部客运车辆。具体来说就是，视候车旅客的多少，在货运列车尾部加挂 1 至 3 辆此种客车，构成混合列车开行。1965 年后，随着汤五地方铁路的后续延长和旅客数量的增加，一些正规的窄轨铁路客车被补充进客运车辆序列，相关的客运工作方才得以摆脱对这 7 辆有轨电车拖车的完全

---

① 从目击记录来看，可能为北京有轨电车五三式拖车。

依赖，但是这 7 辆车依然还会承担一些旅客运输的工作。

漯舞地方铁路后于 1969 年延伸至河南省南阳市，成为漯南地方铁路，并于 1995 年改建为准轨铁路；汤五地方铁路则于 1965 年 7 月延伸至河南省濮阳市，并且其汤阴—濮阳区间在 1987 年 9 月改建为准轨铁路，即后来的汤台铁路的一部分，最终并入瓦日铁路。

在这两条地方铁路的轨距由 762 mm 窄轨改建为 1435 mm 准轨之后，原本配属两条地方铁路的 15 辆北京有轨电车拖车也随之停用并逐渐被报废解体。不过至少有一辆汤五地方铁路使用的北京有轨电车拖车在作为铁路客车停用之后，于汤阴县汤阴站附近，将车体落地改为储藏室或小型房屋后继续使用。这个落地车体在不晚于 2003 年时仍有目击记录，只是当时已经彻底废弃不用。

6.1.4 移交山西省煤矿管理局的北京有轨电车

山西省煤矿管理局申请调拨北京有轨电车的文件于 1963 年递交，希望可以获得 6 辆北京有轨电车五二式机车作为矿区通勤车使用。该申请虽然在 1963 年就已经获得口头同意，但实际上将 6 辆车送抵山西是在 1964 年。其中主要的波折在于财产转移问题，此时的 6 辆北京有轨电车五二式机车由于有部件已被拆卸，以及折旧的原因，估价总计相当于 7200 元（当时人民币币值）。但山西省煤矿管理局的要求是做固定资产无偿调拨处理，即不支付这一笔款项。因而，北京市交通运输局和山西省煤矿管理局在中途就后者是否应当付款购买的问题产生了一些争议。经过沟通之后，最终北京有轨电车按照山西省煤矿管理局的要求，在 1964 年 3 月 5 日，按固定资产无偿调拨将这 6 辆北京有轨电车五二式机车交付山西省煤矿管理局。

这 6 辆北京有轨电车五二式机车均取自 1959 年北京内城有轨电车系统拆除之后的封存车，延至此时 6 辆车的电气部件和空气制动机均已拆掉而无法运行，只剩车体和转向架，而在确定移交山西省煤矿管理局之后，这 6 辆车的电气部件和空气制动机随即被修复，并全面恢复了载客运营的能力。在此之后，山西省煤矿管理局将这 6 辆北京有轨电车五二式机车交付西山矿务局下的杜儿坪煤矿，并将车号更改为 631 至 636，用于开行连接杜儿坪煤矿的坑口和河龙湾（也说河涝湾）的通勤电车线路。

这条通勤电车线路于 1964 年 12 月 8 日正式通车，全长 6 km，中间设三岔口、小虎峪、子房沟和虎胜街等站，平时每 20 min 发一班车，上下班高峰时则视情况增开车数，是杜儿坪煤矿工作人员通勤和外出的重要力量。在开通初期，这条线路完全依靠这 6 辆北京有轨电车五二式机车运营，后来随着杜儿坪煤矿工作人员数量的增加，于 1973 年又从其他地区购入 4 辆有轨电车机车，连同已有的 6 辆车一起参与运营。

行至 1987 年 3 月，杜儿坪煤矿坑口至河龙湾的通勤电车线路被无轨电车取代，6 辆北京有轨电车五二式机车也随之停用并最终报废解体。

6.1.5 移交河北省望白地方铁路的北京有轨电车

望白地方铁路是一条开工于 1960 年的地方铁路，最初连接河北省望都县城关镇和河北省唐县县城。这一区间于 1961 年完工通车，线路全长 25.2 km，使用轨距为 762 mm 轨距的窄轨，是一条单线非电气化铁路。后来于 1971 年开始自唐县县城继续向河北省白合镇延长区间。但修建这个区间的工程断续进行了七年之久，最终于 1978 年才全线通车，区间全长 17.12 km。自此，望白地方铁路全貌宣告出现。

望白地方铁路的主要修建目的是运输沿线出产的工农业产品及矿产资源，并兼顾沿线村镇的居民出行需要。因而，望白地方铁路在通车之初除货车之外，也配属有 4 辆自制的客车。

这 4 辆客车均为就地取材而成的木制车体二轴客车（包括底梁也为木制），走行部结构简单且全无制动机，整体而言，性能欠佳。因此，在 1959 年北京内城有轨电车系统拆除之后，闲置的北京有轨电车机车即引起了望白地方铁路的注意。最终，望白地方铁路于 1963 年获得了 4 辆有轨电车机车。

综合考察 1962 年北京有轨电车的车辆变动情况（见 6.1.2 节）及后续北京有轨电车的车辆调出情况，可以认为，望白地方铁路获得的 4 辆车极有可能是 4 辆北京有轨电车 100 型机车或仿 100 型机车。这些车在交付望白地方铁路时，其电气部件已被拆除。

由于北京有轨电车使用的轨距为 1000 mm，宽于望白地方铁路的 762 mm 轨距，因此这 4 辆有轨电车机车在运抵之后，望白地方铁路将其轨距进一步改窄以适应自身的轨距。在维持原本车体结构大致不变的情况下，这些有轨电车机车的挽车钩被拆除，更改为适应窄轨铁路机车（当时望白地方铁路配置有一些由卡车改装的汽油机车和 C2 型蒸汽机车）的车钩，并使其最终成为 4 辆由窄轨铁路机车牵引的窄轨无动力客车。

这 4 辆客车最早在望白地方铁路的城关镇—唐县县城区间与货车混编，以客货运混合列车的形式运行。而唐县县城—白合镇区间通车之后，4 辆客车也相应地将运行区间延长至白合镇，其形式依然维持客货运混合列车不变。

延至 1980 年以后，伴随河北地区公路运输的发展，望白地方铁路的经济效益由于受到汽车的竞争开始下滑，其中客运先行于 1984 年 12 月停止。但 4 辆原北京有轨电车机车改装的客车中仍有一辆被使用到 1985 年年底，又经过一段时间之后，望白地方铁路最终彻底停止运营。

6.1.6 移交北京市交通运输技工学校的北京有轨电车

出于校区建设工程的需要，北京市交通运输技工学校在 1964 年 10 月 5 日向北京市交通局提出申请，希望无偿调拨一辆有轨电车拖车作为校门的临时传达室使用，以待正式的校门传达室建造完成。这一申请在同年 10 月 28 日获得批准。

北京市交通运输技工学校最终获得并作为临时传达室使用的是北京有轨电车 350 型拖车的 353 号车，这也是北京有轨电车在这一时期仅剩的一辆拖车。如前文所说，该车的车窗已经被拆掉，但整体结构还在，因而送至北京市交通运输技工学校并经过简单整修（在此过程中很可能将车体落地）后投入使用，直至正式传达室完成之后被废弃解体。

6.1.7 第一批移交长春市的北京有轨电车

作为吉林省省会和东北地区的重要工业城市之一，吉林省长春市在 1949 年之后与北京一样迎来了高速的发展。而作为城市交通重要组成部分的长春有轨电车也和北京有轨电车一样，面临着客运压力不断增加而自身车辆运力不足的局面。在这种情况下，长春有轨电车一方面从大连市及沈阳市订购新的有轨电车，另一方面也在考虑从其他城市购置富余的有轨电车充实自身的车辆。在这样的思路下，长春有轨电车很快便注意到由于拆除了内城有轨电车系统而存在大量封存车的北京有轨电车，并提出希望可以获得一些北京有轨电车的封存车以支援长春市的公共交通系统。

相关申请于 1963 年发出并于当年获得批准。北京有轨电车总计将当时封存车中的 29 辆有轨电车机车无偿调拨给了长春有轨电车。在这些调拨的有轨电车之中，包含的车型及数量如下。

八轮机车——

北京有轨电车 500 型机车 5 辆（全部）；

北京有轨电车 506 型机车 1 辆（全部）；

北京有轨电车五二式机车 11 辆；

四轮机车——

北京有轨电车 100 型机车 12 辆（均改装为五五式机车，也是当时北京剩余的全部五五式机车，车号为 2、4、5、8、12、15、21、27、30、39、50 和 51）。

但长春有轨电车在获得这些车辆之后并未直接将其投入运营。其原因主要有以下两个方面：首先，这些封存的北京有轨电车很多已无法运行，其电气部件和空气制动机已被拆掉，只剩车体和转向架 / 车盘，而能运行的车辆也多有残缺而无法直接使用。其次，虽然长春有轨电车同样使用 600 V 直流电和接触网供电的方式，但其轨距为 1435 mm，北京有轨电车的车辆如果不经改装，就不能匹配长春有轨电车的轨道系统。

面对这种情况，长春有轨电车在利用这些车辆时就采取了一套综合策略：对于部件缺失不算太严重的 12 辆改装后的北京有轨电车 100 型机车，长春有轨电车将其缺失部件补齐，轨距改为 1435 mm，并将车体简单加宽改装以适当扩大车内空间。这使得这些车的端面在原有三扇车窗的两侧各增加了一扇无法打开的窄窗，即端面车窗变为五扇，其余形态基本保持不变。改装完毕之后，这些原北京有轨电车 100 型机车也就以长春有轨电车 30 型机车的新型号投入运营（其车号可能分布于 31 至 42），直至 1974 年被报废封存，并且其中有三辆车一直留存到不早于 1987 年 1 月。

而对于部件缺失严重的三种总计 17 辆八轮机车，长春有轨电车则将其彻底解体，分解成底架、侧墙、车顶结构、转向架和其他部件等大块部位，然后从自身已有的有轨电车机车中，挑选由于结构落后（车体为木制者）及老化而无法顺利运行的车辆，使用这些老车的可用部件、北京有轨电车车辆解体出的部件和少许购置 / 挪用的部件（6 台从沈阳定制的直流电动机和 2 台从旧无轨电车上拆下来的直流电动机）拼造出可以顺畅使用的新车，最后将这些拼造出的新车投入使用。

第一批拼造工作于 1964 年至 1965 年间展开，选定的车辆为长春有轨电车 11 型机车（原阪神电气铁道 51 型电车）11 号车和 12 号车；长春有轨电车 50 型机车 51 号车；长春有轨电车 70 型机车（原京王电气轨道 23 型电车，同北京有轨电车 506 型机车）71 号车。

经过改制之后，这 4 辆有轨电车的外观变得与北京有轨电车五二式机车基本一致，但车体比后者更宽。车体两端也依然和大连有轨电车 DL3000 型机车一样进行收窄处理。

最终 51 号车的车号在改制完成之后改为 503 号，11 号车改为 504 号，12 号车改为 505 号，71 号车改为 506 号，于是长春有轨电车 500 型机车正式宣告出现。

在第一批车按此改制之后，长春有轨电车 500 型机车的后续车辆也逐渐改制完工。长春有轨电车获得的第二批北京有轨电车五二式机车同样经历了类似的改制步骤（虽然第二批北京有轨电车五二式机车为部件齐备且可运行的完好状态），并最终成为长春有轨电车 500 型机车（见 6.2.2 节）。

6.2 外城有轨电车系统拆除与其后的车辆变动详解

自北京内城有轨电车系统拆除之后，剩余的有轨电车即转移至外城的有轨电车系统继续运营。伴随着相关拆除计划的推进和无轨电车系统的逐步发展，北京外城有轨电车系统于 1966 年彻底停止运营并着手拆除，而北京的有轨电车运营历史至此也暂时宣告结束。

6.2.1 外城有轨电车系统的拆除始末

自 1959 年 3 月 9 日北京内城有轨电车系统拆除之后，北京外城保留运营的有轨电车轨道总体而言还有四个区间，即天桥—前门区间、永定门火车站—天桥区间、体育馆—天桥区间和红桥—崇文门区间。此时尚在使用的有轨电车机车总计为 29 辆，其中包含 27 辆北京有轨电车五二式机车和北京有轨电车第 401、402 号车。开行其上的线路在 1959 年时总计还有三条，即当时的 2 路有轨电车（永定门火车站—前门）、当时的 5 路有轨电车（体育馆—前门）和当时的 7 路有轨电车（永定门火车站—崇文门）。

但这种情况也只持续了一年左右的时间。到 1960 年时，前门—天桥区间的轨道拆除，2 路有轨电车随之宣告终止运营，5 路有轨电车则将首末站更改为永定门火车站—体育馆，自此北京即只剩下 5 路和 7 路两条有轨电车线路。不过这时北京有轨电车还在使用的车辆情况较之 1959 年并没有什么变化。

延至 1963 年底，红桥—崇文门区间的轨道拆除，7 路有轨电车终止运营，北京仅剩 5 路有轨电车还在运营。在 7 路有轨电车终止运营之后，总计 10 辆北京有轨电车五二式机车停用封存，北京的有轨电车机车这时只剩下 17 辆北京有轨电车五二式机车和两辆北京有轨电车 400 型机车还在使用。

北京有轨电车彻底拆除则是在又经过两年后的 1966 年 5 月 6 日。这一天，5 路有轨电车终止运营，北京有轨电车的最后 19 辆车也因此不再使用。随后，永定门火车站—天桥区间和天桥—体育馆区间的轨道被拆除。

在北京外城有轨电车系统被拆除之后，剩余车辆均调拨给了长春有轨电车和河南省济沁地方铁路两家单位继续使用。

6.2.2　第二批移交长春市的北京有轨电车

自 1963 年接收 29 辆北京有轨电车的封存车辆以后，长春有轨电车又于 1966 年北京外城有轨电车系统拆除之后提出申请，希望可以将北京外城有轨电车系统拆除后的剩余车辆移交长春，以更进一步地扩充长春有轨电车的运输能力。

该项申请于 1966 年 12 月 9 日获得批准，除 2 辆最终售予河南省济沁地方铁路之外，其余 25 辆北京有轨电车五二式机车、一辆北京有轨电车 400 型机车（401 号车，此时作为工程车使用）、一辆拖盘车（平车），以及展直后相当于 6 km 长度轨道（按单根钢轨计算则为 12 km 长度）的钢轨一并无偿调拨给长春（不过值得一提的是，北京市交通运输局给长春市公用局的复函中是准备将 27 辆北京有轨电车五二式机车全部调拨长春，但其中 2 辆车最终未被长春有轨电车获得）。

这些有轨电车机车彼时车况尚好，各部件也都齐备，可以正常运营。不过在长春有轨电车获得这些车辆之后，采用的也是和获得第一批北京有轨电车封存车时相同的做法，即将这些车辆尽数拆散，以其部件和车体结构结合长春有轨电车自身既有的车辆，继续拼造成长春有轨电车 500 型机车。不过其中有一辆北京有轨电车五二式机车的处理办法有所不同，这辆车的车体及走行部基本得以保留，电气设备也无太大变化（除集电器改为长春有轨电车使用的型号之外）。但在维持车顶长度基本不变的情况下，将车体的两个端面向内收缩（即舍弃驾驶席侧窗和端部车门只以中门进出）且相应地挪动控制器、制动手柄及断路器等车内部件的位置，之后重做了端面侧墙。新的端面有两扇面积很大且无法开启的端面车窗，端面车窗上部则是左右各一盏前照灯，两盏前照灯中间为后部标识灯，在车窗中部下方则安装类似螺旋式挖掘机挖斗的可转动除雪铲。自此，这辆车即退出通常的运营，改为除雪车使用。

在新获得 25 辆北京有轨电车五二式机车并以其为主要部件来源展开拼造工作之后，长春有轨电车 500 型机车的总数最终增加为 43 辆。这种拼造的有轨电车机车一直使用至 1987 年左右。而在它们停止运营之后，这些有轨电车机车上很多还能使用的部件被拆换到了其他车辆上继续使用，其中亦不乏原本属于北京有轨电车五二式机车的部件。

6.2.3 移交河南省济沁地方铁路的北京有轨电车

济沁地方铁路连接河南省济源县（今济源市）和河南省沁阳县（今沁阳市），于 1964 年 3 月开工，并于 1965 年 3 月竣工。其正线全长 33 km，本质上可以视为 1959 年 1 月开工的连接济源县和克井煤矿的济克地方铁路的延长线。济沁铁路全线为单线非电气化铁路，使用轨距为 762 mm 的窄轨，在最初的时候主要运输煤炭，后发展为客货兼顾，至运营末期则重回只有货运的状态。

济沁铁路处机务段曾购入了两辆北京有轨电车五二式机车（这两辆车均为1959 年后依旧在北京外城有轨电车系统中运行的车辆），并于 1972 年 8 月将两辆北京有轨电车五二式机车改装成了两辆窄轨铁路硬座客车，每辆客车均可载 68人，等同于原本一辆北京有轨电车五二式机车的座席和吊席数量之和。而两辆客车全部的改装费用总计 26000 元（当时人民币币值）。

改装工程将两辆车的电气设备、空气制动机和大部分车体拆掉，只保留底架和两个转向架，然后将转向架连同轮对均缩窄为 762 mm 轨距，再将底架两端各接约长 1 m，使整辆车长度增加为 14660 mm，而宽度及高度基本不变，在此基础上重做了钢制的车体侧墙（新侧墙有加强筋）和端面墙（只有端面车门而无端面车窗），并在两端增设适应窄轨铁路机车的自动车钩。这些改装工作完成后的两辆车，除宽度、高度、转向架和车顶截面形状还带有北京有轨电车五二式机车的少许特征以外，其余部分均与 Z29 型窄轨铁路硬座客车高度相似，而不再存留有轨电车的外观特征。

两辆北京有轨电车五二式机车在改装完成之后，即投入济沁地方铁路的运营之中，直至济沁地方铁路的客运终止后停用并被报废解体。

| 参考文献 |

［1］北京市档案馆，中国人民大学档案系文献编纂学教研室.北京电车公司档案史料［M］.北京：北京燕山出版社，1988.

［2］北京市档案馆.北平和平解放前后［M］.北京：北京出版社，1988.

［3］北京市档案馆.国民经济恢复时期的北京［M］.北京：北京出版社，1995.

［4］北京市档案馆.北京档案史料：2000.2［M］.北京：新华出版社，2000.

［5］北京市档案馆.北京档案史料：2005.4［M］.北京：新华出版社，2005.

［6］北京市地方志编纂委员会.北京市志·市政卷：公共交通篇［M］.北京：北京出版社，2001.

［7］北京出版社编辑.北京交通要览［M］.2版.北京：北京出版社，1959.

［8］李沛霖.电车交通与城市社会：1905—1937年的上海［M］.北京：社会科学文献出版社，2019.

［9］长春市地方志编纂委员会.长春市志·城市公共交通志［Z］.2007.

［10］北京市电车公司.司机员安全驾驶操作规程［Z］.1955.

［11］北京市电车公司发展史编写小组.北京市电车公司发展史资料初稿［Z］.1983.

［12］电车公司简史编写组.北京市电车公司简史［Z］.1984.

［13］熊斌.光复一年之北平市政［Z］.1946.

［14］河南省革命委员会交通局.河南省地方铁路［Z］.1972.

［15］河南省交通厅交通史志编辑办公室.河南省交通史志资料汇编·地方铁路篇·第一册：1959—1982［Z］.1985.

［16］河南省交通厅交通史志编辑办公室.河南省交通史志资料汇编·地方铁路篇·第二册：1959—1982［Z］.1985.

［17］上海市公用局.十年来上海市公用事业之演进［Z］.1937.

［18］中华全国总工会.安全卫生资料［Z］.1949.

［19］村松功.京王電鉄まるごと探検［M］.东京：JTBパブリッシング，2012.

［20］电气协会关东支部.最新電動客車明細表及型式図集［M］.东京：电气协

会关东支部，1930.

［21］京王电气轨道株式会社.京王電気軌道株式会社三十年史［M］.东京：京王电气轨道，1941.

［22］清水武.名鉄岐阜線の電車 – 美濃電の終焉（上）［M］.东京：ネコ・パブリッシング，2010.

［23］和久田康雄.日本の市内電車 1895-1945［M］.东京：成山堂，2009.

［24］日本车辆铁道同好部，铁道史资料保存会.日車の車輛史：写真・図面集 – 台車編［M］.大阪：铁道史资料保存会，2000.

［25］日本车辆铁道同好部，铁道史资料保存会.日車の車輛史：図面集 – 戦前私鉄編（上）［M］.大阪：铁道史资料保存会，1996.

［26］日本路面电车同好会名古屋支部.路面電車と街並み 岐阜・岡崎・豊橋［M］.大阪：トンボ出版，1999.

［27］今尾惠介.日本鉄道旅行地図帳 – 全線・全駅・全廃線［M］.东京：新潮社，2008.

［28］吉川文夫.譲渡車両今昔［M］.东京：JTB パブリッシング，2003.

［29］京王电铁广报部.京王ハンドブック 2016［M］.东京：京王电铁株式会社，2016.

［30］泽内一晃，星良助.北海道の私鉄車両［M］.札幌：北海道新闻社，2013.

［31］汪萍.北京电车史话［J］.城市公共交通，2011（8）：62.

［32］何京.电车厂火灾发生在 1949 年［J］.浙江消防，2003（12）：52-53.

［33］胡源.1949 年后的北京电车［J］.科技潮，2009（9）：50-53.

［34］沈媛媛.百折不挠，百世流芳：忆北平公交"百辆车运动"［J］.人民公交，2010（2）：80-81.

［35］李玉梅.民国时期北京电车公司研究［D］.保定：河北大学，2012.

［36］白土贞夫.失われた鉄道・軌道を訪ねて（17）常南電気鉄道［J］.鉄道ピクトリアル，1965（2）：66-68.

［37］出崎宏.京王電鉄 過去の車両［J］.鉄道ピクトリアル，2003（7 临时增刊）：174-186.

［38］饭岛正资.失われた鉄道・軌道を訪ねて（10）武蔵中央電気鉄道［J］.鉄道ピクトリアル，1963（7）：27-30.

［39］饭岛正资.武蔵中央電気鉄道と御陵線について［J］.鉄道ピクトリアル，

2003（7）：127-133.

［40］清水正之.武蔵中央電気鉄道と御陵線［J］.鉄道ピクトリアル，1983
（9）：109-112.

［41］小熊米雄.失われた鉄道・軌道を訪ねて（10）洞爺湖電気鉄道［J］.鉄
道ピクトリアル，1963（6）：32-35.

［42］泽内一晃.23形という電車［J］.鉄道ピクトリアル，2014(8临时增刊)：
193-198.

［43］IMPEY L.The peking electric tramway system［J］.The Far Eastern Review，
1925（4）：156-162.

［44］冯仲.平电车修造厂工人加工赶制，百辆电车提早完成［N］.人民日报，
1949-04-19（2）.

［45］佚名.百辆电车今日开出［N］.人民日报，1949-04-20（2）.

［46］冯仲.百辆电车是怎样完成的？［N］.人民日报，1949-05-10（4）.

［47］旭光.平市电车厂工人，为了完成百辆车自动加班拆电缸［N］.人民日报，
1949-05-30（2）.

［48］佚名.电车工人李松涛等，改装阻力成功，减少因雨损坏车辆［N］.人民
日报，1949-09-14（4）.

［49］佚名.首都二次百辆电车运动，月底即可胜利完成［N］.人民日报，
1949-10-19（2）.

［50］彭振绥.电车公司职工热烈迎接五一，赶修五一劳动号电车［N］.人民日
报，1950-04-28（4）.

［51］北京电车股份有限公司.北京电车公司与法国电气制造公司签订订购车辆
合同：J011-001-01342［A］.北京：北京市档案馆，1922.

［52］北京电车股份有限公司.北京电车股份有限公司与裕信公司签订电车车身
合同：J011-001-01361［A］.北京：北京市档案馆，1922.

［53］北京电车股份有限公司.北京电车股份有限公司关于电车保管及输送依
赖书给神户鹤谷商会函（附：电车改造及修理示事仕样书）：J011-001-
00312［A］.北京：北京市档案馆，1939.

［54］北京电车股份有限公司.北京电车股份有限公司关于购买车辆材料给小岛
荣次郎工业所函（附：北京电车股份有限公司与小岛荣次郎工业所契约
书）：J011-001-00323［A］.北京：北京市档案馆，1939.

［55］北京电车股份有限公司.北京电车股份有限公司关于购买电车给东京电气

局的函：J011-001-01521［A］.北京：北京市档案馆，1940.

［56］北京电车股份有限公司.北京电车股份有限公司关于购买日本旧电车与鹤
谷洋行来往函：J011-001-00385［A］.北京：北京市档案馆，1940.

［57］北京电车股份有限公司.北京电车股份有限公司关于商购上海电车与日本
商社来往函（附：电车购买合同）：J011-001-00433［A］.北京：北京市
档案馆，1941.

［58］北京电车股份有限公司.北京电车股份有限公司秘书处、工程处关于维修
电车及清除道路障碍的通知：J011-001-00571［A］.北京：北京市档案馆，
1943.

［59］北京电车股份有限公司营业处.关于电车丢失零件及司售人员和乘客发生
纠纷以及检修道路与总务处、秘书处往来函：J011-001-00594［A］.北京：
北京市档案馆，1944.

［60］北京市电车公司.关于筹款购买修车材料、送改善电车交通计划的呈及市
政府的训令（附：工程处民国三十四年度电车材料度计划和整理电车意见
书）：J011-001-00644［A］.北京：北京市档案馆，1945.

［61］北平复员协进会，北平电车股份有限公司.北平复员协进会关于检送整理
电车秩序意见书的函及电车公司的复函（附：民国三十五年度电车工作计
划）：J011-001-00679［A］.北京：北京市档案馆，1945.

［62］北平电车股份有限公司.北平电车股份有限公司呈送民国卅四年十一、
十二两月中心工作计划及市公用局的训令：J011-001-00689［A］.北京：
北京市档案馆，1945.

［63］北平电车股份有限公司.北平电车股份有限公司关于修理车辆、公共设施
等事宜的函及市公用局的训令：J011-001-00691［A］.北京：北京市档案
馆，1946.

［64］北平电车股份有限公司.北平电车股份有限公司关于订购上海电车及请求
拨发木材给公用局呈以及公用局的指令：J011-001-00753［A］.北京：北
京市档案馆，1947.

［65］北平电车股份有限公司.北平电车股份有限公司呈报购买上海电车零件经
过给公用局呈及公用局指令：J011-001-00816［A］.北京：北京市档案馆，
1947.

［66］北平电车股份有限公司.北平电车股份有限公司第十九至第四十次业务会
议记录：J011-001-00882［A］.北京：北京市档案馆，1947.

［67］北平电车股份有限公司.北平电车股份有限公司关于第一至第十五次业务会议记录：J011-001-00964［A］.北京：北京市档案馆，1948.

［68］北平电车股份有限公司.北平电车股份有限公司关于电车事故统计情况给公用局呈及公用局指令：J011-001-00970［A］.北京：北京市档案馆，1948.

［69］北京市电车公司.北京市电车公司修造厂全年修造车辆计划书（1949年5月至1950年5月）：245-001-00008-00082［A］.北京：北京市档案馆，1949.

［70］北京市电车公司.北京市电车公司1950年修建计划：002-026-00050［A］.北京：北京市档案馆，1950.

［71］北京市电车公司.北京市电车公司1950年全年工作总结：245-001-00017-00001［A］.北京：北京市档案馆，1950.

［72］北京市电车公司.北京市电车公司1949、1950年两年工作总结：245-001-00017-00041［A］.北京：北京市档案馆，1950.

［73］北京市电车公司.各单位工业年报：117-001-00483［A］.北京：北京市档案馆，1951.

［74］北京市电车公司.电车公司1951年计划科工作总结：245-001-00036［A］.北京：北京市档案馆，1951.

［75］北京市电车公司.北京市电车公司1951年1月份工作总结报告：245-001-00036-00001［A］.北京：北京市档案馆，1951.

［76］北京市电车公司.北京市电车公司1951年4月份工作总结报告：245-001-00036-00067［A］.北京：北京市档案馆，1951.

［77］北京市电车公司.北京市电车公司1951年7月份工作总结报告：234-001-00036-00141［A］.北京：北京市档案馆，1951.

［78］北京市电车公司.北京市电车公司1951年1—6月份半年工作总结报告：245-001-00033-00015［A］.北京：北京市档案馆，1951.

［79］北京市电车公司.电车公司基建计划：117-001-00515［A］.北京：北京市档案馆，1952.

［80］北京市电车公司.各单位基建年报：117-001-00523［A］.北京：北京市档案馆，1952.

［81］北京市电车公司.电车公司造车及设计无轨电车的文件：117-001-00519［A］.北京：北京市档案馆，1952.

［82］北京市人民政府公用局.关于电车公司变压器安装瓦斯继电器新造机车无轨电车模型、新建修造厂锻工房等工程预算的请示及财委的批复：004-008-00068［A］.北京：北京市档案馆，1952.

［83］北京市人民政府公用局.北京市人民政府公用局关于电车公司新造五二式机车验收工程的报告：006-005-00084［A］.北京：北京市档案馆，1952.

［84］北京市电车公司.电车公司1953年综合统计表：245-001-00070［A］.北京：北京市档案馆，1953.

［85］北京市电车公司.北京市电车公司1954年生产计划执行情况相关报表及相关材料：245-001-00086-00001［A］.北京：北京市档案馆，1954.

［86］北京市电车公司.电车公司1954年度总结：117-001-00599［A］.北京，北京市档案馆，1954.

［87］北京市电车公司.北京市电车公司1955年生产计划统计报表、指标完成情况报表、集体合同及相关资料：245-001-00104-00001［A］.北京：北京市档案馆，1955.

［88］北京市电车公司.电车公司生产计划统计报表：245-001-00104［A］.北京：北京市档案馆，1955.

［89］北京市电车公司.电车公司1956年度工作总结：117-001-00817［A］.北京：北京市档案馆，1956.

［90］北京市交通运输局.本局关于前门无轨电车站布置和配合天安门工程铺设临时有轨电车的请示报告：117-001-00068［A］.北京：北京市档案馆，1958.

［91］北京市电车公司.公共汽车及电车公司有关路线、站址、月票及其他客运问题的文件：117-001-01109［A］.北京：北京市档案馆，1959.

［92］北京市电车公司.北京市电车公司1949—1959年生产、技术、财务历史资料（有轨、无轨）：245-001-00176-00063［A］.北京：北京市档案馆，1959.

［93］北京市电车公司.关于旧车改造、封存的文件：117-001-01345［A］.北京：北京市档案馆，1962.

［94］北京市交通运输局.轻工局、建材局、纺织局、公安局处关于固定资产调拨问题：005-002-00601［A］.北京：北京市档案馆，1964.

［95］北京市交通运输局，北京市电车公司.局属各单位和朝阳区关于变更载

重吨位、封存车辆、车辆不足和制定变更计划问题的请示报告等文件：117-001-01454［A］.北京市：北京市档案馆，1964.

［96］北京市交通运输技工学校.局属各单位调入车辆的文件：117-001-01470［A］.北京：北京市档案馆，1964.

［97］北京市交通运输局.局属各单位调入车辆的文件：117-001-01470［A］.北京：北京市档案馆，1964.

［98］北京市电车公司.局属公司关于处理、互换固定资产请示批复：117-002-00805［A］.北京：北京市档案馆，1966.

［99］北京市电车公司.北京市电车公司有、无轨电车各型车辆定员表（1943、1956、1958年实行、附无轨一型试车报告）：245-001-00161-00006［A］.北京：北京市档案馆，1958.

［100］洞爷湖电气铁道株式会社.洞爺湖電気鉄道車輌竣工図表［A］.埼玉：大宫铁道博物馆，1929.

| 致　谢 |

在北京有轨电车历史与技术细节的调查过程及本书的写作过程中，承蒙多位友人、师长的鼎力协助，方才有今日之成果，谨在此致以我最诚挚的尊敬与谢意。

感谢何金声、黄仲毅和徐岩松三位朋友在我对北京有轨电车展开调查考证的过程中提供的关键线索、历史信息与意见建议，以及在我后续尝试联络海外的图书馆、博物馆与摄影师以期获取相关资料信息时帮助翻译了相关的问题及申请信件。回想大学时种种因缘际会使然，四个人能够在网络一隅的一个小小的讨论群组里为共同的爱好相识，并因此产生诸多有趣的故事，足以称得上是一种可遇而不可求的幸运。

感谢冈田健太郎先生提供的部分车辆在售予北京之前的有关资料及履历线索，这不仅填补了这些车辆的一部分技术细节空缺，也为构建起它们真实、完整的历史面貌提供了帮助。而我与日本方面的图书馆、摄影师及影像收藏者的联络在很大程度上也由冈田先生协助乃至代为完成，个中烦琐不言而喻，冈田先生依然努力促进了每一次联络的成功，实属不易。我始终相信，真实与清晰的面貌是技术史乃至整个历史的底蕴与力量的一处根源。如今一次越过漫漫山海的合作得以为此贡献一点小小的力量，真的也是一件很好的事情。

感谢袁洋一先生在本书成形过程中提供的资料线索，以及给予的协助。在我初步完成北京有轨电车的相关调查考证工作时，其实并没有立刻准备将其结集付梓，而是将其仅作为一项个人成果自行留存。后来在听取袁先生的分析建议之后，我最终决定开始着手本书的写作。此后也正是经由袁先生的多方联络，我才有幸得以与北京公交的相关人士取得联系，交流沟通，并为北京公交馆的仿古有轨电车提供了相关资料、建议，以及由我绘制的北京有轨电车复原图。可以说，我能够与诸位致力于北京公交历史文化方面内容建设及相关产业发展的朋友相识并在后来互通有无，很大程度上要归功于袁先生相助。

感谢王超先生在本书出版过程中给予的帮助。坦率地说，任何一本书在书稿完成后的出版过程中都还要历经诸多的事项，而且其中的一些情形甚至用困难来形容也并不为过。所幸的是，我虽不能免俗，但是承蒙王先生的帮助，其中的崎岖亦多少有所缓解。自从相识以来，我不止一次地感慨于王先生真诚而热忱的性格与全力以赴的态度。于具象而言，这是对北京公交文化产业建设的坚持。往大者来说，这是一种纯粹如初的精神，是在见过纷繁复杂的人与事物之后所应始终持有的真正宝贵的东西。

最后还要感谢高顺泽先生、郭聪羽先生、李雨舰先生、赵昊宸先生和北京果燃文化有限公司的宁俊超先生在影像资料收集及本书出版过程中所提供的支持。